U0507255

综合实践活动课程理念引领下的专题化教学研究

主　　编：王谢平　姜　平

编写人员：王谢平　姜　平　周　泉

　　　　　常　洁　余忠萍　李　丹

　　　　　刘星星　戴　兵　戴　军

　　　　　杨娟娟　康　利　程训谦

　　　　　吕作香　吴红梅　邹新元

　　　　　杨颖敏　邱　署

湖南师范大学出版社

·长沙·

图书在版编目（CIP）数据

综合实践活动课程理念引领下的专题化教学研究／王谢平，姜平主编. —长沙：湖南师范大学出版社，2022.12

ISBN 978 - 7 - 5648 - 4801 - 9

Ⅰ.①综…　Ⅱ.①王…　②姜…　Ⅲ.①活动课程—教学研究—小学　Ⅳ.①G622.3

中国国家版本馆 CIP 数据核字（2023）第 019938 号

综合实践活动课程理念引领下的专题化教学研究

Zonghe Shijian Huodong Kecheng Linian Yinlingxia de Zhuantihua Jiaoxue Yanjiu

王谢平　姜　平　主编

◇出 版 人：吴真文
◇策划组稿：陈　凯
◇责任编辑：孟　霞
◇责任校对：胡　雪
◇出版发行：湖南师范大学出版社
　　　　　　地址/长沙市岳麓区　邮编/410081
　　　　　　电话/0731 - 88873071　88873070
　　　　　　网址/https：//press. hunnu. edu. cn
◇经销：湖南省新华书店
◇印刷：长沙印通印刷有限公司
◇开本：710 mm×1000 mm　1/16 开
◇印张：20.5
◇字数：350 千字
◇版次：2022 年 12 月第 1 版
◇印次：2022 年 12 月第 1 次印刷
◇书号：ISBN 978 - 7 - 5648 - 4801 - 9
◇定价：88.00 元

目　录

第一章　综合实践活动课程理念引领下的专题化教学研究概述 ············ 001

第二章　综合实践活动课程常态化实施案例 ······················· 015

　　专题一　学校综合实践活动课程常态实施 ······················· 015

　　　　案例 1　魅力本草 ·· 015

　　　　案例 2　小小服装设计师 ·· 039

　　专题二　学校基地互动综合实践活动实施 ······················· 053

　　　　案例　有机肥料制作探究 ·· 053

　　专题三　综合实践活动四方联动育人实施 ······················· 073

　　　　案例　孟春之月，盛德在木 ·· 073

第三章　学科内专题化教学研究实施案例 ······················· 085

　　专题一　同学段同学科专题化教学研究 ······················· 085

　　　　案例 1　初识鲁迅 ·· 085

　　　　案例 2　Seasons ··· 103

　　专题二　跨学段同学科专题化教学研究 ······················· 118

　　　　案例 1　有趣的动物 ·· 118

　　　　案例 2　我很健康 ·· 137

第四章　跨学科专题化教学研究实施案例 ······················· 164

　　专题一　同学段跨学科专题化教学研究 ······················· 164

　　　　案例 1　学会分类和整理 ·· 164

　　　　案例 2　笋芽儿 ··· 179

案例 3 我们去春游 ……………………………… 195

案例 4 剪纸艺术 ……………………………… 219

案例 5 战略决策 ……………………………… 237

案例 6 春节美食——腊八粥 ……………………………… 257

专题二 跨学段跨学科专题化教学研究 ……………………………… 273

案例 1 神奇的植物 ……………………………… 273

案例 2 践行环保 让生活多点绿 ……………………………… 292

第五章 综合实践活动课程理念引领下的学校文化变革 ……………… 312

专题一 学校管理与文化变革的举措 ……………………………… 312

专题二 学校管理与文化变革的意义 ……………………………… 318

第一章
综合实践活动课程理念引领下的专题化教学研究概述

作为近几年湖南省长沙市综合实践活动课程常态化实施卓有成效的学校之一，长沙市岳麓区博才白鹤小学于 2016 年开始在国家级优秀教学成果持有人姜平老师的指导下进行教学方式变革的研究。学校以综合实践活动课程实施理念为宗旨，充分利用校本资源，深入挖掘周边资源进行特色课程的开发，在学科内进行单元整合的研究。随着研究不断深入，我们在以专题形式进行特色课程开发过程中，提炼出了"同学段跨学科整合""跨学段同学科整合""跨学段跨学科整合"三种专题化教学方式。成功的教改研究带来了学校文化的变革，促进学校的教研制度、课程资源、课程文化等不断丰富和发展，学校、家庭、基地和社会四方联动机制逐步形成。

一、综合实践活动课程理念引领下的专题化教学前期思考与探究

2016 年 5 月，我校被长沙市教育科学研究院认定为课程整合实验基地校，姜平老师指导我校进行特色课程设计。通过研讨，我们明确了：学校特色课程是指一所学校开设的不同于其他同类学科的课程，具有独特性、卓越性、相对性的特点。它不为特色而特色，而是基于学生需求、教师发展愿景和多方资源的整合下自然生成。我校结合学校实际情况和专家意见，开始了特色课程的开发与实践，具体遵循以下七个步骤：

（一）初定学校课程发展特色

我们通过 SWOT 分析法，从教师资源、家长资源、自然资源、社会资源等方面对学校进行分析，确定了"综合实践活动课程理念引领教学方式和学校文化变革"的课程改革之路。

1. 教师资源。中国教育学会中小学综合实践分会理事王谢平校长、长

沙市名师农村工作站、岳麓区综合实践杨娟娟名师工作室等，为我校综合实践课程师资队伍注入了核心力量，带动一批骨干教师、青年教师开展课堂教学改革研究，联动学校、家庭、基地、社会多方资源，逐渐形成了一个稳定、研发力量较强的教研团队。

2. 家长资源。学校有一大批熟知本地风土人情、认同学校工作、具有专业特长的学生家长，为我校进行课程改革提供了大力支持。

3. 自然资源。学校周边有洋湖湿地公园和岳麓农趣谷等，这些丰富的带有浓郁地方特色的教育基地为课程改革实施提供了优质的教育教学资源。

4. 社会资源。学校周边有晚安工业园、岳麓科技产业园等企事业单位，为学生职业体验等提供了平台；湖南中医药大学、湖南工业职业学院等高校是我们的近邻，两校学子多次来我校进行教育教学工作的志愿服务，丰富了我校的师资力量；湖南教育电视台、长沙晚报、中国文明网等媒体多次对我们的各类教育教学活动进行报道，扩大了我们课程研究的影响力。

（二）明确教育目标与愿景

1. 教育目标。基于中国学生发展核心素养培养目标，结合我校"道法自然，和而不同"的办学理念，把学校育人目标定位为：密切学生与自然、自我、社会、文化的联系，培养具有健康体魄、学会学习、创新实践、责任担当的白鹤少年。这一目标也与当前中国学生发展核心素养——培养"全面发展的人"相吻合。

2. 教育愿景。学校愿景是以课程引领学校发展，打造课程名片，走特色发展之路；教师愿景是仁爱、阳光、求新、担当，实现专业成长；学生愿景是学会学习、健康成长、主人翁意识。

（三）拟定学生核心能力指标

我们从学生愿景出发，拟定学生核心能力指标。在"学会学习"方面，我们围绕综合实践活动八大能力指标设计：①学会提问的能力；②规划与设计的能力；③总结与交流的能力；④调查与访问的能力；⑤实验与观察的能力；⑥信息搜集与处理的能力；⑦逻辑思维能力；⑧动手与创新的能力。在"健康成长"方面，指向以下五个能力指标：①健全的体魄；②健康的心理；③良好的生活习惯；④和谐的人际交往能力；⑤一定的野外生存能力（求生技巧）。在"主人翁意识"方面，指向以下三个能力指标：①爱家、爱校、爱国的意识培养；②自我管理能力培养（管理时间、学习、生活）；

③传统文化传承意识的培养。

（四）建构学校特色课程体系

怎么科学地开发特色课程，进行课程内容的结构重组呢？

1. 学科内：实施单元整合，设计模块和专题化内容。

从 2016 年 10 月开始，语文教研组行动起来。同一个年级的语文老师集中备课，通过多次磨课将单元研讨整合理念融入课堂，打破过去"一课一教"的传统，从多方面提升学生素养。在老师们经历了理念与实践的双重洗礼后，用课程整合赛课、课例撰写比拼的形式推动教师进一步成长。

比如，人教版五年级语文上册的第一组课文中有《草原》《丝绸之路》《白杨》《把铁路修到拉萨去》四篇课文，课堂上通过师生共同探究、讨论，将这一单元的主题确定为"走近西部"。教学过程中，孩子们在老师的引导下感受西部的自然风光，通过搜集资料、小组合作学习的方式探究西部的历史文化，学习文章中的写作手法。相信经历这样一个过程的学习，孩子们的知识和能力将从课内拓展到课外。

随后，数学教研组开展步道数学的研究。步道数学是用现有的、真实的场景，设计一系列数学体验及挑战活动，进行计算、估计、测量、几何探索。比如，以"操场中的数学"为主题开展一系列的步道数学教学，让学生估算操场旁石子路上小石子的块数、估算操场的大小、估算操场的树木数量等。让学生感受到校园里、身边的很多事物都有可能是数学学习的素材，让学生体会身边处处有数学，数学真有趣！

2. 学科间：打破学科壁垒，设计专题化教学内容

在进行基于问题的探究学习时，教师发现问题一旦复杂和真实，仅凭单学科的力量是难以解决的。因此，我们团队开始进行教研制度的变革。在原有的教研组研究团队的基础上，尝试探索同年级多学科协同备课模式。2016年下半年，学校成立了年级组，设年级组长。同一年级的所有教师集体备课、研讨，找出学科间重复、交叉的部分，确定专题化教学主题并实施教学活动。

如 2017 年 3 月，四年级组推出了"我和春天有个约会"学科间专题化活动（图 1-1）。例如，语文学科中有《触摸春天》；英语学科中有 *Springiswarm*；科学学科中有《各种各样的花》；音乐学科中有吟诵《春晓》；美术学科中有《春天来了》等。教师通过集体研讨，找出学科之间重复、交叉的主题——春天，在整个年级开展"我和春天有个约会"的专题

化教学活动。美术课上，制作春天的花朵；语文课上，寻找古诗文里的春天；英语课上，说说春天里的动植物；音乐课上，吟诵关于春天的古诗；体育课上，进行春天的律动——编花篮；科学课上，制作植物名片，等等。通过多学科联动的形式开展教学活动，提升学生综合能力。

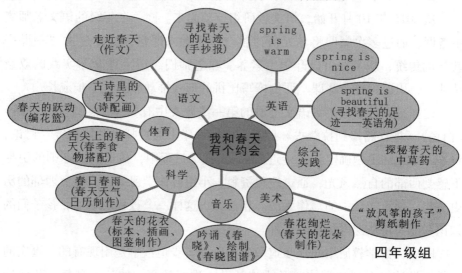

图 1-1　四年级专题化教学活动框架图

　　通过学科内、学科间重组，课堂效率提升了，学生的视野开阔了，教师的自由时间增加了。教学方式和教学理念的更新，促进课程体系也不断完善和多元化。我校从"人与自然""人与自我"人与社会""人与文化"四个学习领域开展了 11 门特色课程，并且每门课程下都开展了一系列专题化活动（图 1-2）。

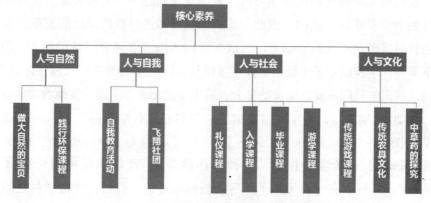

图 1-2　博才白鹤小学特色课程体系

（五）设计主题教育特色活动

在学科内单元整合和学科间整合的教学方式变革下，教师进一步挖掘学校特色，着眼学生需求，整合多门学科，拟定了一系列主题学习和特色活动。课程指向学生学会学习、健康成长、主人翁意识方面的能力培养，转变学生的学习方式，让学生形成自主合作式学习群体。

1. "做大自然的宝贝"课程。以中国儿童中心"全国少年儿童生态道德教育项目"组提出的亲近自然50件事为蓝本，以亲子活动、集体活动的形式开展，让亲近自然的50件事贯穿孩子整个小学阶段。这50件事涵盖了儿童发展的多种感官及能力，是奠定儿童健康人格的基础，能为他们全面健康发展提供可持续发展的动力。我们整合语文、综合实践、科学、美术、音乐等学科，将这50件事合理分配到"大自然历险记""大自然的语言""日月星辰"等主题活动中，让白鹤学子用六年时间完成50件事的探究体验活动（见图1-3）。当六年学业结束，可以凭借活动护照领取达人奖章。

表1-1 亲近自然的50件事（部分）

大自然历险记	大自然的语言
1. 抱大树或者躺在草地上	20. 闻花的气味（青草、泥土的气味）
2. 被雨淋湿身体	21. 闻味道知道食品坏了
3. 玩水、玩沙子、玩泥巴	22. 闻到过特别难忘的味道
4. 光着脚走路	23. 闻雨后空气的味道
8. 抓小动物（鱼、蝌蚪、鸟儿等）	24. 闻果实的味道
9. 挖蚯蚓	25. 舔雪
10. 户外与小伙伴追着玩	29. 看蚂蚁搬运食物
11. 打雪仗（或水仗、泥巴仗）	38. 听山谷里自己的回音
12. 游泳	39. 听林里的鸟叫或者河里的蛙鸣
13. 爬山	40. 听风吹树叶的声音
14. 爬树	41. 听河流或小溪的声音
15. 荡秋千	42. 听雨滴的声音
16. 走独木桥	43. 跟大自然（包括动物、植物）说心里话
36. 体会过被冰块粘住手或舌头	44. 讲一个关于自然的故事
	45. 读一本有关自然（动物、植物）的书
	46. 思考生命是怎样产生的
	47. 思考自来水从哪儿来、垃圾去哪儿了

2. 主题节日课程。我们秉承"只是告诉我，我会忘记；要是演示给我，我就会记住；如果还让我参与其中，我就会明白"的活动理念，做到每月一主题。例如：一月——学习月，二月——传统文化月，三月——跳蚤节，四月——体育节，五月——吉尼斯节，六月——艺术节，等等。我校参照世界吉尼斯理念，为学生量身打造的特色德育项目——校园吉尼斯节，深受全体师生喜爱。"校园吉尼斯"本着"人人参与，促进每个学生主动发展，健康成长"的原则，秉承"只要你有，就可能最棒；只要你是第一个，你就是纪录的创造者"活动理念，已经发展为综合吉尼斯（各项特长、综合能力比拼）、科学吉尼斯、数学吉尼斯三大主题的特色活动。

3. "我毕业了"课程。为了帮助学生树立人生信念，找准人生兴趣，确定人生目标，寻找生活榜样，我们设计了长达一学年的"我毕业了"课程。这些课程整合综合实践、语文、道德与法治、心理、体育多个学科，指向培养学生身心健康、成志于学、天下情怀、审美旨趣、学会改变等素养。

具体课程内容有：（1）我爱母校（我为母校做些事）；（2）成长足迹（户外活动、拍毕业照、制作毕业纪念册，策划并举行毕业典礼、毕业旅行）；（3）大手拉小手（帮助一年级新生适应校园生活）；（4）走进名校（参观中学校园、听校长讲座）；（5）心语心情（心理辅导课：针对六年级学生开展青春期教育、帮助学生疏解进入新环境的压力、帮助学生做好进入中学的准备）。让学生在毕业典礼上感受人生中的仪式感，带他们走进中学感受校园和文化氛围。通过一系列课程活动，学生的六年小学生活画上了圆满的句号。

4. 中草药探究课程。中草药探究课程关注学生的好奇心和求知欲，引领他们学习中草药知识，探究获得中草药知识的过程和方法，培养收集、处理和利用信息的能力，保持和发展对祖国传统文化进行传承和发扬的兴趣，促进学生全面和谐、终身持续的发展。中草药探究课程包括诗情画意话药草、中草药的种植、中草药药性的调查与实验研究、药膳制作活动、中草药衍生作品 DIY、DIY 作品宣传等一系列专题化活动，整合了语文、综合实践、美术、科学等多门学科知识。

这一课程能帮助我们构建独特的班级文化、校园文化。美术课上，孩子们画药草，一幅幅精美的彩铅作品，承载着大自然无与伦比的美丽；手工课上，孩子们在老师的带领下进行中草药衍生作品 DIY 创作，精美的草药叶片书签、艾条、艾枕、中草药香囊、薄荷粽、鱼腥草凉拌菜等不可枚举；综合实践活动课上，孩子们进行中草药种植、科学实验、进行产品加工等。

（六）配套课程实施保障措施

在课程结构重组和课程体系的建构中，我们做到了两点创新：1. 设立年级组。让不同学科的教师在一起，产生多元化的思考角度。2. 课堂教学时长开始走向弹性化。例如，有 60 分钟的大课、40 分钟的常规课、25 分钟的小课等。制度等配套措施的变革，给学校的文化变革提供了更多的保障。

（七）形成特色课程评价制度

在特色课程开发研究中，我们发现常规的考卷、考题测试已经不适用于开发的特色课程，于是我们变更评价方式，形成了以自我展示为主的特色评价体系。例如：对校园吉尼斯活动中的优胜者，给他们颁发达人奖章，并在全校师生面前进行擂主表演；给假期志愿活动中的优秀活动护照提供展示平台并集中展览。在前期的思考与探究中，评价体系这一块比较完善的是中草药探究课程，以主题工作室的形式展出学生的各类作品。

1. 白鹤楼：与药膳制作课程相结合，充分依托食堂大厨和家长这一资源，以食物的方式呈现中草药的食用价值。

2. 百草堂：借助湖南中医药大学这一社会资源，向学生介绍和展示中草药的药用价值。

3. 水墨阁：呈现学生们创作的艺术作品，如摄影作品、绘画作品等。

4. 音律苑：以音乐的形式呈现学生们的作品，可吟唱，可朗诵等。

5. 珍品坊：校园周边珍稀植物、动物的图片展。

6. 鹤翔馆：创编中草药物语操、扁担武术、竹竿舞等，达到人和自然和谐共生的状态。

7. 小雅舍：用以呈现学生们关于文学的各项创作，如诗词、童谣等。

8. 农业司：用以呈现学生制作的各项迷你传统种植农具。

9. 鹤记杂货铺：用以呈现学生的各项手工作品，学生可以在杂货铺交换和买卖各类手工工艺品。

在综合实践活动课程理念引领下的专题化教学前期思考与探究中，教师们一步步探索出了新的教研制度，教师教学方式和学校文化也发生了一系列变革。例如，课堂教学时间更加弹性化，教学场地从学校拓展到基地、周边高校，形成了学科间和学科内两种整合模式，生成了一系列丰富的特色课程。我们还赋予了教室更多的使用空间，给孩子们提供多元展示平台，初步形成了特色的评价机制。

二、综合实践活动课程理念引领下的专题化教学深化研究

2020 年，长沙市成为教育部基础教育优秀教学成果推广应用示范区，全市推广姜平老师的国家级优秀教学成果"综合实践活动课程建设、推进与实施"。姜平老师将成果具化为六大类推广范式，每类范式选定了示范校。我校是"综合实践活动引领学校教学方式及文化变革模式"示范校，在成果推广背景下，我们迎来了新的契机。在前期研究基础上，我校教师不断进行梳理、总结、提炼，形成了很多典型的经验和做法，发现了一些不足和漏洞。在进一步完善、更新和迭代中，我们把前期研究的"七个步骤"提炼为"五个关键动作"，扎实、深入推进学校课程变革，形成课程变革的态势，最终创生学校文化特色。

（一）设计课程整合方式

立足国家课程，深入研读课标教材和学科要点，联动学校、家庭、基地、社会多方资源，重组教学内容，开展以下三种整合方式的专题化教学：同学段跨学科整合、跨学段同学科整合以及跨学段跨学科整合的专题化教学。

1. 同学段跨学科整合。这一整合方式能够消除分科知识的隔阂，打破界限分明的学科和学科知识本身固有的知识体系，以整合后的专题连接不同的学科，让学生在学习过程中体验知识与知识的联系，从而建立系统、整合的思维方式。跨学科的整合还能突破课堂场地的局限，为学生提供更广阔的体验空间。联动学校、家庭、社会和基地多方资源，让学生走出课堂，在自然、真实的社会环境中通过自主学习，实现知识的迁移能力、问题提出与分析能力、信息收集与整理能力、操作与创造能力的发展。

2. 跨学段同学科整合。教师在充分运用教材的同时，要聚焦课程目标，根据教学素材、学生的学习能力、学习兴趣等灵活处理教材，对教材进行重组，使教学资源更加优化，实现学科内的整合。教师要将本学科相关联的知识进行跨学段的整合，对学习内容和学习方式进行整合，关注跨学段学习内

容之间的内在联系、逻辑梯度，让学生对整合的专题形成系统化的认识，提升学习效率。

3. 跨学段跨学科整合。我们将综合实践活动课与各学科教学进行有效整合，积极探索综合实践活动课和各学科课程整合的教学模式（图1-3），促进学科教学观念和教学方式的转变，使学生更好、更快地掌握基础知识和基本技能，提高学生分析和解决问题的能力，激发他们对学科学习的热情。

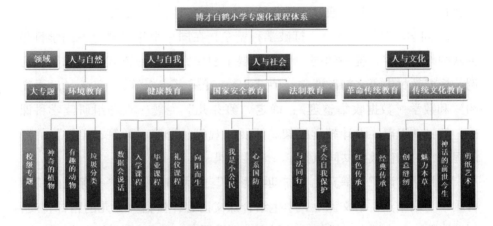

图1-3　博才白鹤小学专题化课程体系

（二）构建专题课程框架

1. 明确学生能力指标。基于综合实践活动课程的七大学生能力目标，结合我校前期制定的白鹤学子16项能力指标，确定了八大核心能力，分别为"问题的提出与分析能力""规划与设计能力""信息的搜集与整理能力""调查与访问能力""观察与实验能力""总结与交流能力""交往中的合作与服务能力""操作与创造能力"，每项能力后附有相应指标。

2. 构建专题课程框架。我们沿用前期研究的四大学习领域：人与自然、人与自我、人与社会、人与文化，再在每个领域下设置合适的大专题，如人与自然领域下设置了环境教育的大专题。大专题下整合多个学科、活动及资源，形成丰富多元的校级专题，如：环境教育大专题下形成了"神奇的植物""有趣的动物""有用的垃圾"三个校级专题。而每个校级专题又会设计有层次的主题和项目，如"神奇的植物"校级专题设计了逐级上升的植物能美容、植物善洗涤、植物会治病等主题；"植物会治病"主题下又设计了做植物的小大夫、做小动物的小大夫、做人类的小大夫等有梯度的项目。

我们构建了学校专题化课程体系，从领域→大专题→校级专题→主题→项目，让课程体系不断完善，形成有层次的、有梯度的以及学期之间、学年之间、学段之间活动内容有机衔接的主题序列，推动学校教育综合育人、实践育人。

（三）落实专题实施过程

在确定了专题化教学的三种方式和专题化课程框架后，具体该怎么落实在教育教学过程中呢？通过实践总结，有如下三种实施方式：

1. 同学段跨学科整合：打破学科壁垒，在同一个年级整合不同学科相关联的教材内容，统一到同一专题开展主题探究的学习方式。以二年级为例，根据教材中语文精读课文《笋芽儿》、音乐《小春笋》、美术《动漫亮相》和数学《数据收集整理》，确定"笋芽儿"专题。专题组研读学科课标、教材知识点，设计教学框架。开展"观笋、挖笋、画笋、尝笋"前置课程后，由四位教师共同执教了一堂整合课。

整堂课创设了"笋芽儿参加动漫派对"的大情境，以"笋芽儿的精神特质"为联结点。语文课上，学生结合课文内容，概括笋芽儿的精神特质，创编诗歌；美术课上，进行动漫创作；音乐课上，将自编的诗歌融入旋律，加上动作和乐器，分小组表演；数学课上，进行投票，评选奖项。最后开展编写《笋芽儿故事集》等后拓课程。整个专题串联起四个学科，在保留浓浓学科味的基础上，采用综合实践教学方式，层层推进、环环相扣。

2. 跨学段同学科整合：挖掘同一个学科知识的内在逻辑关联，形成贯穿六个年级有系统、有梯度的课程序列，开展专题学习方式。以数学专题"我很健康"为例，一年级开展"健康体重知多少"的主题活动，学习分类与整理的数学知识；二年级关注"运动时长"，学会数据的收集与分类整理；三年级聚焦"身高体重"，学习数据的汇总和简单分析……围绕"数据分析"核心能力，师生充分挖掘数学知识的内在逻辑与关联。因此，这样的课堂设计对学生的知识和能力要求是循序渐进、螺旋上升的，发挥了最大的学科价值与育人功能。

3. 跨学段跨学科的整合：整合不同学段、不同学科的教材内容，构建专题课程体系，开展专题学习。如"魅力本草"专题，融合多个学科，构建了一至六年级课程体系，低年级学生经历溯源、辨识、产品开发、宣传推广过程，中年级学生增加种植体验，高年级突出对炮制的研究。以六年级"中草药炮制之旅"探究实施情况为例，在 19 周的教学时间里，学生从学校走进书店、药房、基地，全方位了解、制作炮制工具，设计衍生产品，进行义卖推广宣传活动，实现了学校、家庭、社会、基地的多方联合育人，让学生在探究实践中感受中草药的魅力，传承中华优秀传统文化。

（四）设计课程评价体系

专题化教学实施后，教师们进行了课程评价体系的改革与创新，设计了一套"基于师生发展"的评价体系（图 1 - 4），关注过程，凸显结果，聚焦发展。

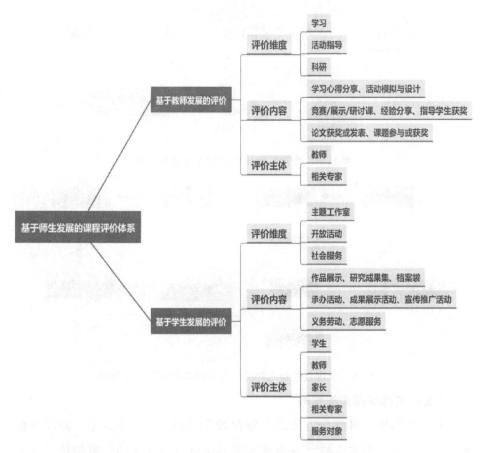

图 1 - 4　博才白鹤小学"基于师生发展"的评价体系

过程性评价中，我们以"亲近自然的 50 件事"为基础，开发了与各个专题配套的《白鹤学子要做的60件事》活动手册；表现性评价则以主题工作室为载体，为学生提供自我展示的平台（图1–5）。如果学生的作品要入选工作室，还得经过层层选拔。通过学校审核的优秀作品，作者可以申请进入主题工作室（图1–6）。最后，学生和教师一起对工作室进行布展，为自己的作品撰写介绍词，并参加各主题工作室设置的吉尼斯挑战赛。

图1–5　表现性评价之主题工作室框架图

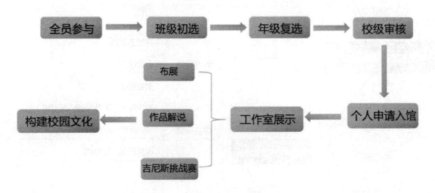

图1–6　表现性评价之作品入选主题工作室评价流程图

（五）提炼专题实施策略

我们在实施三种整合方式的专题化教学过程中，不断反思、总结、修改、完善，提炼出实施的"五步走"实施策略（图1–7），更加规范了专题课程实施的流程和方法。

1. 建设团队。专题组由1名综合实践骨干教师、各学科1名骨干教师

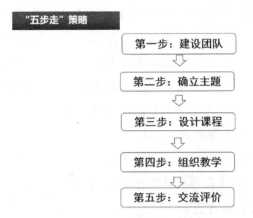

图 1 - 7　综合实践课程引领的专题化教学实施策略

和多名感兴趣的教师组成专题组，开展"2 + 1"研训活动，即参加两个专业培训和进行一次微表达，做到学而思、思而行。

2. 确立主题。专题组成员重点研读《中小学综合实践活动课程指导纲要》，整合学科的教材、课程标准，从中找到重叠交叉的教学内容、教学目标，与学校资源相结合，确立研究主题。

3. 设计课程。主题确定好了，专题组教师一起设计详细的课程方案，将多个学科重叠交叉的部分变成有目标、有内容、有顺序、有评测的教学过程。

4. 组织教学。学生按照综合实践活动的"主题确定、主题分解、活动策划、方法指导、阶段交流、总结汇报"6 类课型有序开展专题化学习，团队教师开展研讨，相互学习，抱团成长。

5. 交流评价。我们的评价体系关注学生的专题化课程学习过程和表现，聚焦孩子的成长。

专题化教学"五步走"实施策略，内容较为完整、方法具体、目标明确、流程清晰，可操作性强。

三、综合实践活动课程理念引领下的专题化教学研究成果

（一）学校课程不断生长

2021 年，我校专题化教学研究市级课题顺利结题并荣获一等奖，并在长沙市教育局进行"综合实践引领学校教学方式及文化变革模式"开放活

动中获得一致好评。2022 年，我校在教育部成果推广中进行经验推介，学习强国等媒体多次对我校专题课程进行报道，有一本成果专题教学推广书稿正在修订中。"魅力本草"专题经过六年的探索，学生自制的薄荷果冻、芦荟手膜、药草香囊等产品，多次在各级各类大型活动中进行成果展示，打动了到场的每一位嘉宾。大家可查看活动现场的视频。

（二）师生素养不断提升

我校现已成为全国篮球、足球特色校，是长沙市羽毛球、体育舞蹈、街舞后备人才基地，师生在各级各类比赛中硕果累累，综合素养不断提升。

（三）学校文化多方变革

制度文化方面：由传统的教研组到年级组，发展到一个个的专题组；学校每周的行政例会变成了促动会、分享会；每月的教师例会从工作布置会变成了教师讲坛分享会；家长会从家校沟通会变成了学生展示的舞台。节庆文化方面：主题节日不再是简单节目表演，而是综合实践活动成果发布会。美食节上，孩子们化身大厨，自制桂花糕、薄荷凉茶等中草药美食，让我们大开眼界；数学吉尼斯节，美轮美奂的钟表设计，创意十足的图像运动，大家走进了奇妙的数学王国；感恩节上，学生采挖野菜、自制野菜饼、设计包装，送给退伍军人，表达感恩之情。环境文化方面：校园环境也是课程的重要载体之一。学生作品进入主题工作室展出，中草药种植基地、连廊都成了孩子们流连忘返的场所，学校时空呈现出勃勃生机。置身在这样的校园文化中，师生展现出了开放包容、蓬勃向上的生命状态，这就是校园最美的样子。

下阶段，我们将在课程结构性重组、重点模型建构、成果物化推广等方面不断探索。教学方式的变革，带来了学校文化的全面变革，学校课程走向整合、多元、开放，逐步形成了家庭、学校、社会、基地四方联动育人新机制。未来，我们将不断努力，为学生创设更加和谐、生态、实践、弹性的学习情境，让孩子们去了解、去探索、去热爱这个美丽的世界。

第二章
综合实践活动课程常态化实施案例

专题一　综合实践活动课程常态实施

学科：综合实践活动、美术、科学、语文、数学

年级：1~6年级

魅力本草

一、研究缘起

在进行综合实践活动课程教学研讨和课堂观察时，我们常会遇到这样一些问题：受"无教材"困扰，又不善主题开发，教学中比较随意、零散、盲目；开发的主题多为短期活动，导致学生在活动过程中体验深度和广度不够；虽用心开发特色主题，却因缺乏与同事沟通与合作，导致主题出现重叠或缺失；因初次执教本学科，对于如何上好这门课比较茫然、焦虑……这些问题极大地影响了我校综合实践活动课程的落实与发展。因此，我们开始尝试以综合实践活动校级专题课程开发为突破口，建构能纵贯小学1~6年级、横向融合多个学科、逻辑严密、操作性强的活动课程。

我们立足人与自然、人与自我、人与社会、人与文化四个领域，鼓励学生参与调研，围绕环境、健康、国家安全、法制、革命传统、传统文化六个方面进行主题推荐，开发了一系列校级专题化课程（见表2-1）。很多同学因为风靡校园吉尼斯"中草药辨识"项目而对中草药产生了浓厚的兴趣，希望学校能够有相关的课程帮助他们进行深入研究。因此，中医药文化成为人与文化领域下传统文化教育版块的校级专题。

表2-1　博才白鹤小学专题化课程一览

领域	人与自然	人与自我	人与社会		人与文化	
专题	环境教育	健康教育 我很健康	国家安全教育	法制教育	革命传统教育	传统文化教育
校级 专题	神奇的植物	入学课程 我入学了	我是合格 小公民	与法同行	红色记忆	创意缝纫
	有趣的动物	毕业课程 我毕业了	我是国防 小卫士	自我保护	经典传承	魅力本草
	有用的垃圾	礼仪课程 我十岁了				奇妙神话
		向阳而生 我喜欢我自己				巧手剪纸

二、组建团队

根据学校实际情况，由每个年级选派一名综合实践活动骨干教师，鼓励其他有兴趣的专业老师自愿加入。通过培训和自主学习，形成"1+X"组合，共同研究学校综合实践活动中医药文化专题课程体系的开发、建构、实施等工作。

三、确定专题

（一）研读纲要

《中小学综合实践活动课程指导纲要》指出：综合实践活动课程的内容选择与组织应遵循自主性、实践性、开放性、整合性、连续性原则，强调尊重学生自身发展需求和自主选择；保护学生亲身经历的权利；面向学生整个生活世界拓展活动时空与内容；活动主题的探究和体验体现个人、社会、自然的内在联系；构建科学合理的活动主题序列，活动内容具有递进性，活动主题向纵深发展。在设计与实施综合实践活动课程中，要引导学生主动运用各门学科知识分析解决实际问题，使学科知识在综合实践活动中得到延伸、综合、重组与提升。学生在综合实践活动中所发现的问题要在相关学科教学中分析解决，所获得的知识要在相关学科教学中拓展加深。

魅力本草专题课程的开发依据学生兴趣和身心特点，基于学校特色，立足周边有利资源进行主题的选择、内容的设计和活动的统筹安排。

（二）分析资源

很多同学在实地考察过程中，找到了校内（种植园、中草药小观园）和校外（湖南省中医药大学、湖南食品药品职业学院、岳麓农趣谷、芝林大药房、博庠文化园、邴原文化园等）多个场馆资源，也了解到有许多家长在中医药大学、食品药品职业学院、周边诊所、附近药房上班。专业的场馆和导师资源坚定了大家对中医药文化进行研究的决心。

（三）明确专题

中医药文化博大精深，到底要探究哪些版块呢？因同学们偏爱校园吉尼斯"中草药辨识"项目。所以，我们把中医药文化专题的研究明确指向对本草的研究，将1~6年级中医药文化专题课程命名为"魅力本草"课程，依托综合实践活动教学平台，融合多学科力量，在全校进行有系统有梯度的教学尝试。

四、制订方案

（一）目标预设

按照传统文化教育的要求，我们从四个维度进行思考和预设所选课程的目标，即价值体认、责任担当、问题解决、创意物化。这是我们开发和实施该专题课程的出发点，因而必须科学考量，合理预设。

价值体认：发自内心热爱中华民族中医药文化，并以此为荣；认同并遵守活动规则；对活动主题产生浓烈的兴趣，敢于乐于探究。

责任担当：学习和传承匠人精神、中草药炮制技艺，积极努力宣传推广中医药文化。

问题解决：解决活动中的困难，习得中草药辨识、种植、采收、加工等相关技能；学以致用，学会利用中草药解决简单常见的疾病；通过义卖、赠送中草药及加工产品等活动服务自我与他人。

创意物化：科学制定中草药辨识、种植、炮制等活动规划；设计制作或改良种植、采收、炮制等专业工具；创意加工、生产、推广中草药产品。

（二）项目设计

围绕"魅力本草"专题，我们将它分解成溯源、辨识、种植、炮制、产品开发、宣传推广六个子主题，形成了低年级"中草药辨识之旅"、中年级"中草药种植之旅"和高年级"中草药炮制之旅主题系列"，内容见表2-2。低年级经历溯源、辨识、产品开发、宣传推广过程，中年级增加种植体验课程，高年级突出对炮制的研究。

表2-2 "魅力本草"课程子主题活动项目一览

	溯源	辨识	种植	炮制	产品开发	宣传推广
低年级中草药辨识之旅	√	√			√	√
中年级中草药种植之旅	√	√	√		√	√
高年级中草药炮制之旅	√	√	√	√		√

每一个子主题都有量身定制的项目，考虑了活动难易程度，符合学生身心发展的特点。如溯源主题，低年级学生识字少，主要通过询问父母、近处考察等方式获得信息，中年级将采访和阅读结合，到高年级就可以加上问卷调查、上网搜索等方法，逐渐培养学生综合运用多种方法获取信息的能力。又如辨识主题，低年级学生主要凭感官进行辨识，中年级学生则需要学习借助工具辨识的方法，高年级学生则要求制作图鉴将信息输出，子主题下的活动项目设计逻辑清晰，由易到难（见表2-3）。

表2-3 "魅力本草"课程子主题活动项目设计

	溯源	辨识	种植	炮制	产品开发	宣传推广
低年级	访问	1. 感官辨识 2. 小区考察			饮食	1. 宣传画 2. 说唱 （班级+年级+家庭+基地）
中年级	阅读+	1. 工具辨识 2. 药园/房考察	1. 水培鱼腥草 2. 土培薄荷 3. 土培金银花		装饰+	1. 宣传画 2. 说唱 3. 摄影 （学校+家庭+基地）

（续表）

	溯源	辨识	种植	炮制	产品开发	宣传推广
高年级	上网＋	1. 图鉴制作 2. 农村考察	1. 制作护栏 2. 制作植物杀虫药剂	1. 修制 2. 水制 3. 火制 4. 水火共制	美容＋	1. 宣传画 2. 说唱 3. 摄影 4. 表演 5. 做义工 （学校＋家庭＋基地＋社区＋）

（三）任务描述

任务描述是对活动项目的进一步阐述，比如辨识主题，不仅明确了辨识的对象为常用中草药植株、饮片、成药，也对其数量做了合理的、递增的要求，可供师生参考甚至打卡完成指标，具有针对性和可操作性。下表2-4、表2-5、表2-6分别为低年级、中年级和高年级完成本课题的任务描述。

表2-4 "魅力本草"课程低年级活动任务描述

子主题	溯源	辨识	种植	炮制	产品开发	宣传
项目	访问	1. 感官辨识 2. 小区考察			饮食产品	1. 宣传画 2. 说唱 （班级＋年级＋家庭＋基地）
任务描述	了解与中草药相关的人、事、物，激发兴趣。	认识3~4种常见常用的中草药植株、饮片、成药。			制作1~2种中草药食品和饮品，如点心、酸奶、花茶、凉茶、药膳等。	发挥特长展示成果分享收获积累经验

表 2-5 "魅力本草"课程中年级活动任务描述

子主题	溯源	辨识	种植	炮制	产品开发	宣传
项目	阅读+	1. 工具辨识 2. 药园/房考察	1. 水培鱼腥草 2. 土培薄荷 3. 土培金银花		饮食、装饰产品	1. 宣传画 2. 说唱 3. 摄影 （学校+家庭+基地）
任务描述	了解中草药的种类、作用、地位，激发自豪感。	认识5~6种常见常用的中草药新鲜植株，3~4种饮片。	成功水培鱼腥草，土培薄荷、金银花		首饰、腰饰、衣饰；文创产品	挖掘资源优化成果分享收获积累经验

表 2-6 "魅力本草"课程高年级活动任务描述

子主题	溯源	辨识	种植	炮制	产品开发	宣传
项目	上网+	1. 图鉴制作 2. 农村考察	1. 制作护栏 2. 制作植物杀虫药剂	1. 艾绒（修制） 2. 莲子（修制+水制） 3. 陈皮（修制+水制） 4. 艾叶（水制+火制） 5. 王不留行（火制） 6. 薄荷（水火共制）	饮食、装饰、美容产品	1. 宣传画 2. 说唱 3. 摄影 4. 表演 5. 义工 （学校+家庭+基地+社区+）
任务描述	了解中草药炮制历史，激发责任感	认识7~8种常见常用的中草药新鲜植株，认识5~6种饮片，3~4种中成药	成功移植一株药草；变废为宝制作一个护栏；研制一种中草药杀虫剂	炮制工具辨识、使用、改良、制作 炮制方法 1. 拣、剪、捣、筛，炮制艾绒 2. 闷润、去心，炮制莲子肉 3. 切、闷润，炮制陈皮 4. 闷润、醋（炒）制艾叶 5. 炒制王不留行 6. 蒸馏、炮制薄荷，获取挥发油	制作1~2种中草药美容护肤品，如面膜、纯露、手霜、香皂、香氛、洗面奶、胭脂、唇膏、指甲油等	综合运用多元展示深度交流积累经验宣传文化

（四）形式选择

根据课程纲要要求，所有活动兼顾考察探究、职业体验、设计制作和社会服务四种活动形式，合理搭配又各有侧重。其中专业性较强的种植、炮制和产品开发活动依托研学实践活动，强化生产劳动和服务性教育（表2-7）。

表2-7 "魅力本草"课程活动形式选择

	溯源	辨识	种植	炮制	产品开发	宣传
低年级	考察探究（调查、考察）	考察探究（调查、考察）			设计制作（小小美食家研学）	设计制作（故事会、画展、美食节、吉尼斯挑战）
中年级			职业体验+生产劳动（小小药农研学）		设计制作（小小设计师研学）	设计制作（吉尼斯挑战、产品发布会）
高年级		考察探究、设计制作（调查、考察）	职业体验+生产劳动、设计制作（小小药农研学）	职业体验（小小药剂师研学）	设计制作（小小美容师研学）	设计制作、社会服务（吉尼斯挑战、爱心义卖）

（五）时间分配

各年级活动时间分配根据六大典型课型的目标、任务和流程进行整体铺排（表2-8）。

表2-8 "魅力本草"课程实施时间分配

	主题确定	主题分解	活动策划	阶段汇报	方法指导	总结交流
1~2年级	2课时（第1~2周）	2课时（第3~4周）	2课时（第5~6周）	9课时（第7~15周）	9课时（第7~15周）	3课时（第16~18周）
3~4年级	2课时（第1周）	2课时（第2周）	2课时（第3周）	24课时（第4~15周）	24课时（第4~15周）	6课时（第16~18周）
5~6年级	1课时（第1周）	1课时（第1周）	2课时（第2周）	26课时（第3~15周）	26课时（第3~15周）	6课时（第16~18周）

（六）评价预期

师生既是评价主体，又是评价对象。对老师的评价主要从学习能力、活动指导能力、科研能力三个方面进行；对学生的评价除了总结交流阶段的自评、互评、师评、家长评之外，还会结合主题工作室建设、参与开放活动或社会服务活动的表现进行评价（表2-9）。

表2-9　基于师生发展的"魅力本草"课程评价预期

基于教师发展的评价			基于学生发展的评价		
评价维度	评价内容	评价主体	评价维度	评价内容	评价主体
学习	学习心得分享 活动模拟与设计	教师	主题工作室	作品展示 研究成果集 档案袋	学生 教师 家长
活动指导	竞赛/展示/研讨课 经验分享 指导学生获奖	教师 相关专家	开放活动	承办活动 成果展示活动 宣传推广活动	学生 教师 家长 相关专家
科研	论文获奖或发表 课题参与或获奖	相关专家	社会服务	义务劳动 志愿服务	学生 教师 家长 服务对象

五、教学示例

让我们走进六年级"薄荷"少年中草药炮制之旅主题探究活动，重温综合实践活动常态教学实施过程。

"薄荷"少年中草药炮制之旅
——主题确定课

【教学目标】

1. 围绕中草药探究活动讨论分析，确定中草药炮制研究方向。

2. 搜集整理与中草药炮制相关的资料，经过讨论分析，充分储备知识。

3. 围绕中草药炮制提出相关问题，梳理转换为有价值的小主题并规范表述。在此基础上，提炼形成研究大主题。

4. 培养问题意识，提高发现、提出问题的能力；提高分析判断、合作探究的能力。

【教学重点】

1. 确定中草药炮制研究方向，储备与中草药炮制相关的知识。

2. 围绕中草药炮制提出相关问题，梳理转换为有价值的小主题并规范表述。在此基础上，提炼形成研究大主题。

【教学难点】

就中草药炮制提出相关问题，梳理转换为有价值的小主题并规范表述。在此基础上，提炼形成研究大主题。

【教学准备】

PPT、各组搜集的资料、问题备忘表、便利贴、问题条、小组信息表。

【教学过程】

一、确定要研究的方向

1. 情境导入。播放前期活动掠影，梳理出前期开展的中草药研究活动主要为溯源、辨识、种植、加工、宣传等。邀请同学们回忆活动时的感受与收获，激发持续学习的兴趣。

2. 明确方向。集思广益，共同分析，寻找活动中还有什么是大家觉得比较陌生、觉得有兴趣有必要进行探究的问题。引导同学们发现，在这些项目当中，炮制这种加工方法是大家比较陌生的领域。因此，将"中草药炮制"确定为研究的对象和内容。

3. 选择方法。集体讨论，回顾获取相关信息的方式方法（阅读、上网、走访调查等）。

二、储备可利用的知识

1. 获取信息。根据个人具体情况，选择合适方式进行资料搜集（访问、阅读、上网、考察等）与整理（手抄报、摘抄本、资料集、访谈记录、视频、PPT等)。

2. 提高认知。自由分享，互评互议，对自己的资料进行补充梳理，提高对中草药炮制的认识，为分解主题做准备。

三、提出有价值的问题

1. 集体讨论。怎样的问题才是有价值的？（表2-10）

表2-10　问题价值四问锦囊

怎样的问题是有价值的	
真正在意	喜欢的、恐惧的、好奇的、不理解的、经历过的、擅长的……
指向具体明了	指向明显，应该是与中草药炮制相关的内容
有意义	不能过于简单，要有探究的必要，能够拓宽视野、增长知识和经验、丰富情感，提升能力；可以作用于生活，服务现实；会产生积极、正面的影响
可操作	有能力、有条件进行研究，自主解决

2. 填写备忘。每位同学在备忘表格中写出自己真正在意的、觉得有探究必要的、有积极意义的、有能力和条件进行探究的具体问题1~3个，要求独立思考，按自己感兴趣的程度给问题排好序。

3. 问题汇总。全员参与，每个同学从自己的备忘表格中选出一个问题写在便利贴上，交给小组长汇总。

四、选择有价值的问题

1. 组内筛选。根据四问小锦囊法，即问兴趣、问价值、问现状、问能力，每个小组互相审视组员所提问题的可行性，进行初次的筛选，产生1~2个金问题写到问题条上，贴到黑板上（此时，全班40多个问题便可以浓缩为8~9个问题）。

2. 梳理整合。全班讨论，删除不可能、无意义的问题，合并相同、相似、相包含的问题（此时，8~9个问题变为4~5个问题）。

五、确定有价值的问题

1. 归纳提炼。四类问题指向的研究内容是什么？适合用怎样的方法进行探究？同学们一起寻找关键词，选择研究方法，为接下来的问题表述做准备。

2. 规范表述。参考"研究对象＋研究内容＋研究方法"基本格式，确定研究小主题（见表2－11）。

表2－11 小主题形成脉络

四类问题	研究内容（关键词）	主要研究方法	小主题
中草药为什么要进行炮制？ 中草药炮制有怎样的历史与传说？	作用 历史 起源	文献研究法	中草药炮制溯源
人们熟悉中草药炮制吗？ 怎样让更多人了解和接受中草药炮制？	宣传 推广	调查法	中草药炮制宣传推广
中草药怎样进行炮制？ 那些古代的炮制方法还在吗？	方法	文献研究法 实验法	中草药炮制方法探究
中草药炮制工具有哪些？ 为什么奇形怪状？ 怎样制作	工具种类、形状、制作	文献研究法 实验法	中草药炮制工具制作

六、组建同意愿的小组

1. 自然分组。同学们在便利贴上写下自己感兴趣的主题，贴到黑板上，进行分类整理，将选择同一主题的同学分为一个组。

2. 小组建设。各小组推选小组长，在组长组织下设计、完成好小组信息表、分工表、评价表，做好亮相、成果展示排练。

组长：小组商定，先组员自荐，再投票选出。

组名：最好能切合主题的，可以是大家喜欢的卡通形象、四字成语等。

我们上节课已经确定好了探究主题，分别是：中草药炮制溯源、中草药炮制方法探究、中草药炮制工具制作、中草药炮制宣传推广。大家可以就用探究主题命名，例如中草药炮制溯源小组、中草药炮制方法探究小组……或者用自己喜欢的表述如扬帆小组、奋进小组、乘风小组……

口号：响亮，切合主题，印象深刻。例如：乘风小组——乘理想之风，圆梦想之旅。也可以贴合研究主题来制定口号。

3. 成果展示。探究小组逐个亮相，展示小组主题、组名、口号，介绍小组分工情况和评价表。

4. 评价交流。小组之间互相评价，发现优点、亮点，提出意见建议。

5. 修改完善。各组根据其他组的评价意见对小组分工和评价表进行修改完善。

七、完成针对性的作业

就本组研究主题进行讨论，确定想实现能实现的目标，并为目标的达成设计可行的活动项目，做好汇报准备。

"薄荷"少年中草药炮制之旅
——活动策划课

【教学目标】

1. 进一步了解中草药炮制的加工方法。在活动策划中，学习借鉴好的方法和点子，发现自身的不足并思考改进的方法。

2. 熟练使用文献研究法进行资料的收集、整理、分析，了解其历史、现状和作用。能够根据活动目标和内容，设计合适的活动项目并进行合理的排序。

3. 进一步确认活动策划案的结构与元素，完成一份完整的中草药炮制活动策划书。

4. 培养规划能力。感受中草药与人类的密切关系，激发中医药文化传承责任感、使命感，体验研究、合作的乐趣，正确面对挫折，享受成功的喜悦。

【教学重、难点】

1. 能够根据活动目标和内容设计合适的活动项目并进行合理的排序。

2. 能按规范的基本格式完成小组活动策划书，并分小组开展活动。

【教学准备】

PPT、各组搜集的资料、问题备忘表、便利贴、问题条、小组信息表。

【教学过程】

一、案例分析，了解活动策划书

1. 课前导入。师：做任何事情之前要有计划，我们这次"薄荷少年中草药炮制之旅"的探究活动也不例外。一份好的活动计划能更好地保证活动的有效开展，今天这节课，我们一起完成一份完整活动策划书。

2. 了解活动策划书。首先 PPT 出示活动策划书。师提问：你们认为哪些部分写起来比较困难？请以小组为单位讨论。

教师用便利条粘贴：活动目标、活动步骤、活动内容及分工、预计困难及解决办法、预计研究成果的展示方式。

教师指导要点：引导学生汇报计划中需要教师和其他学生提供帮助的方面；引导学生分析可能遇到的困难和讨论相关对策；最后，根据学生提出的问题，结合小主题逐项引导学生讨论并填写注意事项。

教师指导要点：引导学生重点讨论计划中活动的步骤和方法；引导学生对计划的可行性进行论证。

3. 梳理策划书要点。

（1）填写组名、组长、口号：组长组织各小组再次确认组名和口号，并写在活动策划表上。

（2）讨论活动目标。

师：请大家思考，试想一下通过这次活动，你能了解到什么？能学会什么？感受到什么？体会到什么？

教师引导学生从价值体认、责任担当、问题解决、创意物化四个维度来撰写活动目标。

（3）讨论策划书中活动步骤及小组分工。

小组分工，可以和活动步骤一起也可以单独体现；活动步骤，一定要具体，可选择序号1、2、3标明顺序。

（4）预估活动过程中的困难，讨论解决的办法。

（5）小组讨论展现形式。

师：汇报形式尽可能多种形式，动态和静态结合。

二、展评结合，设计小组策划书

师：回顾上节课，我们一起讨论了一份活动策划书的诸多要点，并讨论了如何撰写，撰写的要求和格式。本节课我们以"中草药炮制溯源"小组为例，设计我们的活动策划书。

（一）确定活动目标

1. 展示第一小组的活动目标：了解中草药炮制的历史、方法等，在小组合作中增强团队意识。

师：一组的活动目标制定得怎么样？

生：活动目标比较少，是不是可以更具体一些？

师：在写活动目标的时候，从价值体认、问题解决、责任担当、创意物化四个维度来写。

2. 修改活动目标。

师：大家可以从以下几点来进行修改。

（1）熟练查找资料，进行收集、整理、分析，了解中草药炮制的历史、现状、作用等等，并形成思维导图；

（2）实地考察，了解中草药炮制方法、炮制工具的种类、材质等；

（3）在小组探究活动中，增强团队合作交流与协作能力，增强责任感、使命感。其他小组也可以借此说说自己小组在这个板块的设计思路，并请大家评议。

（二）确定项目及安排

师：主要考虑活动项目是不是能够操作、分工是不是做到了人尽其才物尽其用、是不是能够解决目标中提出的问题、是不是进行了合理的排序。

师：主要考虑小组预计的困难是不是真的困难？可能遇到的最大困难是什么？能不能提前做好准备进行预防？有些困难如果无法避开，有什么办法解决？

师：其他小组也可以借此说说自己小组在这个板块的设计思路，并请大家评议。

师：从人力、物力、财力等方面进行预估，鼓励学生充分挖掘身边的资源。

（三）成果预设

师：在这个活动中，我们能完成什么作品？这些作品用怎样的方式呈现？是不是有特色？（将任务可视化、具体化，实现直观的任务驱动。）

生：借此也说说自己的小组在这个板块的设计，请大家评议。

三、反思整理，完善小组活动策划

1. 生：学生在与同组交流的基础上，学习其他小组的方法，反思自己计划的不足，进一步完善计划。

2. 投屏展示各小组的活动策划书。

3. 分组汇报小组策划书。

师生互动：学生分组汇报后，给学生自由发言的机会，组织生生之间的互动交流。

（1）引导学生学会认真倾听他人的发言；

（2）指导学生分享他人的经验；

（3）引导学生发现他人的不足，并提出建设性意见；

（4）各小组组长带领组员根据修改意见，再一次进行梳理完善；

（5）成果汇报，各个小组通过投影汇报本组活动策划书。

四、集体讨论，形成班级活动策划书

智慧集结，学以致用。根据各个小组的活动策划案进行梳理、提炼，形成班级活动策划案（表2-12）。

表 2-12　薄荷少年中草药炮制之旅活动策划案

<table>
<tr><td rowspan="4">活动
目标</td><td>价值体认</td><td>了解祖国优秀非物质文化遗产——中草药炮制，挖掘内涵与外延，培养环保意识、国际意识、合作意识</td><td colspan="2"></td></tr>
<tr><td>责任担当</td><td colspan="3">感受中草药炮制给人类生活带来的影响，培养强烈的责任感、使命感，体验研究、合作的乐趣，正确面对挫折，享受成功的喜悦</td></tr>
<tr><td>问题解决</td><td colspan="3">熟练使用文献法进行中草药炮制方面资料的收集、整理、分析，了解中草药炮制的历史、现状、作用；实地体验并掌握 1~2 种中草药炮制的方法；深入考察，了解中草药炮制工具的种类、材质、制作简单炮制工具，探究其工作原理；积极探索宣传、推广策略，帮助更多人了解中草药炮制项目</td></tr>
<tr><td>创意物化</td><td colspan="3">在探究过程中积极动手解决问题，深入体验多种炮制方法，尝试进行创新设计，改良炮制方法，撰写科学小论文；尝试学制一些简单、常见的炮制工具；积极创新，尝试设计或制作改良型、创新型炮制工具；根据中草药炮制产品的特点，对其进行包装，策划宣传活动，多种形式推广</td></tr>
<tr><td rowspan="3">活动
准备</td><td>活动时间</td><td>活动内容</td><td>活动地点</td></tr>
<tr><td>第 1 周</td><td>集体讨论，确定研究对象、内容和方法</td><td>学校</td></tr>
<tr><td>第 2 周</td><td>集体讨论，确定具体活动安排</td><td>学校</td></tr>
<tr><td rowspan="4">活动
实施</td><td>第 3~6 周</td><td>查阅书籍、网络，访问药剂师和医生，了解中草药炮制的起源和发展</td><td>学校、家、图书馆、芝林大药房、小区诊所、中医药研究院</td></tr>
<tr><td>第 7~10 周</td><td>采访医生、大学老师，了解、体验中草药炮制方法</td><td>食品药品职院、中医药大学、芝林大药房</td></tr>
<tr><td>第 11~13 周</td><td>查阅资料，了解炮制工具的种类、制作和使用方法，试着做一份设计图，到研学基地进行实际操作验证</td><td>家、研学基地、研学工坊</td></tr>
<tr><td>第 14~15 周</td><td>上网搜索、观察或采访商场导购员，了解宣传的手段，找到合适的宣传方法</td><td>学校、家、社区、大型商场</td></tr>
</table>

（续表）

交流 评价	第16~17周	整理研究成果，班级交流分享，完善 研究成果；在学校、社区进行宣传、 展示、志愿服务等活动	学校、社区
	第18周	制定评价表，由自己、同学、家长、 老师进行评价	学校、家
活动 拓展	第19周	观察身边的人和事，搜集资料，确定 新的探究方向	学校、家、社区
所需 条件	文献、图书资料；实验室；中医药大学的指导；周边药房的支持		
预期 成果	问卷调查报告、实验报告、活动感受、手抄报、图鉴、药草炮制成品展		

六、探究阶段

　　教师的方法指导和学生的阶段汇报穿插进行，同学们经历完整的探究过程，掌握科学的研究方法。"薄荷"少年中草药炮制之旅课程探究活动过程见表2-13。

表2-13　"薄荷"少年中草药炮制探究活动

研究过程	主要研究 方法	探究活动
中草药炮制 溯源阶段	文献研究法	1. 了解文献法
		2. 进行检索活动，分享经历
		3. 整理检索结果，课堂汇报
		4. 分析检索结果，小组汇报，交流分享
中草药炮制 方法探究阶段	文献研究法 +实验法	1. 了解访谈法（步骤与技巧）
		2. 选取对象，编写访谈提纲
		3. 制定访谈计划，交流完善
		4. 实地访谈，分享经历
		5. 整理访谈录，撰写调查报告
		6. 交流分享，完善调查报告
		7. 创意劳动，研学体验中草药炮制实验

（续表）

研究过程	主要研究方法	探究活动
中草药炮制工具制作阶段	文献研究法＋实验法	1. 资料搜集，了解炮制工具种类和用法
		2. 制定体验计划，交流完善
		3. 实地体验（外形、结构特点）
		4. 讨论制定实验计划，交流
		5. 讨论撰写项目设计说明书
		6. 交流分享，完善说明书
		7. 创意劳动，研学体验炮制工具的制作或改良
中草药炮制宣传推广阶段	调查法	1. 资料搜集，了解宣传手段
		2. 制定宣传活动方案
		3. 实施宣传推广
		4. 分享交流、完善宣传方案

影响薄荷挥发油提取因素探究
——"科学实验报告撰写方法"指导课

【教学目标】

1. 小组合作完成一份"影响薄荷挥发油提取因素探究"的完整实验报告。

2. 在汇报交流过程中，学会整合他人撰写实验报告的经验，积累实验方法。

3. 善于乐于分享，反思提炼，扬长避短，学以致用。

【教学重点】

依托薄荷挥发油提取实验，掌握规范的实验报告格式，明确实验报告的基本要素与要求，发现实验报告的难点。

【教学难点】

整理解决"薄荷挥发油提取因素探究"实验报告撰写中常见的困难——实验分析和讨论。

【教学准备】

PPT、各组实验报告

【教学过程】

一、回顾导新，确定本课任务

师：同学们，最近一年我们一直在进行校园及周边中草药的探究活动，先来回忆，我们都做了些什么。近期，又做了什么？

生：近期撰写科学实验报告，举行了科学实验报告展览会，各组根据特点还申报了不同的特色项目。

导入新课：薄荷挥发油提取因素探究——科学实验报告撰写方法指导课。

二、了解实验报告的完整结构

师：下面，我们一起来看看大家都申报了什么项目吧！首先，看结构完整奖，有"碎碎平安组"和"泡泡乐"小组申请，这个奖项到底花落谁家呢？我们一起来听听他们是怎么说的。

生：两个小组汇报申报理由。（包括：与他组对比，结构完整体现；分享相应的学习方法。）

师：谢谢两组的精彩汇报，评委们你们更喜欢哪组的汇报呢？下面请各位评委举手表决。

师小结：谢谢两组同学帮我们明确了一份完整实验报告的要素，包括：题目、摘要、引言、实验材料、实验方法、实验过程、实验结果、实验分析与讨论、实验结论、附录（PPT 展示）等。在处理这些要素时，我们可以把一些要素整合在一起，这样实验报告的结构不仅完整而且清晰明了。

三、分析实验报告要素的难度系数

师：同学们在撰写实验报告时，有没有觉得哪些要素写起来比较难，哪些要素写起来比较简单呢？在这里，我们不妨用数字1、2、3来表示要素的难度系数，1表示最简单，3表示最难，请同学们以小组为单位开始讨论，讨论完毕后，派一名代表上台完成难度系数表。

生：小组讨论，并在讲台电脑上的 Excel 汇总表中填写数字，说明缘由。

师小结：从中可以看出，同学们一致认为题目、摘要、引言、实验材料、实验方法、附录这 6 个要素的撰写难度系数比较小。我们一起看看相应的注意事项（PPT 展示注意事项），题目要简练明确，摘要也就是实验报告的浓缩介绍、引言说明探究原由、实验材料要具体化，附录也就是参考资料、实验方法要说明如何进行对比实验等。

四、撰写实验过程的注意事项

师：有的小组认为"撰写实验过程"最难，你们遇到了什么困难？有同学能帮帮他们吗？

师小结：书写实验过程时的注意事项，明确实验的自变量、无关变量、因变量各是什么；明确控制无关变量的方法；实验操作步骤及相应的实验记录要具体化。

五、解密分析与讨论的注意事项

师：再看难度系数表，我发现同学们一致认为分析与讨论、实验结论、实验结果的撰写难度系数很大。

师：但是同学们想过没有，大家为什么会觉得实验结论、实验结果的撰写难度系数很大。我认为，主要原因还是同学们对实验进行分析和讨论的经验不足，所以认为撰写实验报告最难的就是分析与讨论。不过，老师还是很高兴，因为有几个小组不怕困难申报了全面分析奖。下面，我们一起听听他们怎么说，首先有请"水灵灵"组。

生：小组汇报申报理由。（包括：分析内容，分析方法。此处选择两组汇报。）

师：谢谢两个组的精彩分享。下面请大家举手表决。

师小结：确实，撰写实验分析与讨论的环节比较难，需要大家多方面的分析，如对实验结果、实验过程进行对比分析。对实验结果的分析能回答我们实验前提出的问题，对实验过程进行总结能帮我们找出得失成败的原因。在这里，老师再送给大家一个小锦囊：我们在分析的时候，还可以对实验后续进行分析，这样能使我们的实验更加深入，甚至帮我们找到新的研究方向或内容。不过，不管分析哪一个环节，一定记得对比分析的思维很重要。

六、小结拓展

师：谢谢两个小组帮我们明确了实验分析的内容和方法，也谢谢他们帮大家明确了一份完整的科学实验报告需要具备的十大要素。我们一起来回顾一下：题目、摘要、引言、实验材料、实验方法、实验过程、实验结果、实验分析与讨论、实验结论、附录。

师：孩子们，今天在大家的努力下，我们对实验报告的撰写有了一个更全面的认识，那么在接下来的学习中，我们就可以灵活的运用这种方法哦！

"薄荷"少年中草药炮制之旅
——总结交流课

【教学目标】

1. 团结合作，对中草药炮制探究活动过程中的资料进行筛选、整理，形成成果和结论，发展处理信息的能力。

2. 撰写中草药炮制探究活动报告，以不同的方式进行展示和交流，培养表达与交流能力。

3. 对中草药炮制探究活动过程中的体验、认识和收获进行总结分析，培养反思与评价能力，发展良好的情感、态度、价值观。

4. 认真倾听、学会欣赏、积极改进。能够发现其他小组的问题、闪光点，找到自己小组改进的方向和方法。

【教学重点】

对中草药炮制探究活动过程中的资料进行筛选、整理、分析，找出规律，提出自己的看法和观点，形成成果，得出一定的结论；

能够规范、完整撰写好中草药炮制探究活动报告，以不同的方式进行展示和交流。

【教学难点】

对中草药炮制探究活动过程中的资料进行筛选、整理、分析，找出规律，提出自己的看法和观点，形成成果，得出一定的结论，并选择恰当形式展示。

能够发现其他小组的问题、闪光点，找到自己小组改进的方向和方法。

【教学准备】

教师教学 PPT、学生汇报课件及相关成果

【教学过程】

一、前期活动回顾，明确汇报要求

1. 活动回顾。学生回顾中草药炮制探究活动全过程，形成清晰、完整的活动脉络图。

2. 明确要求。学生自选回顾方式（答辩式、汇报式），小组成员须全员参与，尽量发挥组员优势，体现成果亮点。要点：

（1）说选题。这个课题是怎样产生的？研究这个问题有什么意义和价值？目前这个问题已经有哪些研究成果？

（2）说过程。你们是如何开展研究的？是怎样解决问题的？在研究过程中遇到了哪些困难？是如何克服的？

（3）说成果。经过研究后，得出哪些研究结果？或提出了哪种解决问题的方法？

（4）说体会。在活动过程中，你们有什么感悟和体验？其中体会最深的是什么？有哪些感人的事迹？有什么难忘的事情？有什么新的认识与收获？有什么不足之处？有什么想继续研究的问题？

3. 整理加工。要求学生结合以下要点进行汇报。

（1）小组合作，找、删、补，完善中草药炮制探究活动过程性资料。

（2）组内交流分享，结合自己的亲身体验，表达真实的感受，提炼活动的亮点，分析活动的不足。如：成功的经验、失败的经历、意外的发现、创意的发明、得意的作品、与众不同的观点等。

（3）物化研究结果，将已有的过程性资料进行整理、美化，如小制作、设计图、图鉴、相册、摘抄本、剪贴本、资料集、体验日记、手抄报、研究报告、收藏等。

（4）根据已有的中草药炮制探究活动物化成果和提炼的亮点，结合组员的特长，选择合适的展示形式，如现场演示（制作、实验）、辩论会、故事会、交流会、PPT 汇报等。

（5）成果汇报彩排。

二、分组成果汇报　师生交流评价

1. 小组汇报。

2. 互动交流：结合成果质量和展示形式，回顾中草药炮制探究活动过程中的表现，通过自我评价、小组评价、家长评价、老师评价等方式，从主题价值评估、研究方法掌握、积极参与活动、服从整体安排、主动解决问题、资料完整规范、成果展示形式、成果创新水平、活动目标达成这几个维度进行评价，获得全方位信息，正确认识、提升自我。

三、反思总结提升　拓展延伸活动

1. 自我反思。同学们自由表达，可以说事情、谈经验、说体会、谈不足、做畅想、提问题……

2. 头脑风暴。

师：向前看，中草药需要进行炮制，其他中药是不是也需要进行炮制？如动物药、矿物药。

师：向后看，关于中草药炮制，我们哪些方面做得特别好，可以继续进行深入的探究？我们哪些方面做得特别不好，还需要进行深入的探究？

师：左右看，在你的身边，还有什么新奇的物件、热点的事件、有趣（不合理、不解）的现象是你想要进行探究的？

3. 教师总结：

（1）活动效果（成果、收获、影响力）。

（2）同学们的表现（积极参与、团结协作、认真思考、努力解决问题、成长迅速）。

（3）意见和建议（活动方法的优化）。

（4）祝福与期待。（留心观察生活，发现问题，活动方法学以致用解决实际问题，培养服务精神和中医药文化的传承与发展的使命感）

4. 拓展延伸。

通过参与主题工作室（个人作品、成长档案袋、集体成果集）建设、参加开放活动（承办活动、成果展示活动、宣传推广活动）、开展社会服务活动（爱心帮扶、义务劳动、志愿服务）等方式，提高整体规划、综合运用能力。

图 2-1　参加长沙市第十届"杜鹃花开·情满星城"爱心公益项目博览会

图 2-2　参加 2019 年长沙市微机派位现场课程特色作品展示

六、反思成效

"魅力本草"专题是我校专题课程开发与实施过程中较为典型的案例，它依托综合实践活动课程理念与方法进行实践，实现了 1~6 年级多学科融合的综合实践活动常态化实施，较好地促进了学校课程的发展，也促进了学校、教师、学生的发展。

学校层面：整体规划，目标呈体系；逻辑推理，内容呈整体；具象设计，方法呈梯度。

教师层面：普及理念，参与有广度；引领教学，方式有变革；落实评价，发展有指标。

学生层面：资源整合，方式更多元；深度研学，体验更专业；贯穿劳育，影响更深远。

（案例提供 杨娟娟 余忠萍 常洁）

学科： 综合实践活动、语文、美术、科学

年级： 3~4年级

小小服装设计师

一、研究缘起

劳动是创造物质财富和精神财富的过程，是人类特有的基本社会实践活动。劳动教育是发挥劳动的育人功能，对学生进行热爱劳动、热爱劳动人民的教育活动。当前实施劳动教育的重点是在系统的文化知识学习之外，有目的、有计划地组织学生参加日常生活劳动、生产劳动和服务性劳动，让学生动手实践、出力流汗，接受锻炼、磨炼意志，培养学生正确劳动价值观和良好劳动品质。而综合实践活动是从学生的真实生活和发展需要出发，从生活情境中发现问题，转化为活动主题，通过探究、服务、制作、体验等方式，培养学生综合素质的跨学科实践性课程。综上，我们从生活中最常见的衣食住行入手进行劳动教育，探索传统缝纫技术的综合实践常态化实施。

二、组建团队

2019年，岳麓区综合实践杨娟娟名师工作室落户博才白鹤小学，为青年教师专业化发展、学校综合实践活动课程的开展和综合实践常态化实施开辟了一番新的天地。在名师工作室的引领下，我校积极开展"寻找综合实践与劳动教育的整合"探究，聚焦家务劳动。由名师工作室首席名师杨娟娟牵头组建团队，学员程训谦老师带领所在班级为样本班级，组织美术学科赵莉、杨雅丽，科学学科凡婷、吕作香，综合实践学科李瑾、张梦辰等多学科老师参与综合实践与劳动教育整合课题研究，并探讨了多个主题。

三、确定主题

（一）纲要引领

《中小学综合实践活动课程指导纲要》指出：让学生能从个体生活、社会生活及与大自然的接触中获得丰富的实践经验，形成并逐步提升对自然、社会和自我之内在联系的整体认识，具有价值体认、责任担当、问题解决、创意物化等方面的意识和能力的教学目标。《关于全面加强新时代大中小学劳动教育的意见》要求低年级注重围绕劳动意识的启蒙，让学生学习日常生活自理，感知劳动乐趣，知道人人都要劳动；中高年级要注重围绕卫生、劳动习惯养成，让学生做好个人清洁卫生，主动分担家务，适当参加校内外公益劳动，学会与他人合作劳动，体会到劳动光荣的教育目标。综合实践课程从考察探究、社会服务、设计制作、职业体验四个方面进行综合实践课程专题研究，从劳动教育的基本进行提升，涵盖劳动教育的教育功能。因此，综合实践课程也是实现学校劳动教育最有效的途径，可对小学阶段的劳动教育起到引领和指导的作用。

（二）资源分析

我校地处岳麓区含浦街道，周边大学林立，包括湖南服装工业学校、湖南师范大学服装设计学院等，为学生探索服装、缝纫技术提供了良好的师资基础和可供深入挖掘的课程资源。学校周边有晚安家纺工业园、岳麓区含浦科教产业园，在纺织生产、设计、销售方面都有丰富的资源。小学阶段的课程教学有很多涉及服装的内容，例如体现服装剪裁变化的《慢性子裁缝和急性子顾客》、道德与法治课程中的《多彩服饰》、神话传说中的《嫘祖养蚕》等，可为学生提供丰富的课程资源。

（三）学情需求

随着年龄的增长，中高年级学生的动手能力、实践能力、创造能力已经有了长足的发展，服装又与学生的日常生活息息相关，极易引起学生的兴趣。在商品经济高度发达的今天，手工制衣、缝纫技术已经渐渐远离我们的生活。当代学生也越来越缺乏制衣、缝纫的经历，曾在日常家庭生活中频繁出现的手工缝纫需求，逐步因人们对衣服舍旧求新而被取代，或者仅有长辈偶尔进行相关劳动。因此，了解、学习、使用缝纫技术已经成为提高学生生活自理能力、传承勤俭节约传统美德的必要课程。

四、制订方案

（一）确定活动目标

根据《中小学综合实践活动课程指导纲要》中的教学目标要求，结合四年级学生的认知特点、动手能力和生活需求，从动手参与服装制作入手，确定了价值体认、责任担当、问题解决和创意物化四个方面的活动目标：

1. 价值体认。通过亲历活动，激发服装研究的兴趣，亲近祖国传统服饰文化，倡导绿色环保意识，提高创新意识。

2. 责任担当。学习缝纫制作方法，关注生活中的缝纫需求，提高自理能力、培养学生热爱生活、积极参与社会生活的态度。

3. 问题解决。能够在教师的引导下，结合生活中对服装的了解，发现并提出感兴趣的问题。体验研究服装的过程与方法，形成对解决缝纫问题的初步解释。

4. 创意物化。通过实践操作，运用掌握的服装缝纫知识和技能进行创作，如制作民族服装图鉴、改造废旧衣物、举办 T 台秀等。

（二）强化教学重点

通过学习传统缝纫技术、服饰制作技术，初步树立技术意识，培养实践创新精神、动手能力和审美情趣。

（三）突破教学难点

了解更多服装、缝纫知识，发现生活中存在的问题，形成研究思路，探索解决方案。

（四）规划教学环节

围绕"小小服装设计师"课程探究主题，课堂上同学们热烈讨论，生成了一系列问题。最终在老师的指导下，梳理形成"知识储备→技能习得

→文化熏陶→服务生活→科技创新"成长脉络,确立了综合实践活动环节。

五、教学示例

让我们走进四年级"小小服饰设计师"主题探究活动,重温综合实践活动课程常态化实施过程。

【准备阶段】

小小服装设计师
——主题确定课

【教学目标】

1. 价值体认。引导学生观察生活中的服装,了解服装知识,建立知识储备。

2. 责任担当。提高动手实践意识,参与家庭劳动,独立完成生活中力所能及的家务。

3. 问题解决。学会提出生活中的服装问题,并尝试分类,形成对问题的初步思考。

4. 创意物化。设计制作服装信息结构思维导图、物化主题讨论成果、制作主题讨论成果。

【教学重点】

讨论生活中常见的服装分类,分享了解到的关于服装的知识。

【教学难点】

梳理形成服装探究的思路,确定活动主题。

【教学过程】

一、创设情境,激趣导入

1. 同学们根据《慢性子裁缝和急性子顾客》故事分角色表演,展示衣服变化的过程。

2. 老师总结。同学们,一件服装居然经历了这么神奇的变化,让我们一起了解服装的变化,调查了解服装的相关知识。

二、参与活动，分享反馈

1. 反馈。学生分享在调查过程中自己最感兴趣的内容，讲述服装发展的历史、一件服装是怎样制成的。

2. 讨论。小组互相讨论，共同提炼服装探究的关键词。

3. 汇报。围绕缝纫、售卖、材质、利用等内容进行展示。

三、小组交流，梳理归纳

1. 小组交流。同学们围绕关键词发散提出思考和问题，设计制作思维导图，并展示汇报。

2. 问题分类。教师引导同学根据问题的对象、解决途径、解决周期等方面对问题进行分类。

3. 规范表述。用精炼的语言对主题进行描述，明确本次活动的主题。

四、自主探究，任务分配

任务分配。根据自己的具体情况选择合适的方式进行资料整理和搜集，形成对"小小服装设计师"的初步理解，为主题分解做准备。

小小服装设计师
——主题分解课

【教学目标】

1. 价值体认。梳理传统服饰文化知识，激发对服装研究的兴趣。

2. 责任担当。积极开展小组讨论，设计符合学情的研学路径。

3. 问题解决。讨论主题分解中遇到的困难，并尝试解决，形成自己独立的思考，并给出初步的解决方案。

4. 创意物化。总结梳理小主题，并形成问题解决的主要研究方法。

【教学重点】

梳理有价值的问题并分类。

【教学难点】

讨论筛选研究内容，并确定研究小主题。

【教学过程】

一、梳理站点

1. 导入：

回顾上一次课，我们确定了本学期的综合实践研究主题，我们的主题是：_____。

2. 讨论、自由交流，根据大主题发现、提出小主题。

3. 讨论组分工合作，粘贴问题条。

师：围绕主题研学任务，通过小组合作，搜集资料，我们对可以开展研学活动的站点进行考察，并将可进行研究的场地进行梳理罗列，如商场、图书馆、博物馆都将成为同学们想去考察探究的地方。

二、筛选站点

1. 小组讨论。分享在调查过程中自己最感兴趣的内容，梳理最可行的研究站点。

2. 师生讨论。小组讨论从有兴趣、有资源、有能力、有价值四个方面对组员所提问题的可行性进行筛选，删除不可能、无意义的问题。

三、表述主题

1. 回顾主题表述的要求：

课件出示：

A. 主题要有明确、合适的研究对象；

B. 主题要有标示研究特点的动词，如调查、采访、宣传、策划、设计、分析……

老师示范完善第一个小主题；引导组员参照老师提供的方法，逐个完善小主题，学会规范表述。

2. 规范表述。参考"研究对象＋研究内容＋研究方法"基本格式，确定研究小主题（表2-14）。

表 2 - 14　小主题形成脉络

四类问题	研究内容（关键词）	主要研究方法	小主题
服装分哪些种类？ 传统服饰的特点是什么？	文化背景	文献研究法	研究服装的文化背景
服装的制作方法有哪些？ 现代有哪些制衣工艺？	技艺	实验法	研究服装的缝制过程
服装从哪里来到哪里去？ 制作服装的材料有哪些？	材料、去向	调查法、实验法	研究服装去向
废旧服装是怎么利用起来的？ 有没有高科技产品的服装？	创新、设计	实验法	服装产品设计和推广

小小服装设计师

——活动策划课

【教学目标】

1. 价值体认。通过搜集材料，了解服装制作的知识。

2. 责任担当。激发大胆展示自我的勇气和信心，提高团结合作能力。

3. 问题解决。能够通过小组合作讨论，确定小组实践活动的内容及服装制作方式方法。

4. 创意物化。激发创新思维，策划创意产品设计制作方案。

【教学重点】

能够按照规范的基本格式制定小组工作计划，进行小组分工开展活动。

【教学难点】

激发创意，策划创意产品设计制作方案。

【教学过程与方法】

一、活动导入

师：做任何事情之前要有计划，我们的这次活动也不例外，事前也需要对我们的活动制订完美计划才能保证活动的有效开展。我们的这个课程有个响当当的名字——活动策划课。

二、制定方案

1. 出示一份活动方案，明确活动方案的基本格式。
2. 讨论：你认为哪些部分写起来比较困难？
3. 格式内容、活动形式、活动目标、活动步骤、活动内容及分工、成果展示方式。

三、活动指导及要点

1. 引导学生汇报计划中需要教师和其他学生提供的帮助；
2. 引导学生分析可能遇到的困难和讨论相关对策；
3. 小组分工，可以和活动步骤合并体现也可以单独体现；
4. 活动步骤，一定要具体，可选择序号1、2、3标明顺序。

四、活动策划，精选研究站点

确定了"小小服装设计师"探究主题后，同学们围绕研学任务，进行探究站点的罗列，如商场、图书馆、博物馆等都成为学生了解学校服装的大课堂。综合实践活动课源于生活，然后发现和解决问题，最终回归生活。因此，可以从身边出发，通过参观、体验、制作等活动精选研究站点（表2-15）。

表2-15 "小小服装设计师"综合实践活动站点推荐

可选站点	资源优势	主要活动形式	入选指数
服装店	拥有不同季节、不同面料的衣服	参观、访问、调查问卷	☆☆☆☆☆
制衣厂	①制衣厂，可以体验一件成品衣物的制作流程 ②体验剪裁、纺织印染等技术	参观、动手体验纺织、剪裁、缝制	☆☆☆☆☆
民族服装店	①民族服装店有多种多样的少数民族服饰，可以了解到传统手工制作方法 ②参观博物馆可以了解不同时代传统服饰的风格、材质、制作工艺，感受祖国服饰文化的魅力	参观、绘画多彩传统服饰	☆☆☆☆☆

（续表）

可选站点	资源优势	主要活动形式	入选指数
湖南工程学院纺织工程学院	①拥有"新型纤维开发""新型纤维材料与功能性牛仔面料创新设计"研究团队 ②拥有虚拟纺织实验中心	参观、新技术体验未来服装发展	☆☆☆☆☆
社区	①社区废旧衣物回收站 ②动手设计并展出	利用旧衣物制作：香包、手提袋、帽子、宠物服等，并举办 T 台	☆☆☆☆☆

五、明确任务，串联成长过程

逐一确定研究站点后，指导学生撰写活动策划书，对活动中可能遇到的困难进行预设讨论，合理安排人员分工，完善安全预案，初步形成计划。然后再次研究探究方案的合理性、预期效果的展示形式，明确探究路径与任务（表 2-16）。

表 2-16 "小小服装设计师"综合实践活动策划书

活动主题		小小服装设计师	
成员		博才白鹤小学 1601 班学生	
活动口号		服装，让生活更美好	
指导老师		杨娟娟、程训谦、赵莉	
活动目标		通过亲历、参与活动激发对服装研究的兴趣。感受祖国传统服饰文化的魅力，提高绿色环保意识、培养创新意识。通过动手操作实践，初步掌握服装设计与制作的基本技能，并加以运用解决生活中遇到的问题，服务于学习和生活	
活动时间	活动地点	活动内容	活动准备
活动安排	第一天　服装店	通过体验销售，了解服装种类、材料，形成知识储备	服装记录卡、笔记本、销售说辞
	第二天　裁缝店	体验制衣技能，激发探究兴趣	剪刀、布匹、尺子、线
	第三天　服装院校	聆听讲座，了解传统民族服饰，感受文化底蕴	彩笔、画纸、笔记本、纪录片
	第四天　社区	创意改造，进行成果展示	废旧衣物调查问卷表、剪刀、针线、废旧衣物

【实施阶段】

在实施阶段，同学们一起走进服装店、裁缝店、湖南服装工业学校、社区废旧服装回收站。

1. 服装店（第一站）

任务驱动，深入了解服装。孩子们一走进新玫瑰服装店，就成了可爱的好奇宝宝。他们迅速拿出笔和服装记录卡，选择自己喜欢的衣服进行观察，细致耐心的填写好记录卡。由于空间有限，他们有的趴在地上、有的一人读一人记。每一个孩子都跃跃欲试，一个个憋着劲，希望自己能接待好第一个顾客。由于活动时间开展得较早，出来逛街的顾客还不多，同学们便走出店门进行推销。开始很多同学不太敢跟顾客接触，老师和基地工作人员就适时指导他们完善"服装销售宝典"，特别是对销售说辞进行修改，帮助他们树立自信。顾客们看着孩子稚嫩的脸庞、期待的眼神，听着孩子流利的介绍，都不忍心离开，纷纷拿起衣服挑选起来。

2. 裁缝店（第二站）

动手体验，感悟工匠精神。孩子们来到了社区"便民裁缝店"，老奶奶热情地接待了我们，给孩子们细致地介绍了各种制衣工具的用途。孩子们认真倾听、仔细记录，还不时提出问题，如："布片为什么要剪成不规则的样子？""量衣用的尺子刻度和平时学习用的尺子为什么不一样？"老奶奶解释这是传统的刻度"尺""寸"，并为大家示范做了一件长袖衬衣。她熟练、专注地推动剪刀，一片一片形状各异的布呈现在大家眼前；她灵活、迅速地蹬着缝纫机踏板，各种布片被拼接、缝合成衣袖、前襟。从构思到设计、从剪裁到缝制、从布片到成衣，高超的技艺背后是奶奶几十年如一日的反复练习。精益求精、熟能生巧，奶奶的敬业精神令大家感动，这就是平凡岗位中不平凡的工匠精神。孩子们一个个跃跃欲试，看他们一步一步画线、剪裁、缝纫，有模有样！

3. 传统服装讲堂（第三站）

走进传统，传承服装文化。同学们来到湖南服装工业学校，走进民族服装讲堂。习得一件衣服的基本制作工艺背后，服装本身被赋予了更多的文化功能，成为一个文化的载体。唐老师带来了部分少数民族的服装，还有传统汉服。其中一件未完成的汉服更是吸引了大家的目光，唐老师特意向大家展示了汉服的制作工艺，古人为了节省布料，都采用拼接的方式缝制服装，每件汉服都是中缝拼接，也象征着为人应该正直中庸。孩子们对比汉服和少数民族服装后，发现两者穿法的不同：汉服将前襟向右掩，称为"右衽"；而少数民族服多将前襟往左掩，称为"左衽"。通过查阅资料，这才知道了中国古代历来有"以右为尊"的思想，这一思想一般体现在衣襟、官职名称上面。小小的一个衣襟就蕴含了如此深厚的文化底蕴，不禁激起了大家对中华传统文化深入探究的兴趣。

4. 社区废旧服装回收站（第四站）

服务生活，创意绽放精彩。走进社区进行"废旧衣物去向调研"。孩子们制作、收集了两百余份电子问卷、一百余份纸质问卷。通过分析发现，家庭里的服装大部分会流向垃圾站。孩子们继续追问垃圾站的处理方式，惊讶地发现原来长沙每天产生的纺织类生活垃圾约有 500 吨，其中大部分是废旧衣物。目前长沙市采用的处理方式主要是填埋，而现代服装都添加涤纶、腈纶等化纤材料，纯棉纯麻的衣服少之又少。化纤材料被填埋后，几百年都难以降解，对土壤、水质等造成不可逆的危害。孩子们萌发了动手改造身边废旧衣物的想法，并举办了"创意绽放精彩"废旧衣物再利用展览活动，宣传废旧衣物循环利用、改造利用的环保理念。

【评价阶段】

实践活动结束后，各小组认真整理活动过程中的资料，通过整合，以多样的形式进行展示，对本次综合实践活动进行汇报、总结评价。

T台秀上，同学们穿上美丽的民族服装，自信地向大家分享成功的喜悦，表达对传统服装的热爱，并希望有更多的人能穿上这样漂亮的衣服。

有的小组以故事会的形式，把自己研学旅行中经历的趣事、糗事娓娓道来，分享酸甜苦辣。更有趣的是，有的小组还排练了节目，给大家呈现了一场充满童趣的小剧，演绎服装相关的故事。

在谈到以后的探究方向时，孩子们一致选择将现代制衣工艺作为切入点，比如纳米材料、生物科技材料。他们相约下一次研学旅行，一起探索未来服装技术给服装生产、销售、应用带来的巨大变化，感受科技的魅力。

六、教学反思

(一) 学科之间有效整合

综合实践+语文+美术+科学，多学科之间的有效整合是我们本次综合实践活动中一次意外的收获。从生活中发现问题提出问题，借助其他学科知识和学习方法深入研探服装，提升了孩子们的综合素养。

纵观本次活动，主题和生活息息相关，易激发孩子们的兴趣；活动安排的脉络比较清晰，符合学生认知发展规律。在活动项目站点确定过程中较好地突破了难点，站点的选择比较典型，设计的活动不仅深受孩子们的喜爱，也极具针对性和可操作性。

(二) 劳动教育体系整合

本次综合实践课程综合考虑了多个劳动教育策略，既落实了综合实践课程内容的实施，又落实了劳动教育。劳动教育以引导学生养成热爱劳动的习惯为目标，但是目前国内课程还缺乏专门的劳动课程。综合实践活动课程强调学生亲身经历各项活动，在"动手做""实验""探究""设计""创作""反思"的过程中进行"体验""体悟""体认"，将劳动教育体系与综合实践课程体系深度融合，能够在掌握劳动技能的前提下深入劳动技能研究，不断激发学生的劳动光荣感。

(三) 核心素养全面提升

本课程从文化基础、自主发展、社会参与三个角度多维度地提升了学生的人文底蕴、科学精神、学会学习、责任担当四大核心素养。挖掘传统服饰的魅力、传承传统制衣技术对学生的审美情趣、价值取向都有一定的塑造；在调研路线的选择确定中采取实地考察、对比研究等科学方法，培养了学生独立思考、科学分析问题的能力；在废旧衣物去向的调查活动中勤于反思，线下调查和线上调查相结合，体会了自主学习、学会学习的乐趣；通过废旧衣物改造、设计绘画民族服装图鉴等动手劳动实践参与家庭劳动、创新改造，提高了学生们的实践创新能力。学校、基地、家庭、社会四方联动全面提升学生的核心素养。

（四）师生家长共同成长

孩子们从简单的衣食住行入手，或听、或看、或动手，不仅深入了解了衣服的制作过程，感受了传统文化的美，也培养了问题意识，提高了动手能力。老师和家长在指导、协助孩子进行研学活动过程中，感受了孩子们强烈的求知欲，发现了孩子平时被忽略的优点和不足，促进了师生之间、亲子之间的有效沟通。

（五）后续研究努力方向

本课题的探究以中年级学生群体为活动对象，前期基础课程以及后期拓展课程都需完善。要根据学生身心发展特点合理设计并开发符合低年级、高年级学情的课程体系，强化缝纫课程在校园文化建设中的作用。因此，研究开发本课程全学段教学体系是非常必要的。

七、"小小服装设计师"课程体系探究

表 2-17 "小小服装设计师"全学段课程体系探究

缝纫小能手教学目标和内容			
学段		课程目标	课程内容
一、二年级	价值体认	通过亲身参与实践，了解缝纫知识，体验劳动的乐趣	1. 生活自理我能行。自己购买一套服装了解材质、制作工艺等，整理分类自己的衣柜，并学会根据不同类别的衣物用不同的方法洗涤自己的衣物。 2. 我有一双巧手。体验缝纫技术，学会使用剪刀、针线，在老师的指导下制作小手帕、沙包；设计制作小香囊、降落伞等布艺品。
	责任担当	学会衣物分类，能够承担家庭生活中力所能及的家务	
	问题解决	在教师的指导下，结合学校、家庭生活中存在的服装问题，并尝试思考解决路径	
	创意物化	学生能够充分发挥想象力，积极探索，通过手工制作，设计创意小布艺	

（续表）

学段	课程目标	课程内容	
三、四年级	价值体认	通过亲历活动，激发对服装研究的兴趣，亲近祖国传统服饰文化，倡导绿色环保意识，提高创新意识	1. 参观、动手体验纺织、剪裁、缝制技艺。2. 通过体验销售，了解服装种类、材料，形成知识储备。3. 参观、绘画多彩传统服饰。4. 服装学院聆听讲座，了解传统民族服饰，感受文化底蕴。5. 利用旧衣物制作：香包、手提袋、帽子、宠物服等，并举办T台秀。
	责任担当	提高自理能力，培养热爱生活、积极参与社会生活的态度	
	问题解决	能够在教师的引导下，结合生活中对服装的了解，发现并提出感兴趣的问题。体验研究服装的过程与方法，形成对问题的初步解释	
	创意物化	通过实践操作，运用掌握的知识和技能进行创作，如制作民族服装图鉴、改造废旧衣物、举办T台秀等	
五、六年级	价值体认	通过参与实践，激发学生传承传统服饰文化的兴趣，创新设计符合现代生活的服饰文化	1. 校服使用、喜爱情况问卷调查。2. 校服设计制作。3. 传统服装的电子设计展示。4. 学校吉祥物布艺玩偶设计制作。5. 家庭服装、布艺问题小调查。
	责任担当	养成良好的生活习惯，树立良好的劳动态度，积极参加学校、社区等开展的服务活动	
	问题解决	能够针对实际生活中服饰的现象和问题，运用调查、观察、访问、测量等方法在老师的指导下，综合分析，形成自己的解决方案	
	创意物化	通过动手操作实践，运用学会的信息技术展示传统缝纫技艺、传统服饰文化的魅力；设计制作有一定创意的玩偶、吉祥物等创意作品；尝试改良服装产品，探索更环保健康的生活方式	

（案例提供 杨娟娟 程训谦）

专题二 学校基地互动综合实践活动实施

学科：综合实践活动

年级：5 年级

有机肥料制作探究

一、研究缘起

随着"低碳、环保、垃圾分类"等"热词"的深入人心，学生对"没有所谓的垃圾，只有放错地方的宝贝"这个观点产生了浓厚兴趣，占据生活垃圾总量 60% 左右的厨余垃圾有没有可能被循环利用，变废为宝？兴趣是最好的老师，本次活动应运而生。

二、组建团队

综合实践活动是在教师组织、指导下，学生自主进行的操作实践活动。综合实践活动要与户外课程、具体可感的生活体验相结合。基于此，我校三位综合实践专职教师成立备课组集体备课，以"研学实践"为切入点，按照前置、研学、后拓三个课程阶段顺序，一起合作开发学校基地互动模式的综合实践活动。三位教师既分工又合作，其中李丹老师主要负责前置课程，王谢平老师主要负责研学课程，程训谦老师主要负责后拓课程。

三、确立主题

《中小学综合实践活动课程指导纲要》指出：本课程面向学生完整的生活世界，引导学生从日常学习生活、社会生活或与大自然的接触中提出具有教育意义的活动主题，使学生获得关于自我、社会、自然的真实体验，建立学习与生活的有机联系。实施过程中需要打破传统课程材料和课堂的限制，将视角伸向生活与社会实践等多个领域，让学生与社会资源充分连接。从教学资源包"生活垃圾的研究"的活动拓展中，我们知道若将厨余垃圾变成肥料，不但可以减少家里的垃圾，还可以给家里的花草施肥，让家里的空气更加清新。我们发现很多人都想这样做，却苦于不知如何操作。于是通过走访研学基地，结合学生已有实践经验，我们最终确定了有机肥料制作探究这个主题。

四、制订方案

（一）确定活动目标

根据《中小学综合实践活动课程指导纲要》和学生认知特点，从价值体认、责任担当、问题解决和创意物化四个维度确定以下活动目标：

1. 价值体认。在了解、制作有机肥料的过程中渗透节能环保的观念，产生热爱劳动、尊重劳动的意识；体会深入探究、动手实践带来的成就感与自豪感。

2. 责任担当。善于发现、搜集、整理身边资源，做力所能及的事；动手、动脑将部分城市垃圾制作成节能环保的有机肥料，提高土壤肥力和土地生产力；变废为宝形成闭环生态链，甚至于进一步为农业服务。

3. 问题解决。通过资料收集、物资准备、动手操作，认识有机肥的原料；了解有机肥料制作步骤、原理，动手实践，精心制作；完成观察、记录等步骤，掌握有机肥料的形成过程与规律。

4. 创意物化。将传统农耕与现代技术有机融合；利用有机肥料开展义卖、种植等活动；尝试利用有机肥进行校园土壤改良。

（二）具体时间安排

表 2-18　有机肥料制作探究课程安排

	课时	项目	课程内容
前置课程	1课时	主题确定	创设情境，确定选题
	1课时	主题分解	搜集信息，分解主题
	1课时	活动策划	对接基地，形成方案

（续表）

	课时	项目	课程内容
研学课程	1 课时	方法指导	厨余垃圾堆肥方法指导
	1 课时	方法指导	制作堆肥箱方法指导
	1 课时	方法指导	植物种植指导
	1 课时	方法指导	记录方法指导
后拓课程	1 课时	整理成果	整理前期成果（可视和可思）
	1 课时	成果汇报	各组特色汇报

五、教学示例

【前置课程】

有机肥料制作探究
——主题确定课

【教学目标】

1. 能联系生活实际，围绕厨余垃圾开展探究活动，并能进行初步的资料整理。

2. 灵活运用综合实践的选题标准，就有机肥料提出若干小问题，并提炼形成研究大主题。

3. 在活动过程中，与同学互相合作与探讨，形成良好的合作意识。

4. 感受有机肥料在生活中切实存在的积极作用，产生动手制作的兴趣。

【教学重点】

1. 确定有机肥料制作的活动方向，储备与有机肥料制作相关的知识。

2. 灵活运用综合实践的选题标准，就有机肥料提出若干小问题，并提炼形成研究大主题。

【教学难点】

灵活运用综合实践的选题标准，就有机肥料提出若干小问题，并提炼形成研究大主题。

【教学过程与方法】

一、分享感悟，得出观点

1. 课前准备。梳理前期开展"生活垃圾的研究"中的拓展内容，调查了解家庭、学校、社区厨余垃圾的去向和用途等。

2. 学生反馈。请同学们说说在调查过程中遇到的印象最深刻、最感兴趣或是有疑惑的事。

生1：通过查阅资料了解到，厨余垃圾经生物技术就地处理堆肥，每吨可生产0.3吨有机肥料。

生2：回到乡下时，发现乡下的韭菜与城市里采购的韭菜在形状和味道上有很大区别。爷爷说这和菜地里的肥料有很大关系，爷爷菜地里肥料来自厨余垃圾，是自己堆制而成。

师：厨余垃圾真的是放错了地方的宝贝。

生3：我知道菜地里除了用厨余垃圾做肥料，还有自制的化粪池，也是肥料的来源。

生4：我的爷爷奶奶也经常强调，乡下的小菜更环保健康、口感更好。每次回乡下，爸爸妈妈都要提一大袋自己种的小菜回家。

师：听了大家的汇报，大家有没有什么发现？

3. 师生讨论，共同提炼出有机肥料关键词。

生1：为什么乡下菜地的土壤比较肥沃？

生2：我经常听爷爷说在种菜时铺一层山里松软的土，小菜会长得特别好，是为什么呢？

师：大家提到的这些肥沃的土壤，其实就是有机肥料。有机肥料也称"农家肥料"，不过，有机肥料远不止大家提到的这些，它种类多、来源广、肥效长，是提高土壤肥力和土地生产力的好帮手。

二、交流讨论，明确方式

1. 小组交流，围绕关键词发散提出疑问。

师：其实有机肥料在我们生活中很常见，只是我们平常不太关注。既然我们把本次综合实践活动的关键词确定为"有机肥料"，那大家可以以小组为单位围绕关键词提出自己的疑问和想法。我们将通过对问题进行分类筛选来最终确定本次活动主题，小组讨论时请紧扣综合实践的选题标准。

2. 小组讨论三分钟。

3. 小组汇报：什么是有机肥料？有机肥料和化学肥料有什么区别？制作有机肥需要什么材料？如何制作有机肥料？有机肥料的应用广泛吗？为什么有机肥料可以提高土地生产力？

4. 规范表述，明确本次综合活动方式。

师：通过小组代表的汇报，我发现大家的问题指向是比较明确的，在确定主题上你们有什么好点子吗？

生1：我们想知道制作有机肥料难不难。

生2：如果能动手制作有机肥料，我想上面的很多问题都会迎刃而解。

生3：制作好有机肥料之后，我们可以开展有机肥料和化学肥料的对比研究，来验证有机肥料是不是真的这么厉害。

师：看来大家更倾向于将本次活动确定为制作类，的确，实践出真知。相对于探究、考察、参观，动手制作有机肥料是个不错的主意。

三、集体决策，确定主题

1. 举手表决，确定主题。

师：请各小组讨论后举手表决，是否同意确定动手制作有机肥料为本次活动主题。

2. 任务分配，为主题分解做准备。

师：经过表决，我们这节课成功确定了本次活动主题——有机肥料制作探究，综合实践活动课程强调大家自主参与、积极探究。既然咱们的疑问这么多，何不通过自己动手收集资料，解决心中的疑惑呢？课后请根据自己的具体情况选择合适的方式进行资料搜集与整理，增加对有机肥料制作的认识，为分解主题做准备。

活动指导感悟：这一阶段，引导学生分享生活中的体验与感受，用贴近自然和生活的事例，引出"问题来源于人们生活中的需求"的观点。在学生产生强烈兴趣后，引导学生进入问题情境，从而确定活动主题，将学生的兴趣和求知欲转化为学习动力。

有机肥料制作探究

——主题分解课

【教学目标】

1. 搜集整理与有机肥料制作相关的资料，充分储备知识，用合适的方式分享汇报。

2. 就有机肥料制作培养学生发现问题、提出问题的能力，通过删除、筛选、合并等方法，将问题转换为有价值的小主题。

3. 指导学生聚焦问题，学会整理问题、规范表述小主题。

4. 引导学生在活动中感受思考、合作和交流的乐趣，使学生乐于思考、学会沟通。

【教学重、难点】

培养学生的问题意识，并在"筛选→整合→归纳→表述"的过程中，培养学生整合、归纳以及规范表述小主题的能力，从而初步掌握主题分解的方法。

【教学过程与方法】

一、资料分享，头脑风暴

师：上节课确定了本次活动主题后，大家利用课后时间围绕主题内容，根据自己的具体情况展开了自主探究，还将资料进行了初步整理，相信有了颇丰的收获，对活动主题也有了进一步的了解。下面请准备好的同学汇报搜集的资料。

生1：为让大家更直观生动地了解有机肥料制作步骤，我给大家带来了一段小视频。（以下为视频主要文字资料）

看，这是我们收集整理的资料，查找资料之后我们迫不及待地尝试着动手制作了豆渣有机肥、蔬果皮有机肥、香蕉皮有机肥、淘米水有机肥……其中，用鸡蛋壳制作花肥可能是最简便的了，只需要将鸡蛋壳碾碎之后放在太阳底下晒上 $2\sim3$ 天的时间，让鸡蛋壳在阳光的照耀下把钙质全部分解出来，然后施加在盆土里面。如果你认为用这种方法时间太长，也可以直接用煎锅炒鸡蛋壳，炒至焦黄之后，再拍碎施加到盆土里面。是不是很简单呢？聪明的你也可以尝试哟！

生2：我和几个同学一起对化学肥料展开了一系列调查，我们通过查阅资料得知，国家标准规定，复合肥有效养分含量，高浓度氮磷钾总量大于40%，低浓度氮磷钾含量为25%~30%，所以在选购复合肥时要看清楚表中的养分含量。但在走访调查中，发现市场上销售的复合肥料有相当部分不符合国家标准。由于市场上化肥种类很多，包装袋上的字母也是多种多样，质量真假不一，不少农户因此上当受骗。

生3：我将化学肥料和有机肥料进行对比，发现有机肥所含营养物资比较丰富，肥效长而稳定，能增加土壤保温、保水、透气、保肥的能力。化肥所含养分单一，长期单一使用化肥会使土壤板结，保水、保肥性能减退。

生4：我用画图的方式展示"三明治堆肥法"。堆肥时，先铺一层农作物秸秆等，再铺上剪碎的杂草、厨余，盖上一层土并适当浇点水。为了加速腐熟，每层材料上面可以撒上一些分解纤维细菌（如酵素菌），如此反复叠加。

堆肥时还有小妙招，在堆制前，不同的材料要加以分类处理。例如，城市垃圾要分选，选去碎玻璃、石子、瓦片、塑料等杂物，特别要防止重金属、有毒的有机和无机物质进入。

在进行堆制时，每层材料需"吃饱、喝足、盖严"。所谓"吃饱"是指堆肥材料要按所需求的量加足，以保证堆肥质量。"喝足"就是秸秆必须被水浸透，加足水是堆肥的关键。"盖严"就是成堆后用泥土密封，可起到保温保水作用。

堆制后，还可以设计观察记录单，定期记录有机肥料的腐熟情况。

生5：我在我们以前最爱看的动画片里找到了《小猪佩奇堆肥》的视频，相信大家肯定喜欢。（视频播放）

二、提出问题，梳理整合

1. 将大家的汇报进行初步汇总梳理（表2-19）。

表 2-19　主题分解资料汇总

研究方法	研究对象	研究内容
资料查阅	有机肥料	组成材料、制作步骤、方法
资料查阅	化学肥料	各种元素含量、标准成分
走访调查	化学肥料	使用现状
对比研究	有机肥料与化学肥料	营养成分、使用功效
动手操作	有机肥料	简单制作

2. 个人思考。

师：同学们搜集的资料很丰富，相信大家对有机肥料有了更立体的认识，下面请独立思考，再依据是否有研究价值、有研究能力、有研究兴趣，提出 1~2 个问题填写个人问题清单。

3. 小组讨论。组内再次从价值、能力、兴趣三方面逐一对组员所提问题进行筛选，最后每 6 人为一小组提出两个问题写进问题条，并粘贴到黑板上。

4. 梳理整合。

师：有的同学对化学肥料与有机肥料对土壤的影响研究有意愿，请大家发表意见。

生：这个问题有研究的意义和价值，但是对比实验需要花费的时间会很长。

师：是的。这个问题的研究过程暂时超出了我们目前的能力范围，所以我们目前只能忍痛放弃。

师小结：我们全班一起通过充分考虑自身条件等因素对问题进行筛选讨论，删除不可能做到、无研究意义的问题，合并相同、相似、相交叉的问题，得到以下问题。

三、规范表述，定小主题

1. 将问题分类，并确定每类问题的研究方法，为提炼出小主题做准备。

2. 规范表述。参考"研究对象+研究内容+研究方法"基本格式，确定研究小主题（表 2-20）。

表2-20　小主题形成脉络

四类问题	研究内容 （关键词）	主要研究 方法	小主题
制作有机肥需要什么材料？ 制作有机肥料的步骤是怎样的？	材料 步骤 方法	文献研究法	探究制作有机肥的材料
有加快有机肥料腐熟的办法吗？ 堆肥需要的环境是怎样的？	影响	调查法 实验法	探究微生物对有机肥料制作的影响
怎么选择合适的堆肥地点？ 堆肥材料的配比和摆放有讲究吗？	方法 步骤	调查法 实验法	探究制作有机肥的步骤
堆肥完成后怎么运输和保存？ 怎么制作堆肥箱？	方法	文献研究法 实验法	探究堆肥箱的制作方法
怎样让更多人了解和接受有机肥料？ 有机肥料可以改良土壤吗？	宣传 推广	调查法 实验法	有机肥料的推广与运用

3. 下阶段任务。根据确定好的小主题进一步思考符合自己需求的小主题，为下阶段小组建设做准备。

活动指导感悟：指导学生通过取得家长的支持、街坊邻里的配合等方式，利用资料查阅、走访调查、动手实验等多种途径进行信息搜集、分析和整理。同时在课堂上引导学生提出有价值、有兴趣、可操作的问题，对问题进行筛选汇总，最后初步梳理解决问题的思路。这个阶段的活动得到了家庭与社区的助力。

有机肥料制作探究
——活动策划课

【教学目标】

1. 通过课前资料搜集，进一步熟悉有机肥料制作过程，并能在活动策划中，查漏补缺，做出合理的评价。

2. 通过小组合作讨论，做好小组建设，确定小组活动的内容及方式方法，提高小组成员团结合作的能力。

3. 通过提供锦囊的方式逐项开展方法指导，完成一份完整的有机肥料制作探究活动策划表。

4. 感受动手操作，成功规划活动的乐趣，激发探索农耕文化的兴趣，逐步构建绿色环保的理念。

【教学重、难点】

1. 能够立足主题内容制定合理的活动目标，设计合适的活动项目。

2. 能按规范的格式完成小组活动策划表，逐步指导小组活动开展。

【教学过程与方法】

一、建设小组，明确任务

1. 课前导入。

师：这节课是活动策划课，通过活动策划，我们可以合理规划各小组下阶段开展的活动。

2. 自然分组。（PPT 出示活动策划表，明确基本格式）

师：首先我们完成小组建设。请每位同学在便利贴的左上角写下自己的学号，右上角写下自己选择好的小主题序号。选择同一个序号的即为一个自然组。

3. 小组建设。

师：请各小组成员集中讨论，推选出小组组长、并设计小组组名、口号。确定好组内的发言人、记录人，对组员进行简单的分工安排。小组组名的确定可以围绕小主题的关键词发散思考，也可以是体现组内成员特点、喜好的有创意的名字。

二、制定目标，规划步骤

1. 指导活动目标的撰写。

师：合理的目标是我们开展活动的方向标，也是平时完成活动策划的一个难点，请大家思考：我们为什么要开展有机肥料制作这个活动？

生 1：想要学会有机肥料的制作方法。

生 2：想要知道有机肥料是不是真的会影响植物的生长。

师：对，这都是我们开展活动的目标，但还不可以作为小组目标。对小组而言，你们研究的小主题有什么意义呢？（出示第一个锦囊：结合小主题描述目标）

师：完整的活动目标应该怎样写？前面大家提到的目标里面有两个关键词"了解""学会"，除此之外，我们还可以思考，通过开展这个活动，我们还能有什么能力方面的提高吗？我们内心能体会或是感受到什么吗？（出示第二个锦囊：多角度完善活动目标）

2. 引导学生从获得知识、习得技能、收获情感体验、得到物化成果等方面进行小组合作撰写活动目标。

3. 汇报展示一小组活动目标，师生评议，进一步指导完善。

4. 指导活动步骤及分工撰写方案。

师：回忆以前开展的活动，有什么好经验或是好点子和大家分享？

生1：我们总是需要查找相关资料。

生2：在垃圾分类活动中，我们开展了问卷调查的活动。

师：查找资料、问卷调查，这些都是我们平时经常用到的活动方式。除此之外，我们还经常用到观察记录、实地考察、设计制作等方式，让活动内容更立体、更完整。（出示第三个锦囊：多种方式完成活动）

师：一个完整的活动内容这么多，该怎么进行顺序归类？

生：是不是应该思考先做什么，后做什么？

师：对，我们还应该分阶段合理规划，可以分成准备阶段、实施阶段、总结阶段。（出示第四个锦囊：合理有序安排活动）

师：每个活动步骤的安排应该切实可行。因此，在规划每一个步骤时，应当预设可能出现的困难，能不能提前做好准备进行预防？有些困难如果无法避开，有什么办法解决？（出示第五个锦囊：预计困难合情合理）

三、撰写方案，交流补充

1. 各小组讨论初步完成活动策划表。

2. 小组代表汇报活动策划表，汇报完之后师生自由发言，进行补充或评价（表2-21）。

表 2-21　活动策划评价

评价要素	组内评价	组间评价	老师评价
小组成员 分工明确、安排合理			
活动步骤 内容完整、方式多样			
预计困难及解决办法 合情合理			
展示方式新颖、多样			
其他建议或补充			

3. 查漏补缺。操作过程中有无遗漏的环节，例如堆肥完成后，我们还应该按期观察、记录堆肥的变化情况，并形成结论。在探究微生物对有机肥制作的影响时，我们可以通过策划对比实验来观察其对堆肥发酵的影响。

4. 优化梳理，进一步明确有机肥料制作探究活动过程（表 2-22）。

表 2-22　有机肥料制作探究活动过程

主题内容	活动方式	活动步骤
探究制作有机肥的材料	查找资料 动手操作	查找相关资料 对部分厨余垃圾进行加工处理 园区杂草采集 粉碎搅拌堆积材料 透气材料采集
探究微生物对有机肥制作的影响	查找资料 观察记录	查找相关资料 有、无微生物的肥料堆制对比 设计堆肥观察记录表 对比观察堆制期间各部位水分和温度变化
探究制作有机肥的步骤	查找资料 实地考察 动手操作 观察记录	选择合适的堆肥地点 设置通气孔道 堆肥材料按需配比 堆制材料按顺序摆放 观察记录堆肥变化情况

（续表）

主题内容	活动方式	活动步骤
探究堆肥箱的制作方法	查找资料设计制作	搜集相关资料 堆肥箱外观设计 园区寻找合适的材料 拼装堆肥箱
探究有机肥的推广与运用	设计制作观察记录	园区幼苗种植（有、无微生物对比） 设计制作有机肥包装标签 制作有机肥宣传海报 尝试运用有机肥改良学校绿化带土壤 种植成品展示、爱心义卖

5. 基地选择。选择最适合的基地开展本次活动，与基地对接设计研学课程，做好行前的材料准备。

一是考察筛选基地。长沙地区的研学活动基地有七十余家，我们该如何选择呢？首先应该以活动主题内容与方向为本，其次要考虑研学基地的资源能否达到活动想要的目标效果，最后要考虑研学基地是否有专业的导师团队以及是否具备相关资格认证。经过综合比对，我们选择了以农耕文化与现代农业科技结合为出发点，有着独特课程体系和场景的博库文化园作为研学基地。二是设计研学课程。根据前期知识储备与活动需求，我们与基地对接确定了研学活动的四个项目：我是堆肥小达人、我是创意小木匠、我是种植小能手、我是记录小行家。三是准备活动材料。活动策划完成后，我们分别制作了用于对比的堆肥区和种植区标识牌，还收集了家里可用于有机肥制作的厨余材料准备带去基地。基地则为我们预留了一块红薯地作为堆肥材料收集点，准备了制作堆肥箱和种植实验所需材料及其他物资。四是制定安全预案。包括交通安全、食品安全以及开展研学过程中可能出现的应急事故处理。

活动指导感悟：活动策划需要引导学生就探究的问题提出多种预设方案，通过方案的对比、筛选，制定及撰写活动策划书。为确保活动完成的质量，本次活动策划还应把重心放在对接基地上，基地的课程设计和活动方案的策划应该相辅相成，注意整合劳动教育、综合实践活动与学科知识。

【研学课程】

第4~7课时：方法指导

通过前置课程的学习，我们做好了有机肥制作的各项准备，接下来是到学生期待已久的基地开展研学活动啦！基地老师设计了下面四个活动项目让同学们习得方法，增长见识（表2-23）。

表2-23　博庠文化园基地研学活动项目

主要项目	具体活动	方法指导
项目一：我是堆肥小达人	活动一　分门别类备材料 1. 学习拔草需留心 （1）学会区分红薯藤与杂草。 （2）学习拔草的方法：用一只手拨开红薯藤，另一只手抓住杂草的根部，用力连根拔起；站在沟里拔草，不踩坏红薯藤。 （3）注意安全。 2. 分组拔草乐趣多 3. 透气材料我来找 枯枝、高草等。 4. 运送材料要协作 用簸箕将草、透气材料、土、从家里带来的厨余材料等运送到堆肥点。 活动二：堆肥地点慎选 我们选择了地势较高、背风向阳、离水源较近、运输施用方便的地方为堆制地点。 活动三：处理材料有讲究 1. 剔除碎石子等杂物，特别要防止重金属、有毒的有机和无机物质进入。 2. 将杂草等剪成约2~5寸长，厨余材料剪成小块，利于加速腐熟。	指导学生因地制宜，就地取材，某地变课堂，红薯变教材
	活动四：堆肥制作有方法 有无微生物菌群堆肥制作。 添加微生物菌群堆肥。 第一层：透气材料。 第二层：堆肥材料。 第三层：微生物菌群，有利于促进发酵。 第四层：土，农谚云："草无泥不烂，泥无草不肥。" 第五层：水。 如此反复数遍，最后封土。 堆肥要点： "吃饱"——量加足； "喝足"——加足水； "盖严"——用泥土密封。 普通堆肥。 在上述制作方法上去掉第三层，其余同上。 制作堆肥标牌	指导学生严格按步骤和要求，科学合理进行堆肥制作

（续表）

主要项目	具体活动	方法指导
项目二：我是创意小木匠	活动一：材料准备很重要 1. 收集合适的木板材料、镀锌的钉子或包膜的匣板螺丝。 2. 将木材切割成合适的尺寸。 活动二：着手制作木箱 1. 制作木板的一面。 2. 将箱子的前、后、左、右、下都装钉完整。 3. 制作箱盖。我们为箱子装钉了一个方便打开的木板盖，这样就能让后期加入厨余材料搅拌、进行观察时更便捷	
项目三：我是种植小能手	活动一：实验田地精心选 我们选择用有机肥进行了改良的土壤，并且农民伯伯已经帮我们松了土。 活动二：种植方法学牢靠 第一步：挖坑； 第二步：一组同学在坑里加入微生物菌群，另一组同学挖的坑里不加微生物菌群，方便进行对比实验； 第三步：小心地将幼苗放入小坑，一只手扶稳幼苗，一只手用锄头轻轻地盖上一层土，将坑填满； 第四步：浇水。 活动三：领取材料齐帮忙 锄头、幼苗、微生物菌群、水…… 活动四：对比种植学问深 　　我们开始种植了。一个班的同学种花菜幼苗时，加了微生物菌群；另一个班的同学种花菜幼苗时，没有加微生物菌群。我们准备进行对比实验，了解微生物、有机肥和普通有机肥对植物生长的影响。 活动五：种植标牌妙手制	在传统的有机肥制作中加入了微生物菌群，并且开展对比实验，将传统的农耕劳动与现代技术有机融合
项目四：我是记录小行家	活动一：腐熟进度勤记录 1. 设计观察记录表 <center>微生物参与有机肥制作对比实验观察记录表</center>实验开始时间：　　　　班级：　　　　姓名： <table><tr><td>日期</td><td>堆肥点</td><td>颜色</td><td>发酵程度</td><td>高度</td></tr><tr><td rowspan="2">月　日</td><td>1号</td><td></td><td></td><td></td></tr><tr><td>2号</td><td></td><td></td><td></td></tr><tr><td rowspan="2">月　日</td><td>1号</td><td></td><td></td><td></td></tr><tr><td>2号</td><td></td><td></td><td></td></tr><tr><td>……</td><td>……</td><td>……</td><td></td><td></td></tr></table>1号堆肥未添加微生物，2号堆肥添加了微生物	指导学生选择自己喜欢的、丰富的方式进行观察记录。

（续表）

主要项目	具体活动	方法指导
项目四：我是记录小行家	2. 微生物有机肥、普通有机肥腐熟进度对比实验观察记录：拍照、拍视频、写观察日记、填写观察记录表等。 （1）实验田微生物有机肥和普通有机肥腐熟进度对比实验。（研学基地老师定期拍照发给学校指导老师，上课时同学们一起观察记录） （2）学校微生物有机肥和普通有机肥腐熟进度对比实验。学生将在基地制作的堆肥、堆肥箱带回学校，方便开展观察记录，并与基地实验田的堆肥进行比较。 3. 通过一系列观察记录，我们得出初步结论：（1）微生物可以促进有机肥的腐熟；（2）有机肥发酵过程中，温度会慢慢升高，一个星期左右最高，达到将近六十摄氏度，然后温度又慢慢降低。（3）有微生物的有机肥比没有微生物有机肥，在发酵过程中温度稍高一点，对比不明显。 活动二：植物生长细观察 1. 设计种植观察记录表。 **植物生长记录对比表** 实验开始时间：　　　班级：　　　姓名： | 日期	植物	高度	温度
---	---	---	---
月　日	1 号		
	2 号		
月　日	1 号		
	2 号		
……	……	……	| （1 号植物添加了微生物，2 号植物未添加微生物） 2. 研学基地实验田及学生在家自主种植观察记录。拍照、拍视频、写观察日记、填写观察记录表等。（研学基地老师定期将实验田植物生长的情况拍照发给学校指导老师，上课时同学们一起观察记录） 3. 通过一系列的观察记录，我们得出初步结论：微生物有机肥能促进植物的生长。	

活动指导策略：前期教师与基地沟通学情、提出课程需求，与基地商定方法指导流程。基于此，基地工作人员结合实物，通过实际操作，向学生介绍材料、展示各种工具的使用方法，指导学生通过实践掌握制作要领；教师引导学生根据行前准备课的知识储备，分工合作，完成研学课程。而后基地提供数据支撑，教师灵活指导学生做好观察记录、分析结论，家庭积极支持

配合。这样，学校、家庭与基地的有效对接让活动过程更扎实，让孩子们开展长线研究，使研学课程更有深度和广度。

【后拓课程】

第8~9课时：汇报交流

在老师和同学们的共同努力以及学校和基地的密切配合下，"有机肥的制作探究"活动告一段落，各小组先对前期的成果进行整理。在此基础上，各小组决定对成果进行进一步的推广和应用，将成果进行物化，开展丰富多彩的后拓课程。最后，各小组进行了成果展示，以下是各组的展示内容。

"有机肥，你值得拥有"小组

通过动手实践，制作出来的有机肥用途广泛，在日常生活中由于其环保安全性更是深得人们的喜爱。通过分析有机肥养分构成，我们根据不同材料、不同场地有针对性地制作有机肥，具体展示内容见下表2-24。

表2-24　"有机肥，你值得拥有"小组展示

教学环节	具体内容	活动场地
环节1　设计有机肥成分	1. 利用学习到的有机肥制作知识，有针对性地设计有机肥材料组成成分。	基地
环节2　设计有机肥标签	1. 参考其他使用说明，设计制作有机肥包装标签。	家里
环节3　设计有机肥包装	1. 封装有机肥。	班级

"吃了有机肥，植物生长棒"小组

用自己动手制作的有机肥种植花草、多肉、小菜苗，经历和体验观察植物生长的每一步，收获果实也收获成长，展示自己种植的成果也分享自己收获的喜悦（表2-25）。

表2-25　"吃了有机肥，植物生长棒"小组展示

教学环节	具体内容	活动场地
环节1　种植、养护花草	1. 用有机肥种植从基地领到的花菜苗和包菜苗。2. 用有机肥养护家庭中的花草和绿植。	家里
环节2　展示种植成果	1. 将自己在家里种植的绿植带到课堂进行展示。	教室
环节3　我的种植分享	1. 撰写种植日记。2. 录制种植分享小视频。	家里

"当有机肥碰上爱心跳蚤节" 小组

制作好的有机肥和用心养护的小绿植都可以拿到"跳蚤"市场进行爱心义卖,既善用了自己的劳动成果,又奉献了爱心(表2-26)。

表2-26 "当有机肥碰上爱心跳蚤节" 小组展示

教学环节	具体项目	活动场地
环节1 前期准备	1. 分装产品。 2. 活动分工策划。	家里
环节2 宣传	1. 写广播申请书。 2. 撰写广播稿。 3. 制作宣传海报。 4. 宣传活动场地布置。	教室
环节3 爱心义卖	1. 中午午餐时间在学校食堂前坪爱心义卖角进行义卖。	学校

"种植花草 扮靓校园" 小组

学会了有机肥制作方法和植物种植技术后,我们组在学校开展"种植花草 扮靓校园"活动,认领校园花草树木,进行施肥、浇水、除杂草等日常养护。并通过撰写"绿色校园我的家——我的种植日记"投稿校园广播站,评选出最美校园使者(表2-27)。

表2-27 "种植花草 扮靓校园" 小组展示

教学环节	具体项目	活动场地
环节1 设计树木吊牌	1. 搜集学校树木信息,查找相关资料。 2. 制作吊牌。 3. 写清植株信息以及养护认领人信息。	教室
环节2 设计施肥养护计划书	1. 制作施肥养护计划清单,并定期施肥养护。	教室
环节3 "我的种植日记"分享	1. 记录自己种植过程的感悟,并在课堂上分享。 2. 评选"最美校园使者"。	教室

活动指导感悟：通过一系列拓展活动，引导学生把自己成长的环境作为学习场所，在与家庭、学校、社区的持续互动中，不断拓展活动时空和活动内容，使自己的实践能力、服务精神和社会责任感不断提升和发扬。

活动评价：本次实践活动整合多方资源，评价主体实现了多元化。评价者除了教师和学生，还可以是家长和基地老师，同时评价的内容指向学生提出与分析问题能力、信息的收集与整理能力、操作与创造能力的培养。该怎么检测实施的效果，对学生进行有效的测评呢？我们尝试关注学习过程，凸显学生表现，活化学习结果，从而聚焦学生发展。

在本次学习过程中，我们分阶段让不同的评价主体来进行过程性评价（表2-28）。

表2-28 有机肥料制作探究活动评价

项目		小组互评	教师评价	家长评价	基地评价
前置课程	做好资料的搜集、分析、整理				
	主动提出问题、建议				
	与组员合作制定方案				
研学课程	按照特长明确分工				
	配合组员完成制作				
	掌握有机肥制作技能				
后拓课程	进行实验、观察和记录				
	有物化成果呈现				
	有自己的结论和观点				

凸显表现性评价，结合学生作品，以爱心义卖、种植体验为载体，为学生的物化成果提供自我展示的平台。结合学校自行开发的《白鹤学子要做的60件事》活动手册，完善个人成长档案袋，让研学活动与学校课程评价一体化。

六、教学反思

（一）调动生活经验，积累活动素材

现实生活是问题产生的源泉。在选题确定阶段，通过创设问题情境，调

动学生在垃圾分类活动中收获的知识和经验，引导学生把所学知识和现实生活联系起来，从而发现问题，得到活动主题，既水到渠成，又让兴趣持续。

有了知识的铺垫，学生在搜集资料阶段特别积极，特别是有很多同学在查找资料之后还尝试着动手制作了豆渣有机肥、蔬果皮有机肥、香蕉皮有机肥、淘米水有机肥、鸡蛋壳花肥……不仅动脑还动手。还有同学另辟蹊径，着手调查化学肥料，并开展对比研究。前期的准备工作为主题分解提供了丰富的素材。

（二）联动多方资源，与研学实践深度融合

我们将本次综合实践活动与研学实践有机结合，师生同步对接基地，开启学校、基地互动模式，挖掘多方资源，形成有效的联合育人机制。研学活动与劳动教育、综合实践活动深度融合，突破课堂场地的局限；研学基地为学生提供了更广阔的体验空间，让学生走出课堂，在自然、真实的社会环境中通过动手实践习得技能，实现知识的整合、能力的迁移；知识学习和生活行动的有机结合，做到知行合一，让学生将知识真正地运用到生活中，转化为社会生活技能。

（三）埋下探索的种子，去发现更多可能

由于孩子们的知识广度、研究条件有限，校园土壤改良活动在操作和技术层面，还有很大的进步空间。孩子们在活动过程中想要探索有机肥中促进植物生长的具体元素的想法没能实现，希望在未来可以走进周边大学、走进实验室继续开阔视野，加强实践锻炼，提高创新能力。

（案例提供　王谢平　李　丹　程训谦）

专题三　综合实践活动四方联动育人实施

学科：综合实践活动、美术、语文、科学美术
年级：5、6年级

孟春之月，盛德在木

一、研究缘起

学校研学实践活动、社会实践活动与综合实践活动相融合是综合实践课程的要求，三者需要保持统一性和衔接性。其中，多方联动实践育人课程是重要实践途径。

二、组建团队

为推进多方联动育人模式的实施，我校在王谢平校长的主持下成立了综合实践课程组，综合实践专职教师李丹、程训谦两位老师为主要成员，邀请语文学科冯险平、杨艳花、易娟、蒋关关等老师，以及科学学科吕作香老师、美术学科杨雅丽老师等多学科老师来参与，以"革命传统教育"为切入点，开发了"感恩一路有您"系列课程资源。本课程以五、六年级为试点年级，学校与基地、家庭、社会多方联动开展一系列的综合实践活动，开发样本课程，构建多方联动实践育人课程模型。

三、确定主题

（一）纲要引领

《中小学综合实践活动课程指导纲要》指出，综合实践活动课程坚持教育与生产劳动、社会实践相结合，引导学生深入理解和践行社会主义核心价值观，深入落实立德树人的根本任务；课程目标以培养学生综合素质为导向，课程开发面向学生的个体生活和社会生活，学生能从日常学习生活、社会生活或与大自然的接触中获得关于自我、社会、自然的真实体验，形成并逐步提升对自然、社会和自我之间再联系的整体认识。学校研学实践活动、社会实践活动与综合实践活动的全面融合，形成了学校与基地、家庭、社会多方联动的育人模式。

（二）学情需求

要促进小学高年级学生动手能力、实践能力、合作探究能力全方面的发展，仅仅依靠校内有限的课程资源是不够的。红色教育、革命传统教育、爱国主义教育在学校主要以书籍、文化宣传、视频媒体等平面化知识进行架构，如何开发更丰富的校外课程资源体系，建设探究、服务、制作、体验等方式的综合实践课程体系，是本课程亟须解决的问题。

（三）资源分析

我校地处长沙市岳麓区，周边大学林立，有中南大学、湖南大学、湖南师范大学、湖南中医药大学等，教育资源丰富，学生家长素质较高，家长对学生实践性活动支持力度大；岳麓山、橘子洲、新民学会旧址等具有厚重的革命历史文化内涵，学习资源丰富；雷锋研学实践教育营地、博庠农业文化园、邓原文化园等研学基地课程资源丰富。我校是长沙市"综合实践引领学校教学方式和文化变革"模式示范学校，建立起了以综合实践指导学校课程开发的教研体系，为多方联动实践育人模式的构建提供了全面的支持。

四、制订方案

（一）确定活动目标

根据《中小学综合实践活动指导纲要》的课程目标，结合高年级学生的认知特点、实践能力和发展需求，确定提高价值体认、责任担当、问题解决和创意物化等方面的意识和能力为活动目标。

1. 价值体认。通过亲历活动，激发学生保护环境、崇尚自然的理念；了解革命故事，培养学生的家国情怀，懂得感恩、学会感恩、并用实际行动回报社会。

2. 责任担当。参与植树、制作红军餐等活动，学习种植养护等技能，体验劳动的过程，提高动手能力，培养学生积极参与社会生活的态度。

3. 问题解决。能够在教师的指导下，分析植物生长环境，科学配置肥料；辨识野菜，了解其食用方法及功效，形成对问题的初步解释。

4. 创意物化。围绕美化校园开展中草药校园种植活动、设计野菜饼包装，开展"感恩一路有您"系列活动。

（二）具体活动安排

活动一：孟春之月，盛德在木（表 2 - 29）。

表 2 - 29 "孟春之月，盛德在木"活动课程安排

课程安排	活动内容
前置课程	1. 了解植树活动的历史背景、植树的文化内涵与民俗；2. 讲述与植树相关的名人逸事、古诗词等
研学课程	1. 学习植树技巧及知识；2. 科学探究测量酸碱度；3. 备树肥；4. 植树活动，挂牌认领
后拓课程	1. 献礼革命烈士；2. 校园种植活动

活动二：重温红军餐，继承革命志（表 2 - 30）。

表 2 - 30 "重温红军餐，继承革命志"活动课程安排

课程安排	活动内容
前置课程	1. 了解红军长征出发点及路线； 2. 讲述红军过草地吃野菜故事，朗诵张爱萍过草地的诗； 3. 介绍红军吃过的野菜
研学课程	1. 野菜辨识讲授；2. 采挖野菜；3. 学做野菜饼；4. 包装野菜饼
后拓课程	1. 野菜的人工培育； 2. 培育野菜与自然生长野菜的比较探究； 3. 致敬退伍军人

五、教学示例

【准备阶段】

（一）"孟春之月，盛德在木"活动方案

孟春之月，盛德在木
——博庠文化园植树活动安排

《礼记》云："孟春之月，盛德在木"，意即春天植树造林是最大的功德。树是自然财富，长养着一方水土一方人。自古以来，我们祖先就有植树

养林，德行馨香熠然；草木青青，康宁芬芳绵延的理念。博才白鹤小学学子及其家长，本着保护环境、崇尚自然的理念，在植树节来临之际前往博庠文化园开展植树活动。为此，博庠文化园认真设计，在植树活动中进行传统文化植入、科学探究引领、劳动技术传授，让植树活动成为提升综合素质、实现五育融合的重要课程载体。

1. 活动人员：毕业班 103 人参加植树课程。

2. 活动时间：3 月 25 日。

3. 活动项目：植树，20 棵；树种，橙子；寓意：事事有成。

4. 具体活动安排见表 2-31。

表 2-31　博庠文化园植树活动安排

时间	活动内容	活动方式与内涵	活动场景安排	备注
前置课程	植树活动的历史沿革、植树的文化内涵与民俗、植树相关的名人逸事、古诗词等	学校教师讲解	学校课堂	
9：00—9：30	集中开营仪式	文化园方讲话，阐述活动意义及要求。授园旗，朗读植树词	集合大棚	
9：30—10：00	植树活动的具体安排与掌握要点	1. 植树活动中的要求及步骤。2. 活动过程中的注意要点。3. 发放橙子，本次种植果树的同类果实。4. 讲解与橙子相关食育文化	1 号松树大棚	
10：00—10：30	科学探究	测量种植土地的酸碱度	园区 1 号区域	
10：30—11：30	备树肥	根据不同树种对土地酸碱度的要求，学会配置肥料	园区 2 号区域	

（续表）

时间	活动内容	活动方式与内涵	活动场景安排	备注
11：30—13：00	午餐（野炊，自备食材）基地准备油盐、柴火及灶具餐具；游戏活动	毛毛虫	园区四号栋 园区集合大坪	
13：00—14：30	植树活动	橙子树寓意心想事成	园区2号区域	
14：30—15：30	挂牌认领、来年活动介绍：1. 明年来园区摘橙子作为感谢师恩、父母恩的礼物；2. 拍照录影	感恩意识培养。每个小组说一段话进行录影记录	园区2号区域	
15：30—16：00	1. 学生代表讲话（1501班喻鲁湘）。2. 植树活动传承。给学弟学妹传承传统植树活动	传园旗	园区集合大坪	
16：00	愉快返程（带四棵树、有机肥返校）			
后拓课程	献礼革命烈士			

（二）"重温红军餐，继承革命志"活动方案

重温红军餐，继承革命志
——博庠文化园野炊活动安排

中国共产党领导工农红军擎起的革命火炬，一直在华夏儿女的心头熊熊燃烧……1934年10月开始的二万五千里长征，纵横11个省份，攻占700多

座县城，进行了 300 余次大大小小的战斗；突破了敌人的重重包围和堵截，两夺金沙江，强渡大渡河，飞夺泸定桥；爬雪山，过草地，穿越荒无人烟的沼泽，终于胜利到达陕北革命根据地，开创了中国革命的新天地，创造了人类历史上的伟大奇迹。

当年长征，物质及其匮乏，条件十分艰苦，甚至连基本的生存需求都不具备。为筹备粮食，朱德专门请来当地人，询问周边有哪些可食用野菜。在朱德的带领下，野菜小组认识并收集了多种野菜，还为此专门办了一次野菜展览，让红军战士们排队参观……今天我们将追随红军的脚步，在博庠文化园里寻找、采挖红军曾经吃过的野菜，重温红军餐，继承革命志！

1. 活动人员：1605 班、1606 班共 100 名学生。

2. 活动时间：4 月 20 日。

3. 活动具体安排见表 2-32。

表 2-32 博庠文化园重温红军餐活动安排

时间	活动内容	活动方式与内涵	活动场景安排	备注
前置课程	野菜与红色文化植入	1. 了解红军长征出发点及路线； 2. 讲述红军过草地吃野菜故事，朗诵张爱萍过草地的诗； 3. 介绍红军吃过的野菜		园区提供课件，学校老师执行（也可由园区执行）
9：00—9：30	集中开营仪式	1. 开营热身游戏活动。朗读誓词； 2. 授园旗。	集合大坪	
9：30—10：00	野菜辨识讲授	介绍几种常见野菜。	研学大棚	
10：00—11：30	野菜辨识与采挖	1. 认识红军吃过的野菜； 2. 了解野菜的食用方法及功效； 3. 园区采挖野菜、洗净备用。	园区山地、田园	

（续表）

时间	活动内容	活动方式与内涵	活动场景安排	备注
11：30—13：00	野炊	学生野炊活动。	园区 1、2 号野炊区	（学生自带食材，园区提供柴火油盐灶具）
13：00—14：30	学做野菜饼	蒸制野菜饼	研学大棚	
14：30—15：00	设计野菜饼包装	设计野菜饼包装及推介会。	研学大棚	
15：30—16：00	游戏活动	园区趣味游戏活动。	园区集合大坪	
16：00—16：30	礼品送达			
后拓课程	1. 野菜的人工培育； 2. 人工培育野菜与自然生长野菜的比较探究。			

【实施阶段】

在"感恩一路有您"主题引领下，学校与基地、家庭、社会多方联动，开展系列实践活动。

活动一：孟春之月，盛德在木

1. 前置课程

老师先带领学生围绕植树活动的历史沿革、文化内涵、民俗活动、名人轶事、经典诗词等五个方面开展探究活动。孩子们分组上网搜集资料、到居住小区和校园拍摄树木照片、了解各种树木的寓意，并且自己制作 PPT、小视频在班上进行分享与汇报。通过前置课程的学习，孩子们对植树活动的相关知识有了较全面的了解，对即将开展的植树活动充满了期待。

2. 研学课程

（1）开营仪式。授园旗，朗读"植树词"。孩子们在基地导师的带领下大声朗读"植树词"。

（2）学习植树知识。基地老师给孩子们讲解植树活动中的要求及步骤、活动过程中的注意事项等；师生共同品尝甜蜜的橙子，听基地老师详细介绍与橙子相关的食育文化。

（3）科学探究。测量种植土地的酸碱度。植物生长环境要素的探究是本次实践探究活动的难点，学习采样技巧、分组采样、筛选泥土、溶解样本、对比测试，每个操作环节孩子们都认真严谨，俨然一个个小科学家。

（4）配置肥料。根据不同树种对土地酸碱度的要求，学会配置肥料。

（5）植树活动。探究课程结束后，在老师的植树技巧指导下，孩子们热火朝天地为小树苗进行松土、填土、浇水，挥锹铲土，厚植新绿……活动现场处处是忙碌的身影，大家分工协作、相互配合、热情高涨，一个个都成了种植小能手。

（6）闭营仪式。学生代表讲话。基地给在活动中表现优秀孩子个人及集体颁奖。

3. 后拓课程

4月2日上午，学校少先队员们在党员教师、家长代表的带领下，来到了革命烈士墓前，敬献了自己亲手精制的花束，表达深切的悼念和无限的敬仰之情。青松，表达缅怀之情。

活动二：重温红军餐，继承革命志

1. 前置课程

前置课程上，基地老师教大家认识各种野菜，了解野菜食育文化，并和孩子们一起重温红军长征时的野菜展览历史，共读野菜诗词等。

2. 研学课程

（1）集中开营仪式。朗读誓词，授园旗。"吾辈感恩铭于心，自是发奋当自强！"在博庠农业研学基地，孩子们在教官的带领下诵读感恩词。

（2）野菜辨识采挖。在基地老师带领下认识红军吃过的野菜，介绍几种常见野菜，了解野菜的食用方法及功效。在接下来的野菜采挖环节中，孩子们不怕辛苦，在泥泞的小道上留下深深浅浅的脚印，采摘当年红军吃过的野菜，追寻革命先辈们的足迹。

（3）学生野炊活动。时至中午，野炊营中升起袅袅炊烟。孩子们分工合作，开始制作红军餐。这顿饭菜虽然不似昔日红军那样艰苦，但不少孩子被烟熏得眼泪直流，体会到了父母劳动的不易，懂得了感恩之情。

（4）自制野菜饼。饭后，孩子们将蒿子等制作成了野菜饼，放入蒸笼进行蒸制。

（5）设计野菜饼包装。大家分工合作用自己准备的废旧材料制作包装盒，并且用画笔或装饰材料对包装盒进一步进行美化与装饰。一个个精美的包装盒做成了。孩子们用小卡片认真写下对退伍军人的祝福，为后拓课程做好了准备。

3. 后拓课程

孩子们邀请到数名退伍军人，一起学党史，传承红色革命精神，并将研学活动亲手制作的野菜饼送给退伍军人叔叔，表达感恩之情。接到孩子们送来的礼品，退伍军人孙艺靓讲述了为人民海军航母舰载机事业牺牲的第一位英烈张超的英雄事迹。他的英雄事迹激励着所有的海军将士，也激励着在场的所有少先队员们，要牢记把个人理想与中华民族伟大复兴的中国梦融合到一起，敢于有梦、勇于追梦、勤于圆梦，要把实现个人价值和人生目标作为自己一生不懈的追求。

此次活动将红军"有坚定的信仰、不怕艰难险阻"的精神和老一辈的爱国情怀深植于孩子们的心灵，让孩子们懂得今天的幸福生活是无数先烈用生命和鲜血换来的，要珍惜现在美好生活，学会感恩，传承革命精神。下一阶段，孩子们将进一步开展野菜的人工培育，进行培育野菜与自然生长野菜的比较探究等丰富的后拓课程。

【评价阶段】

综合实践活动实施情况是学生综合素质评价的重要内容。本课程学校、基地、家庭、社会四方联动，在坚持评价的方向性、指导性、客观性、公正性的前提下，采取多维度、立体式的评价方法，促进学生综合素质的持续发展。

1. 成长记录档案（表2-33）

表2-33 学校、基地、家庭、社会四方联动综合评价表

	课程	自我评价	同伴互评	家长评价	基地评价	教师评价
前置课程	资料的搜集、分析	☆☆☆☆	☆☆☆☆	☆☆☆☆		☆☆☆☆
	问题、建议的提出	☆☆☆☆	☆☆☆☆	☆☆☆☆		☆☆☆☆
	活动方案	☆☆☆☆	☆☆☆☆	☆☆☆☆		☆☆☆☆
研学课程	分工明确、合理	☆☆☆☆	☆☆☆☆		☆☆☆☆	☆☆☆☆
	掌握技能	☆☆☆☆	☆☆☆☆		☆☆☆☆	☆☆☆☆
	任务完成情况	☆☆☆☆	☆☆☆☆		☆☆☆☆	☆☆☆☆
后拓课程	实验、观察和记录	☆☆☆☆	☆☆☆☆	☆☆☆☆		☆☆☆☆
	物化成果呈现	☆☆☆☆	☆☆☆☆	☆☆☆☆		☆☆☆☆
	结论和观点	☆☆☆☆	☆☆☆☆	☆☆☆☆		☆☆☆☆

2. 家长反馈意见（图2-3）

（图为2021年4月20日家长通过微信进行活动反馈的截图）

图2-3 家长反馈意见截图

3. 新闻媒体报道（图2-4）

图2-4　新闻媒体报道截图

（左图为2021年4月20日"时刻新闻"红网时刻报道"感恩一路有您"植树系列活动。右图为2021年4月29日"新湖南"客户端报道"感恩一路有你"重温红军餐系列活动截图）

六、教学反思

多方联动实践育人"感恩一路有您"主题活动，通过开展"孟春之月，盛德在木"和"重温红军餐，继承革命志"系列活动将劳动教育、党史教育、革命教育有机结合，引导学生在活动中进行探究学习、生活体验、创意设计，培养了孩子们的社会责任感、感恩之心与创造美好生活的能力。本次活动具有以下特点：

（一）合理利用基地资源

学校与基地紧密联系，将学校的特色项目及要求与基地的优势结合起来，因时制宜、因地制宜，最后"个性化定制"专属于本校的研学课程。

（二）充分整合课程内容

两次活动都整合了综合实践、思想政治、德育、劳动教育、美术、体育等课程内容。"感恩一路有您"主题实践活动，我们多方联动、多轮开展，活动深受师生喜爱，获得了家长的一致好评。一位家长写道："参加这次活动后，我发现孩子在行为、思想上都有了明显变化，比以前懂礼貌，懂得尊敬长辈了。做事情会思考，学会讲究方法了，而且越来越喜欢阅读中国历史书籍了。我觉得孩子的这些进步与学校和研学基地共同举办这次有意义的活动是分不开的。本次研学活动不是单纯意义上的旅游，而是真正将'研'和'学'有机结合起来，引导孩子们进行综合科学探究、劳动实践。通过内容丰富、形式多样、便于操作、富有实效的具体活动，培养孩子的生存能力、创造能力、劳动观念和集体协作精神，让孩子用心去体验、感悟，使教育目标内化为品质、外显为行动。作为家长，我希望学校多开展这样有意义、有深度的研学活动，让学生走出校门、接触自然、感受生活，也期待更多有教育情怀、有创新意识的研学基地呈现，让研学的孩子研有所思、学有所获、旅有所感、行有所思。"

（三）多方联动实践育人

"孟春之月，盛德在木"植树系列实践活动，由博庠文化园的实践探究延续到学校、基地、家庭、社会"四方联动"研学模式的探索，通过亲身实践探究、传统文化教育，激发了学生的实践探索精神。在优秀党员老师的带领下，学习红色历史、传承家国情怀，让学生们认识到如今美好生活的来之不易，学会感恩；也让植树系列实践活动成为提升综合素质，实现五育融合的重要课程载体。

"重温红军餐，继承革命志"革命实践教育活动将红军"有坚定的信仰、不怕艰难险阻"的精神和老一辈的爱国情怀深植于孩子们的心灵，让孩子们懂得今天的幸福生活是无数先烈用生命和鲜血换来的。要珍惜现在的美好生活，学会感恩，传承革命精神。课程突破了纯场馆参观和听讲党史的方式，创新了党史教育的方法，学校、基地、家长多方联动，有深度、有内涵、有创意。学校课程与劳动教育融合，打造了综合实践活动课程国家优秀成果推广的样板。

（案例提供　王谢平　程训谦）

第三章
学科内专题化教学研究实施案例

专题一　同学段同学科专题化教学研究

学科： 语文

年级： 6 年级

初识鲁迅

一、研究缘起

部编版小学语文六年级上册第八单元以"走进鲁迅"为主题，安排了《少年闰土》《好的故事》《我的伯父鲁迅先生》《有的人——纪念鲁迅有感》等四篇课文，涉及小说、散文诗、记叙文、诗歌等文体形式。我们把这次单元整合的主题确立为"初识鲁迅"。"初"是孩子们第一次在教材中接触鲁迅先生，"识"是为了帮助学生进一步认识和了解鲁迅先生，为学生打开初步认识和了解鲁迅的窗口，去感受鲁迅先生这位"文学巨匠""民族旗帜"与普通人无异的童真童趣。同时，也通过深入研读文本、整理分析相关资料，把孩子们带到鲁迅文化的语境中去，为他们今后深入了解鲁迅先生开辟一些途径。

二、组建团队

高年级语文教研组是一个充满活力、团结向上、富有钻研精神的团队。当团队成员冯险平老师提出做关于鲁迅的专题化教学研究时，高年级语文教研组成员积极响应，马上筹备组建研究团队。为了让专题化教学开展得更顺利，团队还邀请了杨娟娟综合实践名师作为指导老师，一起参与研发，这样我们的"初识鲁迅"主题研发团队就诞生啦！

三、确立主题

（一）课标研读

随着课程改革的深入和学科核心素养的提出，课堂教学面临着新的挑战。《2019 年小学语文新课程标准（最新修订版）》指出："语文教师应高度重视课程资源的开发与利用，努力建设开放而有活力的语文课程，拓宽语文学习和运用的领域；增强学生在各种场合学语文、用语文的意识，多方面提高学生的语文素养；使学生在不同内容和方法的相互交叉、渗透和整合中开阔视野，提高学习效率，初步获得现代社会所需要的语文素养。"从课程的立场看，单元是一个包含了知识、技能和活动的完整学习过程，有助于学生学科思想乃至学科素养的形成。因此，我们将研究目光聚焦于重构单元教学设计。

（二）教材分析

《少年闰土》通过描写听闰土讲"看瓜刺猹""雪地捕鸟""海边拾贝""看跳鱼儿"等故事，表达了"我"热爱劳动人民以及对乡下生活的向往之情。《好的故事》通过写"我"自身的现实处境，继而切入昏昏欲睡的梦境，最后又由梦中醒来，回到现实中，通过描述对于美梦醒来的失落和追念，表达了作者对美好事物的追求和歌颂，对理想的热烈憧憬。《我的伯父鲁迅先生》通过回忆伯父鲁迅先生生前给自己留下的印象深刻的几件事，赞扬鲁迅先生"爱憎分明、为自己想得少、为别人想得多"的优秀品质，表达了作者对鲁迅先生的无比怀念、热爱与敬仰之情。课文《有的人——纪念鲁迅有感》中，通过描写"虽生犹死"和"虽死犹生"两种人的不同表现和不同下场，赞美了鲁迅先生一心为人民无私奉献的高尚品格。总的说来，教材以"鲁迅"作为基本联络点，囊括小说、散文诗、记叙文、诗歌等文体形式，从不同角度展现了鲁迅的影响力。

（三）学情分析

鲁迅穷其一生投身唤醒民众的大潮中，他坚持为闰土、孔乙己、女佣、车夫、青年等人代言，以雷霆般的声音震撼了中国乃至世界。作为一名老师，我们有太多理由去引导祖国的新生力量走近鲁迅先生。但鲁迅的作品不好懂，对几乎没有接触过鲁迅文字的小学生而言更是一道难题。然而，对于即将步入初中的六年级学生而言，走进鲁迅专题学习是不可或缺的。初一上册第三单元第一篇课文就是《从百草园到三味书屋》，单元名著导读的内容为"《朝花夕拾》消除与经典的隔膜"，这些都给学生提出了更高的要求。

四、制订方案

（一）整合思路

为了让学生能全面了解鲁迅，我们把课堂教学分为了三个渐进的阶段：鲁迅笔下的鲁迅——他人笔下的鲁迅——自主研读鲁迅。

根据部编版小学语文六年级上册第八单元课文的编排，我们以《少年闰土》这个单篇经典作为切入口，去认识儿童时期的鲁迅。《少年闰土》节选自《故乡》，严格来说，小说中的"我"不能等同于鲁迅，但是这个"我"中有少年鲁迅的影子。通过对文本的研读，童年时期的鲁迅形象渐渐浮现。此时，教师再带学生走进《朝花夕拾》，走进百草园，去认识那个会玩、爱玩的鲁迅，找到童年鲁迅与学生的共同点，一下子缩短了鲁迅与学生间的距离，为深入了解鲁迅做好铺垫。

认识了鲁迅笔下的鲁迅后，还要读出在他人眼中，鲁迅又是一个怎样的人。部编版小学语文六年级上册第八单元中有两篇课文是从他人的眼中来展现鲁迅的。它们分别是周烨《我的伯父鲁迅先生》、臧克家《有的人》，根据这两篇课文的设置，我们把小主题定为"从他们笔下遇见鲁迅"，让学生在他人的文字中感受鲁迅先生为自己想得少、为别人想得多的崇高品质，从而理解鲁迅先生受人爱戴的原因。至此，鲁迅可以是可爱的、淘气的，也可以是有爱的、无私的、伟大的……总之，在学生心里留下的不再是大多数人心中已定型的那个"战士"形象。鲁迅,是丰富的。

认识鲁迅的学习不能因为课堂的结束而停止。要让学生走进更广阔的鲁迅世界中去。都说鲁迅的文字难懂,鲁迅的书很难读,怎样让学生更容易走进鲁迅的文字世界中去呢? 导读课是一个很好的选择。根据学生已有的阅读水平,我们选定了鲁迅的回忆性散文集《朝花夕拾》作为学生研读鲁迅的材料。通过导读课,激发学生阅读《朝花夕拾》的兴趣,并且教给他们读书方法,不仅要让学生去读鲁迅其人,还要在感受鲁迅有趣、丰富的童年生活中,发现白描、对比、引用等写作表达方式,进而熟悉鲁迅的写法。

（二）教学安排

表 3 - 1 "初识鲁迅"主题教学研究安排表

教研组：六年级语文组

教师	课例内容	整合教材	【教学目标】	课时
吴金双	字词课堂	《少年闰土》《好的故事》《我的伯父鲁迅先生》《有的人》四篇课文中要求会读会写的生字词	读好、写好本单元的生字、词,积累好词。培养勤于积累、乐于积累的学习习惯	1 课时
李秀知	从他们笔下遇见鲁迅先生	《我的伯父鲁迅先生》《一面》和《有的人》	从不同作者的文章里认识一个真实全面的鲁迅先生,感受他为自己想得少、为别人想得多的崇高品质,从而理解鲁迅先生受人爱戴的原因	1 课时
陈林	与鲁迅的童年相遇	《少年闰土》和《从百草园到三味书屋》	通过对比分析人物,感受少年闰土的机智勇敢、活泼自由的人物形象,并由此走进鲁迅的童年,体会鲁迅活泼的童心童趣	1 课时

（续表）

教师	课例内容	整合教材	【教学目标】	课时
冯险平	《朝花夕拾》导读	《从百草园到三味书屋》片段，《范爱农》《藤野先生》《五猖会》《狗猫鼠》片段	在感受鲁迅有趣、丰富的童年生活中，发现描画、对比、引用的写作表达方式，进而引发学生对整本书阅读的兴趣	1课时
六年级	浅析鲁迅笔下经典人物形象	《孔乙己》《阿Q》《祝福》片段	品读鲁迅先生笔下经典的人物形象。学习鲁迅先生描写人物的方法，并学以致用	2课时

五、教学示例

（一）教学准备

1. 课前指导学生小组合作梳理鲁迅生平简历、主要作品等。

2. 指导学生利用单元导读卡做课内初步预习（表3-2）。

3. 生字、词预习。

表3-2　"初识鲁迅"课内初步预习

单元专题	质疑题目	概括课文主要内容	提炼对人物的初步印象或对本文的初步感受	摘抄关键词句
初识鲁迅	24 少年闰土（　　　）？			
	25 好的故事（　　　）？			
	26 我的伯父鲁迅先生（　　　）？			
	27 有的人（　　　）？			

（二）教学示例

第1课时：

字词课堂

【教学目标】

1. 读好、写好本单元的生字、词，培养认真的书写态度。

2. 积累好词，培养勤于积累、乐于积累的学习习惯。

【教学重点】

读好、写好本单元的生字、词。

【教学难点】

培养认真的书写态度，勤于积累、乐于积累的学习习惯。

【教学准备】

生字卡片、课件。

【教学过程】

一、谈话导入

同学们，在这一个单元的学习中，我们一起来认识、了解中国一位伟大的文豪——鲁迅先生。通过预习课文，我们认识了少年闰土，看到了侄女眼中慈祥的伯父，熟悉了青年心中永远难忘的榜样，领会了人们心中永远的英雄。随着对文章阅读的深入，鲁迅先生的形象在我们心中愈加高大起来……看看下面的这些词语，能勾起你一些怎样的情感呢？

二、读读写写，加强巩固理解

1. 课件出示第五单元的生字、词。

2. 学生自由认读、指名学生读词，注意强调读准字音，并反复朗读。

3. 这些词语都是本单元课文里的生字、词，哪些令你印象最深，感触最多？

4. 学生小组交流，认真读这一组词语。

5. 认真书写这些词语，教师范写平常错得较多和不容易写好的词语。课件刷红需要注意的词语。

6. 利用实物投影仪观赏书写优秀的作品，并请学生自由评议。

三、读读记记，加强积累

过渡：除了这些生字、词以外，课文中还有很多值得积累的好词，我们也要掌握。

1. 课件出示"读读记记"的词语，学生自由朗读。

2. 指定多名学生朗读，注意强调字音一定要读准。

3. 同桌互相读，互相正音。

4. 做游戏，学运用。

5. 小组展开比赛。学生先自由记词，再小组合作参赛，看哪一组记得多，记得快。

6. 拓展：（1）其实，在这些好文章里面还有很多值得积累的好词好句，你能试着再找几个吗？学生各自在自己的积累本上自由积累，然后相互交流，其他学生共享。（2）你能在说话中用上这些词语吗？（任意选择词语造句，注意引导学生把词语用得准确，句子内容具体、生动。）

第2课时：

从他们笔下遇见鲁迅先生

【教学目标】

1. 从不同作者的文章里认识一个真实而全面的鲁迅先生。

2. 能够联系上下文或结合时代背景理解含义深刻的句子，学会抓住语言、动作、神态描写表现人物品质的写作方法。

3. 感受鲁迅先生爱憎分明、关心进步青年、同情底层劳动人民、为自己想得少、为别人想得多的崇高品质，从而理解鲁迅先生受人爱戴的原因。

【教学重点】

1. 让学生感受鲁迅先生的高尚品质。

2. 引导学生学习抓住语言、动作、神态描写刻画人物的写作方法。

【教学难点】

联系时代背景，理解含义深刻的句子；感受鲁迅先生"为自己想得少、为别人想得多"的崇高精神。

【教学准备】

1. 学生通读第五单元三篇课文，初步了解课文内容。

2. 学生上网查找资料，进一步增强对鲁迅先生的了解。

3. 阅览远程教育资源，制作与课文相关的多媒体课件。

【教学过程】

一、谈话导入，引出主题

通过学生谈自己印象中的鲁迅先生，引出毛泽东对鲁迅的评价——"伟大的文学家、思想家、革命家，是中国现代文学革命的主将"。

二、周晔笔下的鲁迅

1. 初读课文，整体感知。请同学们自由阅读课文，分小组合作学习，交流讨论：

（1）作者写了哪几件事，试给各部分加小标题。

（2）从这几件事情中，伯父给她留下了怎样的印象？

（3）这是鲁迅先生的侄女周晔写的一篇回忆录，说一说她回忆了哪几件事情？

（4）从周晔描写的几件事情中，鲁迅先生给你留下了怎样的印象？

2. 再读课文，以情激思。要求：

（1）沉痛悼念，寄托哀思。

（2）感受鲁迅先生受人爱戴的原因，齐声朗读全文的中心句。

（3）品味"救助车夫"。

（4）请同学们找到最令自己感动的语句，在旁边写出自己的感受。

思考：伯父没说一句话，但这严肃的表情，这深沉的叹息，最令人难忘。请联系上下文和时代背景，说说他在为谁而叹息？

三、阿累笔下的鲁迅先生

1. 初步感知：快速浏览课文，说说课文讲了一件什么事？

2. 想一想：身处社会底层的我会遇到哪些非人的虐待？

【设计意图】就这短短的一面，让阿累从这位顽强的民族战士身上，获得了巨大的力量源泉，是这种力量让他有了战胜困苦的信心和勇气。他后来加入共产党，抗战期间，加入了新四军。新中国成立后，他历任湖南革命大学副校长、省委宣传部长，以及湖南大学校长等职，让学生感受到鲁迅先生对青年人的鼓舞有着无穷的力量。

四、臧克家笔下的鲁迅

1. 整首诗通篇运用了什么样的写作手法来表达对鲁迅先生的敬仰和赞美之情？

2.《有的人》中，写了哪两种人？

3. 整首诗除了副标题有一处"纪念鲁迅有感"出现了他的名字，正文中没有一次出现过，是臧克家忘了吗？你从诗中的哪些地方读出了鲁迅的影子？

【设计意图】（"俯下身子当牛马"引出鲁迅先生《自嘲》，再次理解他的俯首甘为孺子牛。"情愿作野草，等着地下的火来烧"引出鲁迅先生《野草》的原文："我自爱我的野草，但我憎恶这以野草作装饰的地面……"）

4."有的人"仅仅是写鲁迅先生吗？

五、总结概括、升华主题

现在请同学们用一句话或一句诗来对鲁迅先生的一生做个总结，你会想到什么？（横眉冷对千夫指，俯首甘为孺子牛）

第 3 课时：

与鲁迅的童年相遇

【教学目标】

1. 通过阅读理解，概括出文本的主要故事，理清文本结构，历练学生的概括能力。

2. 通过对比分析人物，感受少年闰土的机智勇敢、活泼自由的人物形象，并由此走进鲁迅的童年。

3. 感受鲁迅朴实平淡的俏皮文字韵味，体会鲁迅活泼的童心童趣。

【教学重点】

通过对比分析人物，感受少年闰土的机智勇敢、活泼自由的人物形象，并由此走进鲁迅的童年。

【教学难点】

感受鲁迅朴实平淡的俏皮文字韵味，体会鲁迅活泼的童心童趣。

【教学准备】

《故乡》相关片段打印稿、课中学习单。

【教学过程】

一、破题开篇

1. 导入。通过上节课的学习，我们从他人的笔下认识了一个爱憎分明、关心进步青年、同情底层劳动人民、为自己想得少、为别人想得多的鲁迅。这节课我们一起走进鲁迅的童年，更深入地认识鲁迅（出示课题，板书：鲁迅）。老师很期待，当你们的童年撞上鲁迅的童年，会产生怎样的火花呢？

2. 快速浏览《故乡》与《少年闰土》重要片段。

3. 品读第 1 段：①教师示范朗读；②批注情感；③师生分享。

【设计意图】由《少年闰土》第一自然段的教学奠定全文的情感基调，并由此过渡到认识少年闰土。

二、认识闰土

1. 小组合作：概括闰土的稀奇事。

2. 汇报：

（1）通过"我"和闰土的对话，我们知道了闰土哪些稀奇的故事呢？

（2）从闰土这些稀奇的故事中，"我"感觉到闰土是一个怎样的伙伴？

最后小组汇报。提示：可用哪个故事在那里干什么的形式概括出来（表 3-3）：

表 3-3 认识闰土

闰土稀奇的故事	闰土是个怎样的伙伴
雪地捕鸟	
海边拾贝	机智勇敢、能干、生活丰富多彩……
瓜地刺猹	
海边观鱼	

【设计意图】课堂应给予孩子更多合作探究的时间和空间。在生生互动、师生互动的合作交流中，梳理出文本的主要故事，历练学生的概括能力，指导学生开展有效学习。

3. 说说你最想与闰土做哪件事？

4. 走进"我"的心里：（1）分析"我"的话；（2）解读"我"的心声；（3）说说"我"的四角天空。

5. 聊聊我们与"我"。

【设计意图】将闰土的童年生活与文中"我"的童年生活进行比较，读出"我"的感慨、"我"的羡慕与向往。最后让学生自己的童年与文中"我"的童年相遇，让学生说说自己的童年生活更接近于哪一个，并借鲁迅的文字喊出心底的呼唤，由此拉近学生与童年鲁迅间的距离。

三、百草园之乐

1. 读第 2 段，找伙伴。拿出课文，大声朗读第 2 段，说说百草园给你留下了什么印象？

过渡：在《少年闰土》中"我"少年时的伙伴是闰土，在这一自然段里，作者的伙伴有哪些？请在文中找到并圈出来。（老师点名说）随后出示一张包含皂荚树、桑葚、云雀、油蛉、蟋蟀、斑蝥、何首乌的根、覆盆子等 13 张动植物小图的 PPT。

师结：一切能入鲁迅眼里的景与物都能成为他的好伙伴。

2. 聊好玩之处。下面我们来聊一聊，你觉得鲁迅介绍的哪一处景点最好玩，最有味道？随便聊，只要是你觉得好玩的地方都行。

3. 我们的童年。可惜这些在我们的童年都没有玩过，而鲁迅却都在百草园里玩过。所以说，百草园是他童年的乐园。我们的童年乐园在哪里？（生交流汇报）

总结：这堂课我们与鲁迅的童年相遇，读出了一个不那么严肃、不那么复杂的鲁迅。不管是《少年闰土》中那个对闰土喜爱与羡慕、对乡村自由自在生活向往的鲁迅，还是《从百草园到三味书屋》中那个调皮、淘气、爱玩、会玩的鲁迅，我们都能从他的文字中读出一颗童趣满满的童心。

第 4 课时：

《朝花夕拾》导读

【教学目标】

1. 用题目、目录、篇目与成长经历相结合的方法，读回忆性散文《朝花夕拾》。

2. 在感受鲁迅有趣、丰富的童年生活中，发现描画、对比、引用的写作表达方式，进而引发学生对整本书阅读的兴趣。

【教学重点】

用题目、目录、篇目与成长经历相结合的方法，读回忆性散文《朝花夕拾》。

【教学难点】

在感受鲁迅有趣、丰富的童年生活中，发现描画、对比、引用的写作表达方式，进而引发学生对整本书阅读的兴趣。

【教学准备】

散文集《朝花夕拾》或者相关片段打印稿、课前预习单。

【教学过程】

一、拾"花"——整体感知

1. 结合作者简历，梳理目录。同学们，通过前期的学习，我们对鲁迅已经有所了解，这节课让我们共同走进鲁迅的回忆散文集——《朝花夕拾》。

2. 摆时间轴，梳理鲁迅的简历。（以小组为单位，摆一摆鲁迅的作品）

3. 介绍《朝花夕拾》，并按时间进行分类。

【设计意图】利用时光轴让学生对鲁迅人生中几个关键点有更清晰的认识，对照《朝花夕拾》这本书的目录，让学生认识到目录的顺序基本上就是鲁迅成长经历的顺序，这本书以描述童年的作品居多，引发阅读兴趣。

二、赏"花"——聚焦探秘

1. 走进《从百草园到三味书屋》，谈最初的感受。读了《从百草园到三

味书屋》的几个片段，给你留下怎样的整体印象？（童真童趣、顽皮、开心、爱玩、新奇）（学生把感受随机写在黑板上）

2. 聚焦夏天的百草园。有时候读整本书只要翻开略读就可以了，但是对那些优美的语段、对那种感触很深刻的地方，我们就要驻足、停留、慢慢欣赏。有人说这百草园里天上飞的、地上爬的、地里长的，描写的事物实在太多啦！

（1）请大家数数百草园里一共提到多少种事物？

（2）这些事物，你们了解吗？和你的小伙伴一起去研读识别吧。

（3）抢答游戏过渡：现在我想和大家来玩个游戏——看图抢答。

（4）总结白描：我们之所以能根据文字猜出它的名字并身临其境地体验到其中的乐趣，就是因为鲁迅寥寥几笔，准确地抓住每一种事物的特点，细致入微、形象生动地把看到、听到、摸到、尝到的事物描绘出来，这样的写法就叫——白描。

（5）分组朗读。

【设计意图】让学生带着最简练朴素、最真的体会，一起打开视觉、听觉、触觉、味觉，走进百草园，去体验书中好玩的和有趣的事物。

3. 聚焦三味书屋。

（1）如果说百草园因为我们的体会让好玩变得更深入了，那三味书屋里有什么好玩的呢？请你给大家读读这段话，其他同学找找三味书屋里有什么好玩的？其实在这三味书屋中，好玩的部分是用生动的白描手法来写的。

（2）对比阅读：读完后请大家说说三味书屋的乐趣和百草园的乐趣是一样的吗？

（3）创设情境对比引读。

（4）引用故事：真好，这样一对比，让有趣好玩的感受又更丰富了。你们知道吗？在《从百草园到三味书屋中》还有一个神话故事——美女蛇。

【设计意图】通过多种形式的引读，让学生感受白描、对比、引用这些丰富的写作方法，感受鲁迅童年的好玩、有趣、神秘……让学生学会用不同的表达方式展现丰富的内容。

三、寻"花"，引向整本

1. 寻找《朝花夕拾》文与文之间内容的联系。

过渡：亲爱的同学们，一篇散文就这么丰富了，那其他的文章呢？前面我们说每篇散文都是独立的，那你们觉得这些散文之间有联系吗？

2. 以小组为单位，寻找《朝花夕拾》文与文之间表达方式的相同之处。

（1）出示：《范爱农》《藤野先生》，讨论交流"白描"的写法。

（2）出示：《五猖会》，小组汇报"对比"的写法。

（3）出示：《狗猫鼠》，讨论交流"引用故事"的写法。

【设计意图】教师引问让学生总结出回忆散文集中回忆重要的人，不仅可以在一篇文章中出现，还可能会在多篇文章之中出现。一部散文集，在一篇和另一篇文章之间，鲁迅是整体构思的，所以我们在读的时候就要整体去读。总之，从不同的角度让学生体会描写同一个人的表达。

3. 小结。鲁迅45岁时写《朝花夕拾》，他夕拾朝花到底要表达什么呢？他到底还用了哪些丰富的表达呢？那些丰富的表达又展现出了怎样丰富的内容呢？答案当然是要去原文中找的，下课后还可以搜集鲁迅先生笔下经典人物形象的描写片段。

第5、6课时：

浅析鲁迅笔下的经典人物形象

【活动目标】

1. 品读鲁迅先生笔下经典的人物形象。

2. 学习鲁迅先生描写人物的方法，并学以致用。

3. 了解鲁迅先生通过多种方法对底层社会人性的剖析。

【活动重点】

1. 通过作者的描写方法，感受人物的性格和命运。

2. 在品读中体会鲁迅笔下经典人物中凡人凡事折射的社会意义。

【活动难点】

了解鲁迅先生对"人"的关怀，探究作者对人性的剖析，感受作者笔下的人物起名的艺术。

【教学准备】

通过上网、小组合作讨论等方式查找资料，认识鲁迅笔下的经典人物。

【活动过程】

一、以图猜名，初拾印象

出示孔乙己、阿Q、祥林嫂等几个经典人物，让学生根据课前查找的资料来猜一猜，初步感知人物形象，用一个关键词来形容一下你认识的"他"。

二、自主阅读，赏析人物

依次出示《孔乙己》《阿Q》《祝福》中的几个片段，让学生自由朗读感受最深的片段。

1. 学生通过对原文中重点语句的赏析，圈点勾画，分析人物形象，找出体现性格特征的语言、动作、外貌描写，为人物画像。

2. 自主概括人物性格特点，并分析是通过什么描写方法来体现的。

3. 在文中找到具体的能够体现人物性格特征的语句，在小组讨论交流，概括人物形象。（迂腐死要面子的孔乙己，精神胜利法的阿Q，可怜可悲的祥林嫂。）

三、习得方法，学以致用

1. 学生比较概括三个片段中作者刻画人物时运用到不同的描写方法。

2. 几处描写到不同时期孔乙己和祥林嫂的脸色，有什么妙处？

3. 这些刻画人物的描写方法我们平常在习作中如何运用？

四、探究人物取名的艺术

1. 分组汇报课前布置的任务，鲁迅先生在给作品中的人物取名时匠心独运，颇有艺术性。

2. 学生继续汇报交流查到的其他人物命名蕴含的深刻含义。

五、拓展活动

1. 课后实践活动——鲁迅笔下的经典人物（图3-1）。

2. 课后实践活动——合作探究鲁迅小说人物命名艺术（图3-2）。

图 3-1　鲁迅笔下的经典人物

图 3-2　鲁迅笔下经典人物命名分析

六、教学反思

六年级语文第八单元教材是以"初识鲁迅"为专题编排，四篇文章中有两篇是鲁迅自己的作品，其余两篇是不同作者笔下的鲁迅，这样就使得鲁迅这一人物形象显得更加真实、丰满、生动。如何对这组课文进行单元整合，提高教学效率，我们在不断探索。

（一）整体把握教材内容，明确单元教学目标

在整合前，组内老师聚在一起反复研读教材内容，对原有的知识进行有效把握；然后重新进行单元内容的编排，并设定单元教学目标，将相关教材内容整合在一起。有时候放弃精心撰写的教学设计是一件很痛苦的事情，但不得不承认，这是一个必需环节。如果方向错了，南辕北辙。

（二）采用多样教学方式，增强综合体验活动

采用单元整合模式的语文教学活动能够让学生容易理解课文内容知识，提升学生的学习效率。在整合过程中，尽可能做到有层次推进地教学，让学生进行由易到难的学习。这样，不仅能有效提高教师的教学效率，还能增强阅读的趣味性，促进学生对语文知识的理解。"授人以鱼，不如授人以渔"，确定好每一节课的核心内容后，要学会综合运用课文课后习题和单元口语交际，有机融入教学中。始终要铭记，整合课并不代表每节课要面面俱到，关键在于深度挖掘和综合拓展融合，最大限度地启迪学生去发现问题，通过小组合作的探究学习来解决问题，从而使学生的能力得到真正的提高。

（三）整体回顾知识内容，加深语文阅读感受

为了让同学们亲近鲁迅，走近鲁迅，并激发学生的阅读期待，在满足学生渴望了解、希望探究鲁迅生平的愿望的同时，我们除了有选择性地推荐《朝花夕拾》让学生去了解鲁迅的童年生活、了解鲁迅留学日本学医的情况，还布置学生通过阅读鲁迅的其他文章，简单了解鲁迅笔下的经典人物形象，领会鲁迅"哀其不幸，怒其不争"的良苦用心。单元整合教学任务结束后，提供如下话题：体会鲁迅写作语言的特点、收集与鲁迅有关的故事、搜集鲁迅的名言、描述鲁迅笔下经典的人物形象、探究鲁迅笔下人物的取名艺术等，供学生自主合作探究，在交流汇报的过程中走近鲁迅先生，为初中学习有关鲁迅的课文打下基础。

本次单元整合是我们在语文大课改背景下所做的一次勇敢尝试，为我们后续的语文教学提供了很多启发。

第一，一群人才可以走得更远。一个人的智慧和想法是十分有限的，一个人埋头苦干也很容易陷入僵局，要多和同事们沟通交流，多看相关的论文和书籍，多听名师课堂和讲座。除此之外，优秀教案、教学视频也能给人很多启发。另外，还要虚心接受各种意见。非常感谢王校长、学校综合实践名师杨娟娟老师、教研室李丹主任、教研组前辈们的点拨与指导。

第二，掘井就要挖到水为止。课题就像是我们怀胎十月孕育的婴儿，在这漫长的过程中，可能会孕吐、反胃、吃不下、睡不着，还可能会难产，怎么办呢？咬咬牙，憋憋气，实在不行剖宫产，总得生下来。确立主题就像是在迷雾中穿行，组内老师在研读教材教参、课标学情后最终确立了"初识鲁迅"的主题。主题分解遇到瓶颈，感谢王谢平校长的专业指导……慢火熬炼的过程，怀着一颗感恩的心去面对每一个瓶颈，你要相信，即使失败，哪怕收获极小一步的成长，也是人生中的礼遇。

第三，和学生一起成长进步。"教师应努力改进课堂教学，加强整合教学内容，统筹安排教学活动，促进整体提高学生语文素养。"是新课标对教师提出的迫切要求。但是在小学语文学习中，长期以来教师都是采用以"篇"为单位的教材学习和训练，这一现象直接导致了我们在教学过程中将原本有联系的文本割裂开了，不利于提高教学效率。这次的"初识鲁迅"单元整合教学在实施过程中，老师课前花费了较多的时间和精力。根据本单元的特点，有针对性地布置学生课前去搜集资料、查阅鲁迅先生的生平经历和中国当时的特殊社会背景，读一读鲁迅先生的诗集和散文集。在尝试过程中我们也发现一部分学习能力较好的学生参与意识强，能独立完成老师布置的任务，而其他同学却当"陪客"。因此，在以后的教学实践中要加强小组合作，更加明确学习任务，尽可能地使自主学习能力弱的学生也能积极地参与进来，从而使全体学生都能在获得知识的过程中培养自己课外自主搜集资料和资源整合的能力，从课内走向课外，丰富语文学习。刚开始时从表面上看学习效率会比较低，但适应一段时间后，会让学生养成自主搜集资料的习惯，在这过程中他们也体会到了学习的乐趣，学习的主动性增强了，学习效率也会明显地提高。

这次的"初识鲁迅"单元主题教学，只是我们在小学语文单元整合教学上的一种尝试。虽然目前仍处于单元整合教学的初始阶段，教师的主导作用有时还过多，但学生已经向单元主题式方向迈出了第一步。希望通过不断的尝试、总结，单元整合教学能在以后的小学语文课堂教学中得到进一步的深入。

（案例提供：冯险平　陈林　李秀知　吴金双）

学科：英语

年级：4 年级

Seasons

一、研究缘起

在日常英语教学中，存在课时少而教学内容多的问题。如何对教材内容进行整合与取舍，实现教学效能最大化呢？我们尝试走出单纯的知识点教学，对英语中单元与单元之间、学段与学段之间有联系的知识点，与其他学科重叠或共生的内容进行整合，形成与生活实际密切相关的学科专题，以此让学生快乐高效地学习。

二、组建团队

英语组进行多次讨论，对英语专题化教学的可行性进行分析。在教研部门的帮助下，我们成立了英语专题化教学研究团队，成员包括 6 位英语老师和综合实践骨干教师余忠萍老师。

三、确定主题

（一）研读课标，确定基本要求

在研读英语课程标准的同时，我们同步研读《中小学综合实践活动课程指导纲要》，找到了可以用富有综合实践学科特色的实践方式来教学英语。我们整合学段与学段之间相关联的知识，让学生在生活体验、探究合作中学习英语，帮助学生树立正确的英语学习目标，主动参与语言实践活动。我们决定选择一个专题，围绕专题，进行深度教学，从而提升学生的英语核心素养。

（二）研读教材，明确研究专题

通过梳理各个学段的教材内容，我们选择 Seasons 这一专题，以湖南少年儿童出版社版四年级上册 Unit 2 Spring is warm 这一课题为切入点，以综合实践活动的方式进行学科内知识整合。本课题授课的时间段正值春天，学生有实际生活体验感，可以用综合实践活动方式让学生参与学习。本专题关联知识分别在三、四、六年级（见表3-4）。通过综合实践方式，我们将不同学段的知识进行整合，可以丰富学生的语言表达；对季节成因以及不同地域季节特色等地理知识的渗透，可以激发学生学习的兴趣，让学生在实践与探究中使用英语。经过大家的一致讨论，最终将专题定为：Seasons。将三、四、六年级相关的合适内容和教学方法整合到专题中，引导学生进入深度的专题化学习。

表3-4　本课题关联知识互通点

教材	知识互通点
三年级下册 Unit 8 I like a sunny day	weather
三年级下册 Unit 9 What's the weather like?	weather
四年级下册 Unit 2 Spring is warm	seasons and weather
五年级上册 Unit 12 The Spring Festival	春天的节日
五年级上册 Unit 6 The Mid-autumn Festival is coming	秋天的节日
六年级下册 Unit 5 Our earth looks like this in space Part D Let's read	季节的成因，不同地理区域季节的时间不同
六年级下册 Let's know more: Seasons up and down	不同国家，不同季节的天气特点

四、制订方案

本专题属于"我与自然"领域范畴，围绕 Seasons 这一专题开展语言学习，并达成围绕专题开展语用任务目标。

我们的单元目标更体现了知识的综合性，突出了学生在实际生活中的感知与体验，强调了学生在学习过程中合作、自主、探究的综合实践活动学习方式。

我们重组教学模块，并进行资源补充。经过重组后，分别从三个小主题展开学习，并实现层层递进的教学目标。于是形成了以下的课堂教学安排（表 3 – 5）。

表 3 – 5　Spring is warm **教学安排表**

课时	教学内容	教材内容使用
第一课时	*Different seasons, different weather*	三年下册 Unit 8 & 9 四年级上册 Unit 2，Part A、B、C、E 六年级下册 Unit 5
第二课时	*Different places, different fun*	四年级上册 Unit 2 Part D + 拓展补充资源
第三课时	*Different places, different weather*	四年上册 Unit 2 Part E + 六年级下册 Let's know more：Seasons up and down + 拓展补充资源

五、教学示例

（一）教学准备

1. 学生准备阶段

（1）在课前，请学生观察校园以及自己生活周围的春天特色，以文字或者照片方式记录。

I plant trees in spring.
春天，我参加学校的植树节。

（2）请学生自己阅读学习相关四季绘本，学唱季节英文歌曲，储备相关知识。

2. 教学资源准备

搜集、筛选、整合关于季节的教学资源（见表3-6）。

表3-6　关于季节的教学资源

资料类型	功能	主要目的	处理方式
音乐 *Four seasons*	学习活动	☑情景创设□技能训练 □活动体验□激发兴趣	☑引用□改编 □创编
歌曲 *I like four seasons*	学习活动	☑情景创设□技能训练 □活动体验□激发兴趣	☑引用□改编 □创编
视频 *How does four season occur?*	学习内容	□增加输入☑渗透文化 □学科育人□背景介绍	□引用☑改编 □创编
视频 *Winter in Harbin*	学习内容	☑增加输入☑渗透文化 □学科育人□背景介绍	□引用☑改编 □创编
视频 *Summer in Xinliang*	学习内容	☑增加输入☑渗透文化 □学科育人□背景介绍	□引用☑改编 □创编
绘本 *Changing seasons*，*Spring and fall*，*Different seasons* 系列绘本 *In the spring/summer/fall/winter*	学习内容	☑增加输入□渗透文化 □学科育人□背景介绍	☑引用□改编 □创编

How does four seasons occur?

（二）实施阶段

第1课时：

Different seasons，different weather

本节课我们提前让学生在生活环境中观察春天，寻找春天。课堂中引导学生从生活中的天气直接导入季节主题学习。通过季节特色音乐、图片、视频等唤起学生对四季的生活体验感知（见图 3 − 3）。学生以自己对四季的观察，用英语来描述季节相关的知识，能初步认读、理解本单元的核心词汇与核心句型。通过 A 部分的课文学习，学生结合提前查找的资料，得出长沙、三亚、北京、昆明四地在相同季节，天气也会有所不同的结论。

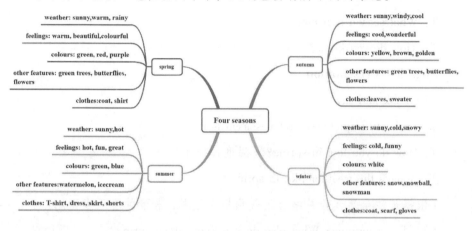

图 3 − 3

【教学目标】

1. 语言知识与技能。

（1）学生能够知晓辅音字母组合 br 的读音规则，并能理解；认读含有 br 的单词，跟读相关的 chant.

（2）能初步感知、理解核心词汇：spring, summer, autumn/fall, winter, warm, hot, cool, cold 的含义。

（3）能理解并运用核心句型 What's the weather like? 进行提问，并做出回答。

（4）能初步感知、理解和描述各季节的天气及其他特征的核心句型：It's.../Spring is...

2. 教学重难点：学生在情境中初步运用描写四季的核心词汇与句型。

【教学实录】

Step Ⅰ Greetings& Lead in

Appreciate a short video about "Four seasons".

T：I would like to share a piece of beautiful music. Please tell me what it is about?

T：Yes. It's about "seasons". Today we are going to learn about four seasons.

T：What's the weather like today?

T：What season is it now?

T：How do you know?

Step Ⅱ　Presentation

(1) Look and say.

T：Look at the pictures. What season is it?

T：How do you feel in spring? (温度计提示)

T：What's the weather like in spring?

(依据长沙生活体验并结合天气预报图呈现，长沙的春天多雨。)

(2) Brainstorming：What else do you know about spring?

(3) Listen and say. (蝉鸣声)

T：Listen, what season is it? Can you hear it in spring?

(4) Discuss：What do you know about summer?

(5) Look and say.

T：What season is it after summer?

T：Yes. It's autumn. Let's go to a farm to know about the farm.

T：What colors can you see in autumn?

(6) Look and find：things about autumn.

(7) Watch and answer.

Present a short video about winter and Guide student to feel about winter and learn about it.

(8) Think and say：things about winter.

(white snow, snowman, snowball, hibernanting creatures)

Step Ⅲ　Read and Learn

(1) Look and say.

T：Look. The children are talking about _____.

（2）Read and find.

Q1：Where are they from? Q2：What season?

Q3：What's the weather like there? Q4：Do they like it or not ?

Who	City	Season	Weather	I like 😊 I don't like 😞

（3）Discuss.

Why is it not cold in winter in Kunming?

Step Ⅳ Homework.

Draw and write a mindmap about 4 seasons.

第 2 课时：

Different seasons，different fun

本节课我们通过阅读部分文本，从 Tim 和 Dino 的视角引入学习"不同季节，不同的乐趣"。我们在第一节课的基础上，继续探讨"不同季节，不同天气",人们会进行哪些合时宜的活动。在我们的生活中,不同的季节,也有不同的传统庆祝节日。希望学生在学习后能与同学自由交流喜欢某个季节的原因。

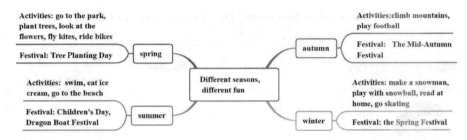

【教学目标】

1. 语言知识与技能:

(1) 学生能够熟练运用核心词汇:spring,summer,autumn,winter,warm,hot,cool,cold.

(2) 学生能联系生活实际,感知体验并运用以下表达关于四季的事物,进行的活动与穿着:I can wear... I can go... I can...

(3) 学生学会介绍不同季节中的传统节日:There is... in spring/summer/autumn/winter.

【教学重、难点】

学生能从天气、活动、季节穿搭、节日等多角度综合运用句型描述四季。

【教学实录】

Step Ⅰ Greetings & warm up

1. Sing a song " I like the four seasons ".

2. Free talk.

T: Which season do you like?

Step Ⅱ Let's read

1. Read and find.

T: How about Tim and Dino's four seasons?

T: Let's read and find.

seasons	weather	clothes	place（地方）
spring			
summer			
autumn			
winter			

2. Watch the video.

3. Listen and repeat.

Step Ⅲ　Presentation

1. Lead in.

T：We know we can do different things in different seasons.

T：Let's know more about them.

2. Look and answer.

T：I have a lot of pictures about spring. Can you say something about them？

Q1：Spring is warm. What can you wear？

Q1：What can you see in spring？

Q2：What can you do in spring？

Q3：What festival is there in spring？

3. Learn the phrases.

plant trees，fly a kite，have a picnic，ride a bike.

4. Let's talk.

I can wear _____.

I can see _____ in spring.

I can _____.（活动）

T：What do you think of spring? Do you like it？

5. Read a picture book and find.

What can you do in summer ?

6. Learn phrases.

go swimming，eat ice cream，eat watermelon，Dragon Boat Festival，Children's Day.

7. Look and talk.

（1）Present the pictures about autumn and guide students to learn and talk.

（2）T：Is autumn fun? Do you like it?

8. Group work and talk. （小组合作学习）

Learn phrases：*make a snowman*，*play with snowball*，*go skiing*，*the Spring Festival*.

T：Here are words and pictures about winter? Can you talk about it with your partner?

Winter is _____.

I can wear _____.

I can see _____.

I can _____.

There is _____ in winter. （节日）

Step Ⅳ   Consolidate：Retell about four seasons

1. Teacher gives an example.

T：Different seasons have different fun. We can see different things. We can do different activities. There are different festivals.

T：Let's talk about them with the key words on the blackboard.

2. Divide Ss into different groups according to the season they like.

T：Which season do your like?

T：6 in a group. Find 5 partners who likes the same season with you? （If you like spring，find another 5 partners who also like spring.）

（二次分组，喜欢同一季节的学生分到一组）

3. Students work in groups and make a presentation. （小组合作完成任务并展示学习成果）

Step Ⅴ   Homework

1. Make a poster for the season you like.

2. Explore and find：

（1）What's the weather like in the below places in four seasons?
Changsha，Beijing，Xinjiang，Harbin.

（2）What can you see there? And What can you do there?

（3）If you go to travel，where do you want to go?

第 3 课时：

Different places, different weather

通过前面两节课的学习，学生对季节的知识有了一定的了解，本节课与学生一起进行解决问题的探究学习。通过设定写信的情境任务，为想来中国旅游的朋友 Judy，推荐旅游的季节和地点。在本节课中，我们通过图片、视频方式与学生一起感受哈尔滨的冬天、长沙的春天、新疆的夏天和北京的秋天。在学习中，我们渗透人文地理、自然科学知识，比如哈尔滨的冰灯节（Ice Lantern Festival）、北京香山枫叶、新疆夏天"早穿皮袄午穿纱，围着火炉吃西瓜"的早午温差特点。学生以小组合作探究的方式，通过文本阅读，获取关键信息，形成思维导图，并依据思维导图。组织形成语篇，完成书信写作，即完成为 Judy 选择合适的旅游季节与地点的语用任务。

【**教学目标**】

1. 学生学会写英文书信的格式，能够用简单的语句回复书信。

2. 学生能够熟练的运用 It's... is... I can go... I can... 进行语言的综合语用表达。

【**教学重点**】

融合地理学科知识，通过视频、图片等方式，帮助学生认识不同地方的季节人文特色。

【**教学难点**】

书信的正确书写格式。

【**教学实录**】

Step Ⅰ　Greetings& Lead in

Show a short video about Judy's travelling through four seasons.

（让学生再次感知四个季节的不同。）

Step Ⅱ　Presentation

1. Create a situation：Judy likes travelling. I searched four places in different seasons. Judy just wants to go one place. Please help me to choose one for Judy. And Can you help me?

2. Watch the video and Learn.

（1）Ask and answer：

Q1：What's weather like in Harbin in winter?

Q2：What can we see in winter?

Q3：What can we do in winter?

（2）Learn new words：Ice Lantern Festival

（通过一个短片让学生了解哈尔滨的冰灯节文化）

3. Learn and talk.

Present a Mindmap about winter in Harbin and guide students to talk about it.

T：So，you can introduce it like this

> It's winter in Harbin.
>
> It's very cold.
>
> I can wear my coat and gloves.
>
> We can see white snow.
>
> We can make a snowman and go skiing.
>
> There is the Ice Lantern Festival.
>
> Winter is fun in Harbin.
>
> We see beautiful Ice Lanterns.
>
> Winter is fun.

4. Read the passage about Summer in Xinjiang and work in groups to finish Mindmap. （小组合作完成思维导图的绘制）

5. Think and Learn.

Q：Why is hot in daytime but cool at night in Xinjiang?

（融合地理学科知识，了解新疆独特的"早穿皮袄午穿纱，围着火炉吃西瓜"。）

6. Watch a video about weather in Xinjiang.

（融合人文地理学科知识，了解葡萄沟、天山等特色风景。）

7. One student introduce "Summer in Xinjiang" with mindmap.

8. Look and say (Students work in groups to talk about Autumn in Beijing)

(1) Work in group to talk about "Autumn in Beijing".

(2) One group present their work.

9. Stick and finish the Mindmap about Changsha according to pictures.

10. Talk and Share.

(1) Work in groups.

(2) Complete the passage.

It's _____ in Changsha.

Spring is _____.

We can go to _____.

We can _____.

_____.

_____.

There is _____.

Spring is fun in Changsha.

Step Ⅲ　Discuss：Which place will you choose for Judy?

1. Divide groups according to different choices. （第二次分组）

2. Write an email to Judy in groups.

3. Read the email by groups.

Step Ⅳ　Summary and Development

T：China is big. Different place has different weather. Different place has different fun in different seasons. Read more books, or travel more, you can know more.

Step Ⅴ Homework：

1. Draw and write：seasons in Changsha.

2. Write a letter to invite Judy to Changsha.

（1）What season？

（2）What's the weather like and what do you do in the season？

（三）课后作业

作业是教学的延伸与补充，我们要保持作业与教学内容及目标一致，确保与学生学习水平的一致。但是我们布置的作业既要考虑学生的最近发展区，也要考虑不同学生的需求。同时为了激发和保持学生学习的兴趣，还要考虑作业的分层性与多样性。

在实施阶段，我们除了布置基本的听说读写作业，也设计了自主体验和探究作业，以及围绕主题的理解性应用性作业。

在第二课时学完后，我们设计了结合美术创作的海报作业以及探究作业，请学生搜寻四个目标城市的四季信息，同时也是为第三课时的学习提前做铺垫。第三课时学完之后，我们回归到学生自己所熟悉的生活环境，再一次巩固整个单元的所学知识。

在学生完成项目作业阶段，我们考虑到学生的差异，提供给学生有效的语言支架，让学生在项目作业中保持兴趣与成功的喜悦。学生作业如下图所示：

Four seasons in Changsha

六、教学反思

（一）学生收获反思

我学到了一些有关四季的词汇，还有一些用来描述四季气温的英语词汇，还了解了四季中人们进行的不同活动。我还完成了一个关于长沙四季的思维导图和小写作。老师的授课方式很特别。我们在学校和家里的周围先感受了春天，用眼睛观察了春天，在上课的时候再来说一说春天，课后画一画，写一写长沙的春天就特别容易了。

——1702 班　李哚颖

在四年级的英语公开课里，让我印象最深刻的是李老师给我们上的英语课 Spring is warm。老师通过《疯狂动物城》、Judy 要来中国游玩，以及看看中国四季这个事情引导我们进入课堂学习。在课堂中，我不仅仅学会了单词和句子，我还了解了哈尔滨有趣的冰灯节；新疆的夏天最奇特，素有"早穿棉袄午穿纱，围着火炉吃西瓜"的说法。这堂课生动而有趣，让我收获不少。

——1702 班　刘娜妍

（二）团队收获反思

综合实践活动课程内容是学生整体的生活世界。以湘少版四年级下册 Unit 2 Spring is warm 课例为突破，进行关于"Seasons"的专题化学习，是学生与自然生活的联结。学生在自我体验中，在合作探究中感知、理解与学习，加深了对学科知识的了解与掌握，让学科知识在综合实践的方式下，得到延伸和拓展。

再次梳理了本次教学体验之后，发现我们是以春天为起点，寻找春天，记录春天，教学效果非常好。那么，我们同样可以通过实践体验的方式感知其他季节。学生通过生活经验积累，梳理关于对季节的认知，接着我们以"我眼中的四季"为活动，从春天出发，让学生把这个记录持续下去。记录2021年完整的四季，可以是图画，也可以用树叶或者花的标本，以及简单的英语语言的方式记录四季的变化与特色，让英语语言的学习与生活相关联起来。我们还可以依托融合其他学科课程，开展综合性学习，比如：节气、歌唱、季节等。

用富有综合实践学科特色的教学方式来教英语，能有效地实现知识内容的综合化与丰富化、英语学习的生活化。与学生的生活认知与体验相融合，才能进一步有效地达成英语课程标准中提出的用英语做事情这一教学目标。

（案例提供：李学）

专题二　跨学段同学科专题化教学研究

学科：语文、数学、综合实践活动
年级：二、三年级

有趣的动物

一、研究缘起

部编版教材自 2016 年 9 月正式投入使用，在教学过程中我们发现部编版教材是以"主题单元"取代"知识体系单元"，采用主题单元的方式组合教材，是以文化主题为核心设计的。因此，老师们萌生了研究专题化教学内容的想法。在探求研究哪种主题时，又发现二、三年级的语文教材中以自然界中的动植物为主题的内容较多，此年段学生正处于对世界的好奇和探索阶段，因而对这个主题充满了兴趣。于是，"有趣的动物"主题跨学段同学科专题化教学研究应运而生。

二、组建团队

纵观二、三年级语文教研组团队，组内老师平均年龄不到 30 岁，朝气蓬勃，敢想敢为。但是跨学段同学科专题化教学模式新颖，面对千头万绪的工作，却难以找到合适的切入点。究其原因缺乏专题化教学方面的引领者，于是我们向教研室主任求助，他给我们推荐了综合实践骨干教师常洁和语文学科邓瑾繁组长做领头羊。于是，"语文 + 综合实践"强强组合的跨学段同学科专题化教学研究团队成立了。

三、确立主题

部编教材中每个专题的课文课程都洋溢着时代气息、充满着童真童趣、蕴含着丰富的人文精神，单元主题可选性很多。在查阅部编版教材中，老师们发现部编版二、三年级教材中均有动物主题单元：部编版小学语文二年级下册第七单元编排了四篇童话故事《大象的耳朵》《蜘蛛开店》《青蛙卖泥塘》《小毛虫》，这四篇童话故事均以动物为主角，又从动物的第一视角中感受世界；部编版小学语文三年级下册第四单元则以自然界的动植物为观察研究对象，编排了《花钟》《蜜蜂》《小虾》三篇以科学人文精神交织的文章，从观察探究动植物奥秘入手。结合学生们对动物的浓厚兴趣，组内老师确定了以"有趣的动物"为主题的专题。

四、制订方案

主题确定好了，如何将单元整合的要素体现在教学过程中呢？以二、三年级为例，首先，我们根据单元要素，对照课标后提取教材中关键内容，根据教学目的确定教学内容和顺序，形成整体框架；其次，确定每一节整合课的课题、课时、授课学科、授课老师；最后，撰写每一节课的教案，明确目标和细化内容（表 3–7，表 3–8）。

表 3–7　"有趣的动物"二年级跨学段同学科教学内容体系

探究主题	实施年级	整合课程	教材内容	相关知识点	课时	授课学科
有趣的动物	二年级	生字课	单元内重点生字、词	学习课文中的生字、词	2 课时	语文
		"童话里的动物真有趣"启发课	《大象的耳朵》《语文园地·我爱阅读》	感受童话的趣味性，尝试找关键字词复述童话故事	1.5 课时	语文
		"童话里的动物真有趣"复述课	《蜘蛛开店》《青蛙卖泥塘》《小毛虫》	学习使用多种方式复述童话故事	2.5 课时	语文
		"我来续写动物童话故事"剧本编写课	《大象的耳朵》《蜘蛛开店》、《青蛙卖泥塘》《小毛虫》	根据童话故事特点——情节反复，语言反复，续写故事	2 课时	语文
		"动物童话我来演"表演课	单元教材内容＋学生续写内容	学生大胆表演课本剧	2 课时	班队活动

表3-8 "有趣的动物"三年级跨学段同学科教学内容体系

探究主题	实施年级	整合课程	教材内容	相关知识点	课时	授课学科
有趣的动物	三年级	生字课	单元内重点生字、词	扫清课文中生字、词障碍	2课时	语文
		"观察身边的动植物"启发课1	《小虾》《花钟》	细心观察，发现规律	1课时	语文
		"科学家眼里的动物"启发课2	《蜜蜂》结合新型冠状病毒肺炎疫情实况	培养科学严谨的价值观，正确看待新型冠状病毒肺炎疫情，激发保护动物之情	1课时	语文
		"我笔下的小动物实验"	《单元写作》《语文园地》	根据简易的实验表格，写一写自己经历过的实验	2课时	语文

五、教学示例

为了更好地开展跨学段同学科专题化教学，我们采用了以预习清单为教学预测方向、以语文课堂为解疑主场、以课后反馈为改进基点的三步走教学策略。现以三年级跨学段同学科教学内容为例，具体的教学课程如下：

我会认字

【教学目标】

1. 认识18个生字，能够正确读写词语表中的词语。

2. 培养良好的书写习惯，激发学生对汉字喜欢的情感。

3. 了解初步的书法知识，培养学生初步的对汉字的审美能力。

【教学重点】

识记并能运用所学词语。

【教学难点】

灵活运用所学词语。

【教学准备】

预习清单见表3-9。

表3-9　"有趣的动物"主题教学课前预习清单

姓名	
第一步：熟读课文	我读了（　　）遍
第二部：解决生字、词	本课生字是否都掌握了（　　）
	读一读下列词语，查一查不知道意思的词语
	无论　试验　证实　遥远　推测　减少　几乎　阻力　推测　检查　准确无误　沿途　确实　本能
第三步：初步感知课文	课文主要说了一件什么事情（　　）
	看完课文后你知道法布尔做实验的顺序是怎样的？简要说说
	读完课文以后，你觉得法布尔是一个怎样的人（　　）
第四步：搜集资料	搜集有关蜜蜂的资料

【教学过程】

一、单元导读

师：看，花儿在悄悄绽放。听，蜜蜂在窃窃私语。自然界如此奇妙，留心观察，会有新的发现。

PPT展示本单元教学目标：

1. 借助关键语句概括一段话的大意。

2. 观察事物的变化，把实验过程写清楚。

二、认读生字

1. 抽查学生预习情况，小组用开火车方式认读生字。

2. 教师对易读错的字强调并且带读。

3. 全班齐读。

三、多种方式识词语

1. 生自由识词、读词。

芬芳迷人　争奇斗艳　苏醒　绽开　欣然怒放　舒展　娇嫩　灼伤　吻合　花圃　昆虫　修建

2. 师范读识词。

范读词语，重点指导"绽开""灼伤""花圃"易错词的范读。

3. 借助图片识词。

出示相关图片，请生把图片和词语连线。

4. 情景识词。

以蜜蜂为主角，趣编故事。

词语：辨认　四面飞散　阻力　错误　陌生　迷途　超级

情景：蜜蜂在花丛中想辨认哪一朵花最甜美，一阵风吹来……

5. 故事接龙识词。

词语：缝隙　掀开　一副钳子　搏斗

情景：蜜蜂飞呀飞，遇见了水缸里面的小虾……

【板书设计】

会认字学习

燥　灼　雅　吻　概　逆　途

我会写字

【教学目标】

1. 知道"蜜""辨""蜂""越""秘""跨""乘"字书写特点。

2. 培养良好的书写习惯，激发学生对汉字喜欢的情感。

3. 了解初步的书法知识，培养学生初步的对汉字的审美能力。

【教学重点】

培养良好的书写习惯，激发学生对汉字喜欢的情感

【教学难点】

知道"蜜""辨""蜂""越""秘""跨""乘"上的特点，并写好这

些生字。

【教学准备】

教案　教材　课件

【教学过程】

一、回顾导入

1. 复习上节课所学汉字的特点和书写上要注意的事项。

2. 出示本课所要写的字："蜜""辨""蜂""越""秘""跨""乘"

3. 认读要写的字。

二、看图练习，回顾方法

1. 回顾正确的书写姿势和执笔方法。

坐姿三个一：眼离书本一尺远，胸离书桌一拳远，手离笔尖一寸远。

握笔正确姿势：大拇指、食指、中指自然弯曲，分别从三个方向捏笔，无名指和小指自然弯曲依次靠在中指下方；大拇指在笔杆左下侧，食指在笔杆右上侧，中指在笔杆下方；食指稍前，大拇指稍后；拇指和食指用第一指节前端捏笔，中指用第一指节侧上部顶住笔；笔杆上端斜靠在食指的最高关节处；捏笔处离笔尖一寸左右。

2. 教师和小组长巡视纠正。

三、指导练写"蜜""辨""蜂""越""秘""跨""乘"

1. 以"蜜""辨""蜂""越""秘""跨""乘"为例：

（1）说说写"蜜"应注意什么。（下面是虫，不要写成山）

（2）说说写"辨"应注意什么？（中间部分是"点、撇"，千万不要成言字旁）

2. 教师范写，指导：

蜂：注意"虫"的写法，第五笔是"提"。

跨：最后一笔是"竖横折勾"，一笔写成。

越：书写时，第九画为竖提，第十画是斜勾。

秘："秘"字左边为禾，一定要注意点不能漏。

乘：书写时要注意第四画是短竖，第九画是撇。

3. 学生谈临写体会。

（1）半包围结构的字，注意要包围在框内，尤其是撇和捺要舒展，写得修长。

（2）教师范写，请生观察。学生交流心得。

（3）学生发言，老师指导纠正。

（4）学生临写体会。

四、总结评价，展示作品

【板书设计】

写字课

醒 寿 昆 修 建 蜜 辨 蜂 越 秘 跨 乘

"观察身边的动植物"启发课（一）

【教学目标】

1. 学会观察细节，体会观察细节的作用；

2. 学会用细节描写来展现自己细致的观察；

3. 培养学生留心观察事物变化的兴趣，提高学生的观察力。

【教学难点】

学会用细节描写来展现自己细致的观察。

【教学重点】

学会观察细节，提高观察能力。

【教学准备】

教案　教材　课件

【教学过程】

一、谈话导入

同学们，观察是我们认识世界万物的重要途径。大自然是培养观察力的广阔天地，只要我们留心观察就会发现，它给我们带来无穷的知识和乐趣。

那我们如何才能观察得更细致呢?

二、深入课文《花钟》，体会观察细节

1. 同学们先把书打开，翻到课文《花钟》，看到第一自然段中作者对各种鲜花开放的描写，同学们回忆一下，学习新课的时候我们讲过，这段描写特别细致，那现在请同学们告诉我，你能看出作者的观察有什么特点吗? (课件出示文段，学生自由讨论，指名回答)

2. 师：是的，从文段看作者对鲜花开放的描写可知，作者观察得十分细致，他不仅了解到鲜花开放的时间，还仔细地观察到了鲜花开放的样子，包括形状、颜色。同学们，这就是观察细节的体现。

3. 明确观察细节。观察事物细节就是要抓住事物具体甚至细微的方面进行观察。

三、结合《小虾》，以观察动物为例，学会观察细节

1. 请同学们在《小虾》这篇课文中去找一找你认为体现观察细节十分细致的地方。(学生自由读课文，划记相关句段)

2. 指名学生回答，教师引导、总结。

例：(1)"有的通体透明，像玻璃似的，这是才长大的；有的稍带灰黑色，甚至背上、尾巴上还积着泥，长着青苔，这是老的，大家都叫它千年虾"，这里观察小虾外形很仔细，对比观察。"尾巴上积着泥，长着青苔"这是细节之处。

(2)"缸里的小虾十分有趣。它们有的独自荡来荡去……连眼珠子也一突一突的。"这一段是对小虾动态下的观察，不受干扰时、受干扰时的对比观察。三个"有的"，体现了对小虾不同动态的观察。"舞动"细长的腿、"钳子一张一张""胡须一翘一翘""眼珠子一突一突"，足以见作者对小虾观察得细致。小虾不同状态时的动作都被观察得很仔细，细小之处可见精彩。

3. 教师总结：

作者细致的观察使我们对事物的了解更清晰。我们观察时要尽可能地动用自己的感官，全面观察，局部观察，对比观察。观察可以从事物的形态、

习性、肢体动态等方面进行。

4. 课件显示蜗牛图片，让学生说说自己的观察（外形特点）。

5. 播放蜗牛活动视频，让学生说说自己的观察（生活习性、动态）。

四、写一写自己的观察，凸显细节

1. 教师引导学生把自己的观察写下来。

（要求：细致、生动）

2. 学生写完后，指名分享，对比评价。

五、拓展阅读，感悟观察

"……接着，它表演一种奇怪的体操。在空中腾跃，翻转，使头部倒悬，折皱的翼向外伸直，竭力张开。然后用一种几乎看不清的动作，尽力翻上来，并用前爪钩住它的空皮。这个动作使尾端从壳中脱出。总的过程大概要半点钟……"

——法布尔《蝉》

【板书设计】

"观察身边的动植物"启发课（一）

全面观察

局部观察

对比观察

具体、细致、生动

"科学家眼里的动物"启发课（二）

【教学目标】

1. 梳理实验过程，了解实验是什么。

2. 体会文章用词的准确性，体会法布尔严谨的科学实验态度。

3. 积累表达，为写作做铺垫。

【教学重点】

梳理实验过程，了解实验是什么。

【教学难点】

引导学生了解实验过程和方法，体会作者严谨的科学态度和求实的工作作风。

【教学准备】

教案 教材 课件

【教学过程】

一、古诗导入

蜂

唐 罗隐

不论平地与山尖，无限风光尽被占。

采得百花成蜜后，为谁辛苦为谁甜？

1. 蜜蜂是勤劳的。除了勤劳，蜜蜂身上还有什么秘密呢？我们继续跟着法布尔去瞧瞧。（利用古诗导入，提升学生的学习兴趣）

2. 预习时我们了解到，这篇课文是讲了法布尔做了一个和蜜蜂有关的实验。

PPT 展示：这篇课文是讲了（ ）做了一个和（ ）有关的实验。

二、学习第一自然段——实验原因/实验目的（探究实验原因）

法布尔为什么要做这个试验呢？（引导学生读第一自然段，板书：听说）

答：听说蜜蜂有辨认方向的能力，无论飞到哪里，它总是可以回到原处。（实验目的）

强调：介绍一项实验时。首先要交代清楚为什么要做这个实验，也就是要介绍实验目的，黑板贴"实验目的"。

三、学习第二至四自然段——实验过程（利用表格梳理实验过程）

理清实验过程：

1. 他是怎么做试验的呢？请大家默读课文，画出法布尔实验过程的句子或者关键的短语。

2. 试着总结课文内容（表 3 – 10）。

表 3 – 10　法布尔实验过程

第一步（先）	捉蜜蜂，放进纸袋
第二步（接着）	带蜜蜂走四公里，做白色记号
第三步（然后）	打开纸袋，放蜜蜂
第四步（最后）	记录飞回的蜜蜂数量和时间，得结果

总结：介绍一项实验时，重点要想清楚你是怎么一步一步完成实验的，这样才能清楚地把实验过程介绍给大家。

3. 把步骤改成"表现先后顺序的时间词语"，请学生用这些词语把实验过程说一说："先……接着……然后……最后……"

4. 我会说（口头练习）。

场景一：放学回家，我先（　　），接着（　　），然后（　　），最后（　　）。

场景二：妈妈去厨房做饭，（　　）。

四、研读课文，感受法布尔的严谨

1. 读这段话，思考：你觉得法布尔在做实验时，哪些地方想得很周到？划横线。

出示：一天，我在我家草棚的蜂窝里捉了一些蜜蜂，把它们放在纸袋里。

指导要点：

（1）放纸袋里是为了让蜜蜂看不清方向。

（2）做记号，为什么要给蜜蜂做白色的记号呢？［为了证实这就是法布尔自己放飞的蜜蜂，和其他蜜蜂区分。］

（3）等蜜蜂，为什么让女儿在蜂窝旁等？［计算时间］

（4）两里路，为什么要走上两里路？［走远一点更能说明问题］

2. 再次默读第二自然段，想一想，去掉文中的一个步骤行吗？再在小

组里讨论一下，然后全班汇报。[体会法布尔严谨的科学作风]

3. 读到这里，你感受到法布尔是一个做事严谨、讲求科学的人。

五、研读课文，感受法布尔人物形象

1. 放飞了蜜蜂后，法布尔观察到了些什么？又是怎么想的？见表 3 - 11。

表 3 - 11 法布尔所见所想

观察到的情况	内心的想法
蜜蜂向四面飞散	蜜蜂好像在寻找回家的方向
刮起狂风，蜜蜂飞得低	大概可以减少阻力 怎么看到遥远的家

2. 从法布尔的观察和想法，你觉得他是一个怎样的人？

六、探求实验结果

1. 实验结果到底是什么呢？根据课文内容完成表 3 - 12。

表 3 - 12 法布尔实验结果

实验结果	
两点钟	
两点四十	
傍晚	
第二天	

2. 一开始法布尔推测蜜蜂会怎么样？假如你是作者，后来听到蜜蜂回来了你的心情会怎样？

七、学习课文最后一段

1. 除此之外，法布尔还得出了什么结论？（齐读最后一段）

2. 在这个结论中，可以肯定的是蜜蜂辨认方向靠的不是超常的记忆力，

无法解释的是能辨认方向的本能。

看来，自然界的确有无数解不开的奥秘。由于法布尔生活在离我们现在100多年前，当时的研究条件肯定十分有限，他不能解释蜜蜂的这种本能。

在几十年后，有一种研究结论，奥地利生物学家费里希的研究成果被生物学家弗里希用一系列实验证明，蜜蜂通常是利用太阳作为罗盘进行导航的。他指出蜜蜂以太阳作为参照点，通过"舞蹈"告诉其他蜜蜂如何到达它发现的花源地。

八、整合延伸（结合疫情，提升学生的思辨能力）

1. 法布尔由"听说"的一种现象，到自己做实验证实，体现了他求真务实的科学品质。不盲从，不轻信！

新型冠状病毒肺炎疫情爆发的时候，网上流传很多人吃蝙蝠的图片。那么蝙蝠就是病毒源头吗？后来又有很多报导说，穿山甲等野生动物是新型冠状病毒的源头。进一步报道说：穿山甲等野生动物可能是新型冠状病毒的潜在中间宿主。中间宿主可以说是病毒从自然宿主传播到人类过程中的"二传手"，那么自然宿主可以理解为病毒"源头"。

通过今天的学习我们了解到，任何结论都要有实验证明，不能盲目轻信。做实验要有实验目的、实验过程、实验结果，最终我们会得到实验结论。

2. 多观察，多记录。

（1）有一次，牛顿去郊外游玩，之后靠在一棵苹果树下休息。忽然，一个苹果从树上掉下来。他觉得很奇怪，为什么苹果会从上往下掉而不是从下往上掉？当时他已经思考引力的问题，他带着这个疑问回到了家里继续研究，结果不断有新的相关疑问产生。于是他不断研究，后来经过一系列的实验、观测和演算，他发现凡物体都有吸引力；质量越大，吸引力也越大；间距越大，吸引力就越小。原来地球是有引力的，能把物体吸住。这就是经典力学中著名的"万有引力定律"。

牛顿看见苹果落地，发现了万有引力；瓦特看见锅盖被蒸汽托起，发明了蒸汽机；弗莱明因为忘记清洗实验用的瓶子，发现了青霉素……下面请同学们来当一次小小科学家动手做实验，观察小动物，完成表 3 - 13 的实验过程。

表 3 - 13　观察小动物实验过程

实验目的	
实验过程	第一步/第一天： 第二步/第二天： 第三步/第三天： 第四步/第四天：
实验结果	
实验结论	

比如：观察蚂蚁搬家、蚕宝宝成长、蝌蚪变形、豆芽成长……

【板书设计】

"科学家眼里的动物"启发课（二）

实验原因
实验过程　　　　　法布尔人物形象
实验结果

我笔下的小动物实验

【教学目标】

1. 把实验经过写清楚，并能细致生动地记录自己的观察过程。

2. 适当加入做实验时的心情和有趣发现。

3. 仿照本单元的课文内容记叙自己的实验内容。

【教学重点】

把实验经过写清楚，并能细致生动地记录自己的观察过程。

【教学难点】

适当加入做实验时的心情和有趣发现等。

【教学准备】

教案、教材、课件

【教学过程】

一、导语

世界上什么最神奇？科学的力量最神奇。科学，能让太阳为人类烧水、煮饭，能让机器人代替潜水员到海底探险。科学，能让远隔重洋的亲人面对面地对话……科学能够改变世界，科学能够创造未来。今天，我们来"做"个与动物有关的科学小实验。

二、实验过程回顾

1. 请学生先看几张动物图片，说出动物的名称。

老师：有关这些动物的实验，大家都尝试做了吗？

2. 请学生说一说自己在家完成的小动物实验。

预测：学生1：我完成了蚂蚁"怕"线的实验。

学生2：我完成了蚯蚓"选择"实验。

学生3：我完成了小鱼"比赛"实验。

（注明：课前布置了预习作业，让学生选择几个和动物有关的小实验，简单操作，不伤害小动物。）

3. 学生先在小组内讨论，拿出自己昨天完成的实验表格，说一说自己完成的实验。

4. 选择几个不同层次的实验表格，进行展示。

5. 请学生对实验表格进行点评，指出优缺点。

6. 请学生根据自己做的实验表格，口头说一说自己完成的实验步骤1～2。

三、把实验说出来，写写小练笔

1. 老师选择蚂蚁"怕"线实验，为写作引导模板。

2. 请学生说一说自己的实验步骤。

提供的词语：

（1）描写神态、动作的词语：目不转睛　欢呼雀跃　议论纷纷　争先恐后　一眨不眨　伸长脖子

（2）描写蚂蚁变化的词语：晃晃悠悠　摇摇摆摆　慢吞吞　火急火燎

（3）描写心情变化的词语：紧张　快乐　兴奋　期待

3. 出示实验过程视频，让学生观察。

（学生在小组内练说三分钟后再出示优美词语、句子，这样充分发挥学生的潜能，不限制学生的思维。集中了大家的智慧之后，同学们语言丰富了，心中也有了自信，这样进行比赛也是对学生小组学习结果的展示，同时老师也得到了提升。另外，实验过程让学生仔细观察，把实验过程放大，是在有意识地告诉学生，只要认真观察就有发现。）

4. 小练笔——写出实验中蚂蚁的状态。（100 字）
展示不同学生的小练笔，点评说明。

四、写一篇完整的有关动物的小实验

要求：

1. 不会写的字先写拼音，等全部写完作文后再查字典写上字。
2. 口不出声、头不晃动、笔不停止。

讨论修改：
写清楚实验过程中自己怎么做、看到了什么、想到了什么。

五、批改（结合语文园地的修改符号）

内容：1. 格式、卷面、错别字、标点、语病；2. 实验过程是否具体。

方法：把好词好句用曲线画出来，并在旁边写上理由。不明白之处或有好建议当面和作者交流，让作者修改。

步骤：1. 边读边改自己写的作文；2. 组内同学互相修改；3. 组外同学修改。

老师：我们刚才是把做实验的具体过程写了下来，这是在记叙一件事情的经过，这是记叙文。同学们不但要讲清楚，还应把语句说得生动优美。

【板书设计】

习作：我笔下的小动物实验

实验名称→实验准备→实验过程→实验结果

【单元反馈表】

单元教学结束以后，基于单元教学重点、单元语文要素等方面，制定出单元反馈表、单元反馈表由学生和老师共同完成，学生先自我评价，再由老师根据学生课前预习、上课情况，课下作业情况做出相应评价（表3-14）。

表3-14 "有趣的动物"主题教学单元评价清单

单元反馈表						
单元重点知识		学生反馈			教师反馈	
		认识	理解	运用	掌握	巩固	提高
1	单元中的重点生字词掌握。						
2	熟悉单元课文内容，了解动植物的秘密。						
3	了解"科学实验"，感受到科学家严谨的科学态度。						
4	创作属于自己的科学实验。						

六、教学反思

（一）教学效果显著

1. 明确学科整合基本模块，为课堂"瘦身"。

通过多个单元进行整合教学的实践，基本确立了"整体感知""理解感悟""领悟表达""习作指导""拓展阅读"五个模块。具体任务和课时见表3-15：

表 3-15 "有趣的动物"主题单元教学模块示意图

	模块	内容	基本任务	教学形式	课时
前测	模块一	整体感知	了解单元整组课文的基本内容，学习生字、词	预习批注、自学生字和词、朗读课文	2课时（不含课外预习时间）
课程	模块二	理解感悟	理解课文内容，体会课文情感	提炼关键问题，指导自主学习；结合预习批注，组织汇报交流	1~2课时
	模块三	领悟表达	学习课文表达特点	互文比照、举一反三	1~2课时
	模块四	习作指导	结合单元课文表达特点，指导学生习作	读与写结合、片段与篇章结合、课内与课外结	1课时
	模块五	拓展阅读	扩展阅读空间、应用阅读方法、养成阅读习惯	自读、导读、分享	1课时（不含课外阅读时间）
反馈	师生合作完成单元反馈表				

　　需要说明的是，上述五个模块，只是单元整合教学的一般操作流程。它们之间是可以有交叉重合的。课堂教学模块的建立为之后"瘦身课堂"的内容设置铺垫了基础，前后对照见表 3-16。

表 3-16 "有趣的动物"学科内整合前后课时对照表

单元课文	以往课时安排	单元整体安排	课时
《花钟》	2	常规字词课	2
《蜜蜂》	2	"观察身边的动植物"启发课（一）	1
《小虾》	1		
单元习作	2	"科学家眼里的动物"启发课（二）	1
语文园地	2		
		我笔下的动物小实验	2
课时合计	9	课时合计	6

2. 家校联动，激发学生自主探究意识

我校在综合实践引领的教学课程改革实行过程中，初步形成了家庭、学校、社会三方互动模式。以《蜜蜂》一课教学为例，前置课程中，孩子带着对蜜蜂的诸多疑问，在家长的引导下，去图书馆和网上查阅相关的资料。孩子们在课堂上学完《小虾》一课后，利用假期，回到乡下小河边，去观察小鱼、小虾、小青蛙，了解他们的生活习性。这不仅为后面的习作教学提供了素材，也提升了学生的专注力。教学不只在校园，知识也不只限于课本，综合实践引领的多方联动的教学也是我校"道法自然　和而不同"育人理念的发展营地。

（二）提炼注意事项

1. 教师对课程标准把握存在一定困难

受传统教学模式的影响，教师在教学思想上短时间还没有转变过来。加上单元整合教学导学案的编排缺少相应的标准和规范，只有大致原则和具体内容编排要求，教师对课程目标和单元整体目标的把握上存在不准确、不到位，导致在教学过程中存在"迷失方向"的现象。

2. 教师驾驭课堂的能力还有待提高

单元整合教学要求教师对整本教材要有系统观念，加上信息量大、知识延伸较为广阔，部分教师短时间内很难驾驭。同时，教师从单元整体的角度实施教学的自主性不强，教学上容易存在面面俱到、蜻蜓点水的倾向。

3. 学生学习方式也有一个逐步转变的过程

对于学生来讲，受传统教学模式影响较深，就连小学低年级的学生也会受到高年级传统学习模式的影响，"一课一学"早已植根于学生心中。单元整合教学对于小学生来说，开始的时候就如"黄鼠狼咬乌龟——无从下手"。因此，学生学习方式的转变也需要一个过程。

跨学段同学科专题化教学是优化课堂教学的有效模式，它让教学不再只是教师的"教"和学生的"学"，而是师生携手参与、互相合作、共同探索、开发新课程资源的一种创造性活动。它既符合差异教学关注学生差异的理念，又体现了语文课程的特性，激活了学生学习的个性，为学生的发展提供了更广阔的空间。

（案例提供：邓瑾繁　葛冀　伍芯莲　张晓枫　杜青　周平　喻娇林）

学科：数学

年级：1~5 年级

我很健康

——围绕"数据的整理与分析"核心能力开展数学专题化教学探索

一、研究缘起

目前的数学教学中存在如下问题：很多教师过于注重数学知识的积累，大量刷题；学生对数学学习兴趣不浓，部分学生害怕上数学课；数学综合实践活动缺乏连贯性，学生难以把数学知识学以致用。鉴于此，我们开始了跨学段同学科专题化教学的研究。通过进行专题提炼与梳理，开展深度教学，培养学生在现实生活中发现问题、用数学思维去解决问题的能力，提升学生学习数学的兴趣。

二、组建合作团队

专题化教学研究是教师对自己的教育教学实践经验进行梳理、凝练、厘清研究思路的过程，也是教师专业成长的一种途径。博才白鹤小学数学组以"我很健康"为大主题，围绕"数据的整理与分析"核心能力开展数学跨学段同学科整合专题化教学探索。我们以年级组为单位，每个年级组由一名骨干数学教师带领，全体数学老师参与。各个年级组围绕"我很健康"这一主题开展集体备课，小组分工明确。具体安排如下：每个年级有 3 名主备课人、1 名综合实践教师、2 名教师负责调查问卷设计和资料收集整理、2 名教师负责教学评价，合作研发教学资源在全年级各班实施。

三、确定研究主题

史宁中教授认为：在统计学研究中首先遇到的问题是如何获取"好"

的数据，"好"的数据是指能够客观地反映实际背景的数据。该专题化教学旨在使学生经历完整的数据收集整理分析全过程。

小学阶段教材中有关统计的知识内容的特点是：起点低、分布广，循序渐进、螺旋上升。结合人教版数学教材对整个小学阶段的统计与概率的知识体系进行了梳理，如表 3 – 17 所示：

表 3 – 17　小学阶段统计与概率的知识体系分布情况

年级	内容	具体要求
一年级	分类与整理	按指定标准分类计数，用简单统计表呈现结果
二年级	数据的收集与分类整理	调查法收集数据，用"正"字方法记录数据
三年级	数据的汇总和简单分析	掌握单式统计表和复式统计表，根据统计表进行简单的数据分析，通过分析，作出判断和决策
四年级	条形统计图	能够绘制单式条形统计图和复式条形统计图，能根据统计图提出简单的问题并解答，初步体会数据中蕴含的信息
五年级	折线统计图	认识折线统计图，了解折线统计图的特点，根据折线统计图回答简单的问题；根据数据的变化，体会统计的作用
六年级	扇形统计图	认识扇形统计图的特点，知道扇形统计图可以直观地反映部分数量占总数的百分比，能从扇形统计图中读出必要的信息；使学生通过比较，认识各种统计图的适应性和局限

《义务教育数学课程标准》对统计内容的三个学段都提出了相应的要求。在第一学段中提出"经历简单的数据收集和整理过程"；在第二学段中提出"经历简单的数据的收集、整理、描述和分析数据的过程（可使用计算器）"；在第三学段中提出"经历收集、整理、描述和分析数据的活动，了解数据处理的过程，能用计算器处理较为复杂的数据"。从中可以看出，每个学段的要求是逐步深入的。随着学生年龄的增长，学生将逐步经历更加完善、全面的数据分析过程。

数学组以"我很健康"为主题，在 1 ~ 6 年级学生中开展以围绕"数据的整理与分析"为核心能力专题化教学。我们分年级以确定探究主题、开展实践活动、解决问题的方式构建"我很健康"主题下的专题内容体系，如表 3 – 18 所示：

表 3 – 18　"我很健康"主题下的专题内容

年级	探究主题	解决问题	开展活动
一年级	健康体重知多少	1. 收集 1～6 年级学生的体重数据，将其与标准身高体重的数据进行比对，判断是否属于标准范围，并对其进行分类与整理。 2. 对不达标的数据进行分析，交流可能出现这种情况的原因，探索如何达到和维持健康的身高体重的方法。	1. 自主分组，调查 1～6 年级学生体重的数据。 2. 运用所学知识对数据进行简单的分类与整理，交流讨论实际数据与标准体重数据之间的差别与关联。 3. 分小组讨论自己所调查的数据，进行小组汇报。
二年级	运动时长知多少	1. 了解本校学生运动时长情况、缺乏运动的原因，改善学生的运动习惯。对比国家规定的小学生运动时长标准，找出运动时长不达标的数据。 2. 给缺乏运动的学生提供增加运动量的合理建议。	1. 抽样调查本校学生的运动时长，了解国家规定小学生运动时长标准。知道本校各年级运动时长达标情况。 2. 设计调查表格，对 1～6 年级学生进行调查、访问，制作简单统计表，通过统计调查问卷的结果，分析得出结论。
三年级	身高体重知多少	1. 了解本校学生的肥胖情况、肥胖形成的原因，并改善肥胖的状况。 2. 学生通过自己收集数据、整理数据、证实了体形偏胖与饮食、运动、睡眠还有遗传等因素都有着密不可分的关系，并且知道了体形偏胖的具体原因。 3. 给偏胖的小朋友提供了很多解决偏胖问题的办法。	1. 抽样调查本校学生的真实身高体重数据，了解体重的分类标准，根据计算 BMI 得到三年级肥胖学生的名单。 2. 设计一份调查问卷，对三年级肥胖学生进行调查、访问，最后通过统计调查问卷的结果，分析得出结论。

（续表）

年级	探究主题	解决问题	开展活动
四年级	膳食营养知多少	1. 学生了解各食品中热量、脂肪、蛋白质的含量和营养搭配的一些基本指标。 2. 帮助学生克服偏食、挑食的毛病，养成科学的饮食习惯，让学生关注健康问题，提高自身体质。	1. 分析午餐菜肴中的营养成分，绘制复式条形统计图。 2. 对常见食品的营养成分做深入的调查。
五年级	变化情况知多少	1. 理解身高和体重的折线统计图的相关知识。 2. 了解折线统计图特点，能根据需要，选择适当的统计图直观、有效地表示数据，并能对数据进行简单的分析和预测。	1. 收集不同年龄段男女生身高、体重信息，绘制单式折线统计图、复式折线统计图。 2. 根据折线统计图分析数据的变化趋势，知道男女生每个年龄段的身高变化情况。

四、制定方案

（一）专题课程目标

本专题课程目标遵从《义务教育数学课程标准》的总体目标，使学生通过专题化数学学习，获得适应社会和自我发展所需要的数学知识；通过数学综合实践活动提升学生的核心能力素养。具体目标有以下5点：

1. 学生学会从数学的角度发现问题和提出问题，综合运用数学知识解决生活中的实际问题。

2. 学生经历数据的收集、整理、描述和分析等全过程，体会到统计知识在现实生活中应用的广泛性。

3. 学生树立数据分析的观念，在生活中养成遇到问题会调查、抓住主要因素去分析、通过分析来解决问题的习惯。

4. 学生关注自我健康。了解健康的身高体重指标，坚持科学饮食、合理作息、锻炼身体，感受数学的实用性。

5. 学会根据专家的建议正确的分析食物中的营养成分，能调配科学合理的食谱。

（二）专题实施原则

1. 落实教学理念和方式。课堂教学以学生为主体，教师上课之前需要精心设计活动方案，让每一名学生都主动参与其中。

2. 教学内容与生活紧密联系。数学来源于生活并应用于生活。每个年级的小主题与学生的日常生活密切相关，让学生对所学数学知识进行生活化应用，形成"生活—问题—联系—应用"循环往复的教学发展路径。

3. 将教材中零散的内容纵向打通。根据知识内在的逻辑结构以及学生的认知发展水平，整合两个或两个以上的知识点，针对实际问题，以数学知识为工具，以解决问题为目标，形成主题教学。

（三）1～5 年级学科内整合专题化教学课程安排表（分别见表 3–19、表 3–20、表 3–21、表 3–22、表 3–23）

表 3–19　一年级学科内整合课堂教学安排表

年级：一年级		主题：分类与整理			
序号	教师	教学内容	集体备课时间	教学时间	教学班级	拍照并总结
1	朱秋菊	根据标准分类	4.19～4.23	4.25～5.09	2001	梁丽丽
2	刘素芬	自己给定标准分类	4.19～4.23	4.25～5.09	2005	朱秋菊
3	梁丽丽	统计健康体重数据	4.19～4.23	4.24～5.09	2003	刘素芬

表 3–20　二年级学科内整合课堂教学安排表

年级：二年级		主题：运动时长知多少			
序号	教师	教学内容	集体备课时间	教学时间	教学班级	拍照并总结
1	谭林燕	数据收集与整理（1）	4.19～4.23	4.25～5.09	1905	石晶晶
2	汤倩	数据收集与整理（2）	4.19～4.23	4.25～5.09	1903	李海香
3	黄思柳	运动时长知多少	4.19～4.23	4.24～5.09	1907	喻小辉

表 3 - 21　三年级学科内整合课堂教学安排表

年级：三年级		主题：身高体重知多少				
序号	教师	教学内容	集体备课时间	教学时间	教学班级	拍照并总结
1	邓娜	身高与体重的关系	4.19～4.23	5.08	1811	宋杰
2	吴伞	复式统计表	4.19～4.23	5.11	1801	吴昀
3	徐文雅	健康体重知多少	4.19～4.23	5.28	1808	刘子仙

表 3 - 22　四年级学科内整合课堂教学安排表

年级：四年级		主题：膳食营养知多少				
序号	教师	教学内容	集体备课时间	教学时间	教学班级	拍照并总结
1	刘阳	复式条形统计图	4.19～4.23	4.29	1707	李娟
2	龚海彬	营养午餐	4.19～4.23	5.07	1701	袁雅兰
3	龙瑶	食物数据大调查	4.19～4.23	5.12	1708	王芳园

表 3 - 23　五年级学科内整合课堂教学安排表

年级：五年级		主题：变化情况知多少				
序号	教师	教学内容	集体备课时间	教学时间	教学班级	拍照并总结
1	赵赟	折线统计图 1	4.19～4.23	5.14	1609	龚希
2	周韶	折线统计图 2	4.23～5.07	5.16	1604	赵赟
3	唐利娜	变化情况知多少	5.07～5.14	5.28	1603	贾志威

五、教学示例

为了更好的开展跨学段同学科专题化教学，我们开展了一系列的教学活动，让学生经历整个活动的全过程。

运动时长知多少（二年级）

【教学目标】

1. 通过对 1~6 年级学生运动量以及运动时长的调查，经历简单的数据收集和整理的过程，会用调查法收集数据；用"正"字记录数据，会做简单的统计表；用给定的统计表呈现和整理数据。

2. 使学生初步运用数据进行表达，体会数学统计在生活中的作用，感受数据中蕴含的信息；会根据统计表中的数据提出有价值的数学问题及解决策略。

3. 体会统计和生活的密切联系，感受统计的实用价值；知道运动的重要性，培养健康的生活方式，提高合作学习和创新学习的意识。

【教学重点】

1. 数据的收集及整理；

2. 对各年级学生的运动时长数据进行分析，感受数据中蕴含的信息。

【教学难点】

对各年级学生的运动时长数据进行分析，感受数据中蕴含的信息。

【教学准备】

课件、数据统计表、学习单等。

【教学过程】

（一）揭示主题

教师：同学们，在上课之前老师想和大家做一个游戏。请一个同学上来表演，大家猜一猜他做的是什么运动，老师想看看同学们是不是火眼金睛，大家有没有信心呀？（表演：打篮球、跳绳、打羽毛球、跑步）

学生：（跃跃欲试）是……

教师：（竖起大拇指）真不错，老师为你们点赞。下面我们一起来看一看同学运动的身影吧。（出示学生进行跳绳、打羽毛球、打篮球等各种运动的图片）

教师：老师从图片中感受到了同学们的力量、汗水和运动给自己带来的快乐，你们能感受到吗？每次做完运动有什么感觉呢？

学生：能，每次运动完都特别开心。

教师：是的，运动不仅能够强身健体，还能够愉悦我们的身心。有一句话说：每天锻炼一小时，健康工作 50 年，幸福生活一辈子。那同学们你们会经常进行运动吗？每天大概运动多久呢？

学生：（举起小手，分享自己的运动情况）

教师：运动对每个人来说都是十分重要的，我们的国家也很关心小朋友们的运动情况，并且为了保障和检验大家的运动质量制定了一系列措施。

（出示二年级体测项目及评分标准）看到这个表格大家应该最熟悉不过啦，你合格了吗？能达到优秀的水平吗？

学生：（对应标准看自己达到哪个水平）我合格了，但是还没有达到优秀。

教师：我们7班的同学可真棒。不合格或者勉强能够合格的同学更要继续加强锻炼，每天都要进行适当的运动了哟。今天，黄老师希望能够和大家一起合作从运动数据中找到一些隐藏的"小秘密"，更好地帮助我们了解我校各年级学生的运动情况，同学们有信心吗？

学生：（坚定整齐地说）有。

（二）小组探究

1. 数据收集与整理：组内讨论数据收集的过程及方法，小组选一个代表汇报。

教师：在这之前，老师已经给大家分好小组啦，并且明确了每一个调查小组的调查任务。一个小组调查一个年级的学生分不同时间段的运动情况，还记得你们小组是怎么进行调查的吗？你们又是如何将这些数据记录下来的呢？（板书：数据收集与整理）

学生：我们组调查的是一年级的，我们用了好几种方式记录。

教师：（十分认可）你们的调查过程可真清楚，调查表完成得真好。老师看到有用圆记录的，有用三角形记录的，还有用"正"字记录的。比较一下，你们更喜欢哪种方式呢？并说出理由。

学生：（争先恐后举起小手）用"正"字记录。因为"正"字方便，每一笔代表一个数，5笔表示5票，同时也便于计算。

教师：同学们说得很正确，用"正"字记录，方便计算。现在为了方便我们之后的研究，使大家能够更加直观地看到各年级学生每天的运动情况，你们有没有办法把这些调查来的数据进行整理呢？

学生：整理成用数字记录。

教师：非常好，每个小组完成的是几张调查表呀？

学生：四张。

教师：不错。同一个小组调查的是同一个年级，那么我们怎么把四张表中的数据整理在一张表格中呢？

学生：（思路清晰）先统计那四张表中各个时间段的人数，再分别相加。

教师：大家听清楚了吗，也就是说如果要整理一年级学生运动时间在20分钟以内的人数，那么就要把这四个表格中20分钟以内的人数全部加起来填在学习单表格中对应的地方。那现在开始整理吧！

2. 数据的描述：描述小组整理后的数据。

教师：现在请小组派代表来向大家汇报你们组整理后的成果。

学生：我们组调查的是二年级，运动时间在20分钟以内的有8人，运动时间在20～40分钟以内的有22人，运动时间在40～60分钟的有11人，运动时间在1小时以上的有5人。

教师：这样用数字描述就清楚多啦。

学生：（举起小手，小声地）老师，我觉得有点问题……

教师：（会意地）哦！勇敢地说出你的想法。

学生：每个人调查6位同学，一个小组加起来调查的人数应该是48人，而刚刚调查的二年级的总人数加起来的只有46人，少了2人。

教师：请大家把掌声送给他，真是个细心观察、善于思考的孩子。

教师：我们在统计数据时要注意防止出现差错，数据不准的话会影响下一步对数据的分析。现在大家找一下差错出在哪里？

3. 数据的分析：各小组进行组内讨论，对数据进行进一步分析，总结各年级的特点并汇报。

教师：1～6年级的数据你们都整理完并写在学习单上了吗？现在老师请你们先组内进行讨论，看一看这些数据的分布有什么特点？待会请各小组进行汇报，每个小组选出一名代表。（板书：数据分析）

学生：（1～6年级进行汇报）1年级运动时间在20分钟以内的人数最多，在1小时以上的人数最少……

4. 发现问题。

教师：如果把这些年级放在一起比较，你们有没有新的发现呢？谁来说一说。

学生：（纷纷举手）有些年级是运动20～40分钟以内的人数居多，有些年级反而较少，比如六年级。

教师：我们来看一看，你说得不错。那为什么会出现这种情况或者说这种差别呢？请同学们结合调查表中第二个关于影响运动时长的原因的调查表进行思考与讨论，待会老师请同学来解答这个疑惑。

学生：六年级学生运动时长短的人数最多，是因为他们的作业多，学业负担重……还有些同学是因为不喜欢运动。

教师：（恍然大悟）原来是这样，你说的真有道理。那一起跟老师再来看一组关于我们学校各年级体测的数据，高年级的合格率较低，他们的运动时间也最少，这之间有没有一些联系呢？

学生：有，运动时间长合格率就高一点。

教师：我们每个人都不能离开运动，运动带给我们的究竟有哪些好处呢？那么不运动又会产生哪些不好的影响呢？

学生：运动能够让我们保持好心情，身体更健康；不运动身体可能会变差，抵抗力可能会下降，容易生病。

5. 给出建议。

教师：身体是革命的本钱，我们要好好学习就必须有一个好的体魄，体质要过关。同学们应该尽可能保证每天有适当的运动，加强身体素质。你们有哪些好的建议呢？

学生：（争着说）我认为可以每天进行运动打卡，打卡到一定天数后进行奖励。

教师：（笑着）同学们的建议真不错。有了这些好的建议加上我们的坚持，相信大家一定能拥有一个好的体魄。

（三）总结回顾

组织学生针对问题提出合理性的建议，强调运动的重要性，展示一些运动的精彩片段，激发学生对运动的兴趣。

师生一起欣赏一段视频。（花样运动）

教师：精不精彩？

学生：（兴奋地）精彩。

教师：这节课我们通过自己收集的数据进行整理、分析、发现问题和解决问题，了解并且认识到运动与健康、生活、学习各方面的联系。小小的数据中总是隐藏着许多信息等待我们发掘，而这些信息也会成为我们不断提高自己、挑战自己的金钥匙。我们要有一双慧眼，学会用数据观察这个世界，用数学的眼光发现问题从而解决更多的问题。

教师：最后老师有一句话想送给大家，大家一起来读一下。

学生：流水不腐，户枢不蠹，动也。

教师：读的真好，这句话出自《吕氏春秋·尽数》，一字一词都蕴含了我们古人的智慧。古人说常流的水不发臭，常转的门轴不遭虫蛀。户枢：门轴；蠹：这里是蛀蚀的意思。比喻经常运动，生命力才能持久，才有旺盛的活力。我们人也是如此，人的生命同样在于运动。最后请大家带着自己的理解像古人一样再一起大声的读一遍这句话。

学生：（摇头晃脑）流水不腐，户枢不蠹，动也。

【板书设计】

运动时长知多少

（1）数据收集与整理

（2）数据的描述

（3）数据的分析

（4）提出问题

（5）给出建议

【作业布置】

分小组统计长沙1—12月的天气情况，结合天气情况具体分析各季节天气的特点。

【教学反思】

"运动时长知多少"由学生自己去搜集数据，亲身参与到实践过程中，在体验中享受数学与生活的乐趣，以综合实践的方式在学习与探索中提高自己各方面的能力。

本节课调查内容主要有两个：一是我校学生每天课后运动的时长情况，二是影响学生们每天运动时长的原因。在调查过程中，学生参与度非常高，每个人都有相应的调查任务，调查数据真实有效。在学生分组完成调查任务后，课堂上通过熟悉的运动情景及学生运动的一些图片营造氛围，让学生产生运动的兴趣。但是，有一些学生没有完成调查任务，教师应该在课前进行了解，了解学生的想法。课堂教学主要分为以下几个部分：数据搜集与整理、数据的描述、数据的分析、发现问题和提出建议。学生在课堂上回顾数据搜集、收集数据整理分为两步：第一步，将小组收集的数据用学生们认为最简易的统计方式——画"正"字整理到一张表上；第二步，为了能够更直观地看到数据情况，让学生用数据记录在第二张表上。在数据整理的过程中，学生也会发现一些问题，如每个小组整理的方式不同，让学生思考如何做到有条理。完成整理之后让学生汇报数据成果，在黑板上展示。

本课例不足之处是没有让学生做充足的数据分析。而这一部分应该着重进行教学，引导学生自主分析并自主表达。同时，这一部分应该给学生充足的时间进行讨论、汇报可以从年级内比较和不同年级比较这两个角度入手。本课例后一部分着重进行了运动教育，并且让学生感受到了数据的魔力，这个世界上充满了数据，要学会用数据的眼光观察这个世界。本节课的核心是学生完成数据调查的过程，并且会用各种方式记录整理数据，能够进行简单的数据分析。

数据观念的培养需要老师在课堂教学中进一步引导学生发现问题、提出问题，用综合实践的方式体验数学与生活的密切联系，提升学生的能力。

膳食营养知多少（四年级）

【教学目标】

1. 培养学生收集数据、整理数据的能力；

2. 了解健康常识，知道吃好食物的重要性。通过了解各食品中热量、脂肪、蛋白质的含量和营养搭配的一些基本指标，促使学生克服偏食、挑食的毛病，养成科学的饮食习惯；

3. 学会发现问题、解决问题，学会与他人合作；

4. 体会数学在日常生活中的应用，增强学生应用数学的意识。

【教学重点】

1. 数据的收集及整理；

2. 将调查好的数据通过统计图、视频、PPT 等形式展示和表达。

【教学难点】

数据的收集及整理，并且用数据分析问题、说明问题。

【教学准备】

学生：学生分组汇报的阶段研究成果。

教师：多媒体课件、投票小磁铁。

【教学过程】

（一）导入

教师：同学们，前段时间我们开展了以"膳食营养知多少——数据会说话"为主题的综合实践活动。大家根据自己想要研究的内容，分成5个小组开展研究活动。今天，就让我们自信大方地将整理的资料展示出来吧！

汇报之前，老师有个温馨提示：各研究小组汇报时间不超过4分钟，汇报时要声音洪亮、语言精炼，说清楚小组组名、研究的主题，以及汇报的主要形式，台下的同学请认真倾听。（PPT　信息完整　语言精炼　认真倾听）

（二）小组汇报

教师：接下来有请第1小组的同学进行汇报。

学生（总）：我们组调查的是肉类的蛋白质含量。我们的组名是"大口吃肉也能瘦"，我们的口号是：减肥不戒肉，吃好又吃瘦。

学生：我们组的组员分工情况是：

1. 肉类营养研究小组有刘宏哲（小组长）、朱梓文、王捷锐、苏亚鹏、胡嘉琪，主要负责5种肉类的营养成分研究；

2. 人类健康研究小组有陈奕涵（小组长）、唐子淇、张依婷，他们主要负责3种营养成分对人类健康情况影响的研究；

3. 整理分析汇报小组有涂庭恩（小组长）、杨景轩，他们主要负责各种数据的整理分析，制作条形统计图及PPT并进行汇报。

学生：我们组主要的活动过程是通过网络、图书等各种途径查阅资料，了解老百姓经常吃的猪肉、牛肉、羊肉、鸡肉、鱼肉的营养成分，以及这些营养成分对于人类健康情况的影响；根据猪肉、牛肉、羊肉、鸡肉、鱼肉的热量、脂肪和蛋白质的含量，做成条形统计图，直观地展现出各种肉的主要营养成分，指导不同人群有针对性的食用肉类。

学生：接下来，我将以PPT的形式汇报我们的调查结果。

教师：非常感谢"大口吃肉也能瘦"小组，组名也取得很特别。听了他们的汇报老师也受益很多，那么其他同学有什么收获吗？

学生：我知道了原来吃肉也有这么多学问呀。

学生：听了他们的汇报，我知道了一些常见的肉类蛋白质含量，以后可以根据自己的需要进行选择。

教师：我们每天吃的菜类中除了肉类，还有什么也吃得很多呢？

学生：蔬菜。

教师：没错！接下来有请第2小组的同学为我们汇报。

学生：我们组调查的是菜篮子中的数学。我们的组名是"营养蔬菜我最帅"，我们的口号是：数学数学，我最能学！蔬菜蔬菜，我的最爱！

学生：我们组的组员分工情况如下：

1. 市场调查研究小组有任柯帆（小组长）、李清雅、邓颖汐、盛菲，他们主要负责实地调查附近几家大型超市的菜价；

2. 人类健康研究小组有陈沁瑶（小组长）、李佳玉、谢恬蕊，他们主要负责4种蔬菜营养成分对人类健康情况影响的研究；

3. 整理分析汇报小组有郑智豪（小组长）、李子涵，他们主要负责各种数据的整理分析、制作条形统计图及用PPT并进行汇报。

学生：我们组的活动过程是通过网络、图书等各种途径查阅资料，了解老百姓经常吃的蔬菜（白菜、油麦菜、芹菜、菠菜）的营养成分，以及这些营养成分对于人类健康情况的影响；将各种蔬菜中的微量元素的含量，做成条形统计图，直观地展现出各种蔬菜的主要营养成分，倡导不同人群根据自身需求选择并且多食用蔬菜。

学生：接下来，我将以PPT的形式汇报我们的调查结果。

教师：感谢第2小组的汇报，他们小组不仅仅告诉了大家很多常见蔬菜的营养成分，还告诉了我们不同超市的蔬菜价格。俗话说："货比三家"，这一小组的同学调查很细致，完成得很好！

教师：接下来，有请第3小组的同学进行汇报。

学生：我们组调查的是面包的保质期。我们的组名是"保质期特别行动"，我们的口号是：行动，行动，健康第一！

学生：我们组的组员分工情况是：

1. 市场调查研究小组有周彦波（小组长）、单文博、黄子轩、谢雨辰，他们主要负责实地调查附近几家面包店面包的保质期；

2. 保质期研究小组有李洛晨（小组长）、艾道峻、欧铭堃，他们主要负责整理、收集一些面包的保质期；

3. 整理分析汇报小组有刘宇星（小组长）、李峻宇，他们主要负责各种数据的整理分析、制作条形统计图及用 PPT 进行汇报。

学生：我们组的活动过程是去沃尔玛、好润佳、步步高，马里奥等店，主要调查吐司、全麦面包以及烘烤类面包或小面包的保质期、防腐剂的多少等，并拍照上传。我们还将根据表格进行分析。

学生：接下来，我将以 PPT 的形式汇报我们的调查结果。

教师：感谢第 3 小组同学的汇报。面包也是我们经常吃的事物，他们的调查角度和别的组有一些不一样，不仅调查其营养成分，还考虑到了保质期，以及影响保质期的是什么物质？

学生：面包得保质期与面包的原材料以及防腐剂等添加剂的多少有关。

教师：是的，通过他们今天的汇报，大家有什么收获？

学生：买面包一定要看保质期，不吃过期的食品，尽量买不添加防腐剂的面包。

教师：以后我们可以根据自己的需要选择不同保质期的面包。那么接下来有请第 4 小组的同学进行汇报。

学生（总）：我们组调查的是主食中各种米类的含糖量。我们的组名是"谷类成分知多少"，我们的口号是：碳水化合物中的糖究竟有什么奥秘呢？让我们研究研究。

学生：我们组的分工情况是：

1. 主食中的含糖量研究小组有吴浩宇（小组长）、赵恩同、董雨轩、罗阳雨晨，主要负责调查各类主食中的含糖量和其他营养成分的研究；

2. 人类健康研究小组有伍芷浔（小组长）、储雅馨、莫皓宇、肖轩、胡暄宇，主要负责这些主食（谷类）对人类健康情况影响的研究；

3. 整理分析汇报小组有梁一寒（小组长）、杨景轩，他们主要负责各种数据的整理分析、制作条形统计图及用 PPT 并进行汇报。

学生：我们的活动过程是先做好前期准备，分配好组员，确定分析步骤，查找资料（需要记录每种米的含糖量，如大米 5g/kg，小米 3g/kg）；然后记录数据、分析数据、确认结果，最后绘制复式统计图（用 PPT 或手抄报的方式进行汇报）。

学生：接下来，我们把我们的调查结果通过 PPT 的形式进行汇报。

教师：感谢第 4 小组同学的精彩汇报。主食是我们每天吃的东西，原来它们的含糖量有那么大的区别。今天他们的汇报也告诉了我们，可以根据自己的需求对主食进行选择。

教师：接下来，有请最后一个小组的同学进行汇报。

学生（总）：我们组调查的是奶制品的蛋白质含量。我们的组名是"牛奶中的奥秘"，我们的口号是：奶制品中的成分究竟有何神奇之处，就让我们来揭示其中的奥秘吧！

学生：我们组的组员分工情况是：

1. 牛奶中营养成分研究小组有唐梓轩（小组长）、郑嘉馨、陈步庭，他们主要去超市调查各类牛奶中营养成分；

2. 人类健康研究小组有范力雯（小组长）、李佳怡、陈今、刘欣盈，他们主要负责各大品牌牛奶对人类健康情况影响的研究；

3. 整理分析汇报小组有熊艺涵（小组长）、谭晴萱，他们主要负责各种数据的整理分析、制作条形统计图及用 PPT 并进行汇报。

学生：我们的活动过程是调查伊利和蒙牛等品牌牛奶制品成分（金典、特仑苏、纯甄、安慕希、纯牛奶等），回家整理数据，记录。查找更多相关数据，完成复式统计表。最后把这次调查情况用手抄报、PPT 形式呈现出来。

学生：接下来，我们将把我们的调查结果用 PPT 的形式进行汇报。

（设计意图：学生自主汇报，让学生成为课堂的主角，不仅可以培养学生收集数据、整理数据、分析数据的能力，还可以锻炼学生的表达能力；也能在与同学合作的过程中，体会集体智慧的力量，体验自主探究的乐趣；掌握健康、科学的饮食方式，养成良好的饮食习惯，体会数学在生活中的应用价值。）

（三）交流评价——收集与整理数据

教师：从大家的汇报中，我看到了集体智慧的力量，看到了你们解决问

题的能力，也看到了你们团结协作的精神，非常棒！大家将前期收集的资料
进行形式多样的汇报，接下来我想请同学们根据每个小组的活动成果、汇报
形式、表达清晰、团结协作、分工明确等方面，自由选择其中两种最喜爱的
搭配方案，进行现场投票。（课堂上每一个孩子手中是有两块小磁铁，男同
学手中的是蓝色的，女同学手中是红色的。教师在课堂上先留了一段时间给
孩子思考，让他们在心中选好自己最喜欢两个小组，然后有序地进行投票。
即孩子把磁铁分别贴在黑板对应的搭配方案前，这样自然就得出复式条式统
计图。）

　　（设计意图：从综合实践又回到数学知识点，把复式统计图完美融合到
评价当中。学生通过每个小组的表现，用小磁铁投票，亲身体验统计过程。
投票人员正好分为男女两组，可以用复式统计图表示出来，巩固了用数学图
表来分析解决问题。）

　　（4）总结

　　根据学生实践活动中的表现，我们进行了自我评价、小组互评、教师评价。

　　1. 自我评价

　　学生填写自我反馈表，将自己在活动过程中的优势与不足写出来。

　　2. 小组互评

　　请从活动成果是否丰富、汇报形式是否多样、汇报的同学是否表达生动
清晰、组员之间是否团结协作、且有明确的分工等方面做出评价填好阶段汇
报评价卡，见表3–24。

表3–24　阶段汇报评价卡

组名 指标	大口吃肉也能瘦小组	营养蔬菜我最帅小组	保质期特别行动小组	谷类成分知多少小组	牛奶中的奥秘小组
活动成果					
汇报形式					
表达清晰					
团结协作					
分工明确					
颁发奖项					

3. 教师评价

教师要对学生在综合实践活动开展过程中学习遇到的问题、解决的方法、参与活动的态度和情感体验、遇到困难时的坚持程度、团体的合作意识与精神等予以评价。

最后评出五个奖项分别是：

大口吃肉也能瘦小组——最佳创意组

营养蔬菜我最帅小组——最佳表现组

保质期特别行动小组——最佳表演组

谷类成分知多少小组——最佳团队组

牛奶中的奥秘小组——最佳合作组

教师：今天的汇报活动，老师也感受到了大家对综合实践活动探究的兴趣与热情，感受到了小组合作的乐趣、团结向上的力量；同时对下阶段的活动，相信大家也有了自己的思考，只要我们勤思考、多动手、深探究，我们的数学综合实践活动会越来越精彩！

【板书设计】

膳食营养知多少
——数据会说话

收集信息　统计整理　分析数据　运用知识　解决问题

1. 大口吃肉也能瘦

2. 营养蔬菜我最帅

3. 保质期特别行动小组

4. 谷类成分知多少

5. 牛奶中的奥秘

【教学反思】

"膳食营养知多少"整个课堂以统计表格为主线，调查不同食物中的数据，通过收集信息、统计整理、分析数据培养学生运用知识和解决问题的能力。生动的数学情境和小组交流汇报，展示了课程整合理念下专题化教学研究的教学成果，也为课程整合教学常态化实施提供了新模式。通过学生自主探究活动，充分调动学生的学习积极性。相信学生在学完本课后，对营养知识会有一定的认识，对克服偏食、挑食的毛病也会有一定的帮助。由于对学生小组合作的指导不够到位，担心学生不能顺着自己的设计思路往下学，后来出现了牵着学生走的现象。课堂以学生为主体、容量非常大，教师适时引导，充分锻炼了学生的各项能力，为课程整合汇报课提供了典型课例。

身高体重变化情况知多少（五年级）

【教学目标】

1. 经历数据的收集、整理、描述和分析过程，用数学的眼光认识生活中的"肥瘦"问题。

2. 通过分析统计图中的数据，感受数据中蕴含的信息，并做出合理的推测，体会统计的价值，发展学生的数据分析能力。

3. 在交流整理、分析数据的过程中，发展学生的评价和反思能力，能多角度分析问题。

4. 引导学生养成良好的生活习惯，培养其积极的生活态度。

【教学重点】

1. 通过测算体重指数让学生了解自己的健康状况。

2. 掌握用折线统计图表示数据的方法。

【教学难点】

在现实情境中理解折线统计图的意义，体会它对决策的作用。

【教学准备】

学生准备：课前填写生活习惯调查表；搜集身高体重与生活习惯的关系的资料。

教师准备：多媒体课件、活动记录表、电子体重计、身高测量尺、计算器等测算用具。

【教学过程】

一、激趣导入，揭示主题

教师：大家来猜猜我的体重是多少？（学生争先恐后地猜测。）

透露秘密导入，激发学生兴趣，直接揭示活动主题。

【设计意图】创设轻松愉悦的课堂氛围，激发学生参与活动的兴趣，引导学生感受课题内容，直接揭示活动主题。

二、引领测法，突破难点

教师：你觉得一个人的胖和瘦可能与什么有关？

学生：遗传、饮食、运动。

教师：你们觉得要评价一个人是胖还是瘦，与人身上哪些数据有关？

学生：身高、体重、年龄。

教师：那同学们知道自己的身高和体重吗？

师生交流，并现场量身高、称体重，引导学生掌握科学的测量身高、体重的方法。

活动一：量一量、称一称

请同学们做好准备，完成身高、体重指数测算安排表（表 3-25）。

表 3-25　小组测算体重指数安排表

分工		组长	发言员	测量员	记录员	计算员
姓名						
具体步骤	第一步					
	第二步					
	第三步					

【设计意图】通过师生交流经验，让学生在初步的测量体验过程中，学会测量身高与体重的方法，为后续的合作测量实现难点突破。

三、引出指数，知识领航

教师：根据自己的身高和体重，你知道自己是胖还是瘦呢？

教师：我们胖瘦的程度到底怎么衡量呢？我们需要一个明确的指标。

出示世界卫生组织体重指数。计算公式：体重指数（BMI）＝体重（千克）÷（身高²）（米＊米）

教师：身高的平方是什么意思？身高的平方是身高＊身高。

1. 请一位学生估计自己体型属于哪个等级，然后由该生报出自己的身高和体重，由师生一起计算。

2. 请同学们根据自己的身高、体重测算出自己的体重指数，完成表3-26。

表3-26　小组成员健康状况表

姓名	体重（kg）	身高（米）	身高×身高（保留一位小数）	体重指数（保留整数）	健康状况
结论	（　）人瘦		（　）人正常		（　）人胖

教师：指数为20，你们认为这个同学属于胖还是瘦？

学生：无法判断，需要标准。

教师：出示评价标准。

3. 体重指数对照标准：

年龄　　　　　　　　　　　BMI值

　　　　　偏瘦　　正常　　超重　　轻度肥胖　　中度肥胖　　重度肥胖

6～11岁　低于16　16～19　19～21　21～23　　23～27　　大于27

教师：同学们的体重属于哪个等级呢？我们一起来算一算。（课件出示活动要求）

4. 活动要求：（1）计算标准体重；（2）确定评价等级；（3）交流结果：造成这种状况的可能原因是什么？

5. 计算注意事项：

（1）身高乘身高后四舍五入保留一位小数。

（2）体重指数四舍五入保留整数。

学生开始活动，教师巡视，对计算有一定困难的学生给予及时的辅导，以保证计算结果的正确性。

教师提问：体重与你们的生活饮食习惯有什么关系吗？

学生：有关系，吃健康的食物，不挑食。早睡早起，多运动等。

教师小结：我们的身高体重主要受以下几种因素的影响：遗传、营养和生活习惯等。以上因素，除了遗传因素是不能改变之外，其他都是可以改变的，所以我们要加强营养，并改变不良的生活习惯。

【设计意图】体重指数可衡量身体健康程度资料的介绍，进一步激发学生的探究欲望；师生一起并讨论测算体重指数的实践活动的步骤，保证探究活动有效有序的进行，培养学生的合作共享意识。

四、实践探究，合理预测

活动二：测一测，算一算

教师：小调查，你上小学后身高、体重是怎样变化的？收集自己从一年级开始每年上学期结束时的身高、体重数据，填写在下面统计表 3-27 中。

表 3-27　个人一至五年级身高、体重情况统计表

年级	一	二	三	四	五
身高（cm）					
体重（kg）					

再将自己的身高和体重情况分别绘制成单式折线统计图。上网搜集各年龄段的标准身高和标准体重，对比自己的身高和体重，绘制成复式折线统计图。通过分析数据，预测你的身高体重变化趋势，以后你打算怎么做？

【设计意图】此处充分尊重学生的主体地位，让学生动手参与、亲历测量身高体重、计算体重指数的实践活动，教师处于协调、指导、倾听的角

色；鼓励学生主动参与，培养其合作探究意识并锻炼其思维的缜密性，引导学生在活动参与中收获积极的情感体验，树立积极向上的健康理念。

五、展示交流、拓展延伸

折线统计图能反映出事物的增减变化情况。把数据汇总与折线统计图情况相结合，引导学生分析讨论：

1. 从数据对比中你发现了什么？

2. 认识良好生活习惯的重要性；课后开展生活习惯小调查。

生活习惯小调查

亲爱的朋友你好，为了让大家养成良好的生活习惯，特进行本次调查活动，请你按要求如实、认真填写。谢谢合作！（请你在适合自己的选项后面括号内打上对号）

1. 你能保证每天能吃上早餐吗？

A. 能（　　　）　　　　　　　B. 不能（　　　）

2. 你喜欢吃哪类食物？

A. 肉类（　　　）　　　　　　B. 蔬果类（　　　）

3. 你一周要喝几瓶饮料？

A. 1 瓶（　　　）　　　　　　B. 2～3 瓶（　　　）

C. 5 瓶以上（　　　）

4. 你每周吃几次肯德基（或者麦当劳）？

A. 0 次（　　　）　　　　　　B. 1 次（　　　）

C. 2 次以上（　　　）

5. 你每天参加体育锻炼的时间是？

A. 0.5～1 小时（　　　）　　　B. 1～1.5 小时以上（　　　）

C. 1.5～2 小时（　　　）

6. 你每天晚上 9 点前能准时入睡吗？

A. 能（　　　）　　　　　　　B. 不能（　　　）

7. 你每天怎样来学校？

A. 步行（　　　）　　　　　　B. 坐公共汽车（　　　）

C. 家长接送（　　　）

【设计意图】通过数据的分析对比，师生交流养成良好生活习惯的重要性。理论联系实际，并指导健康生活。

六、辩证分析，拓展知识背景

教师：姚明和成龙谁胖，现在怎么准确评价两人的胖瘦？

学生：可以用刚刚学的两个公式进行计算并评价。

学生采用自己喜欢的方法，计算成龙和姚明的体重指数，并做出评价。经计算，成龙为正常体型，姚明为超重或严重肥胖体型。引发学生质疑——姚明看起来不但不胖，反而略显消瘦！

教师：是计算错误吗？是今天的两个公式错误吗？

学生 1：姚明是打篮球的。

学生 2：姚明太高了。

师生讨论达成共识：每一个公式、法则或是标准，往往都有他们的适用范围。

教师小结：今天学习的两个公式和标准，对于世界上绝大部分人来说是科学、合理、适用的，但像姚明这样特殊体型的专业运动员，却并不适用。我们需要辩证、质疑地看待问题。

七、全课总结，布置作业

总结：

1. 说说经历了本节课的学习，你有什么收获？

2. 根据学生实践活动中的表现，我们进行了自我评价、小组互评、教师评价及家长评级。请同学们完成活动评价表 3 - 28。

表 3 - 28 "身高、体重变化情况知多少"活动评价表

活动主题			完成时间	
组名			活动组长	
姓名			指导教师	
评价内容				自评（ABCD）
活动准备	1. 积极参与			
	2. 主动与同学配合、团结互助			
	3. 认真倾听同学的意见和观点			

（续表）

实践活动	1. 善于调查访问或善于收集资料	
	2. 敢于提出问题，表达自己的看法	
	3. 动手实践能力强	
	4. 认真完成小组安排的任务，对小组工作有所贡献	
活动成果	1. 及时完成活动成果的交流活动，交流汇报积极	
	2. 写好活动日记	
我的感想		
小组对我说		
老师对我说		
家长对我说		

3. 作业：帮爸爸妈妈计算一下体重指数并确定等级，看看你能给他们提出什么建议？

【板书设计】

身高体重变体情况知多少

——折线统计图

对比：标准身高　标准体重　计算 BMI 值

预测　　　决策　　　想象

建议：营养饮食　充足睡眠　体育锻炼

【教学反思】

在进行本堂课教学活动前，老师要求学生进行了大量的实践调查——有关青少年的身高、体重的相关信息。学生通过科学统计发现了人体各个阶段的发育规律，并根据自己的健康状况制定了科学的膳食计划。学生参加活动的积极性特别高，在课堂上他们真正成为了学习的小主人。

《统计》这部分内容有三个层次的要求，一是直接观察层面，一眼就看出结果是多少；二是计算比较层面，通过计算比较知道谁多谁少；三是预测，提出合理的建议。在教学过程中，我们习惯性地重视了前两个层面的学习，对于第三个层次的引导较弱，但是第三个层次的要求，是统计学中较重要的部分。在教学设计中，以三大板块进行：（1）认识折线统计图，理解它的特点和优点。（2）学会看懂图表，对数据进行分析和解决问题。（3）升华主题，联系生活，感知折线统计图在生活中的意义和作用。

在教学中，一方面注意突出折线统计图、扇形统计图的特点，引导学生进行思考；另一方面还启发学生根据自身的生活经验，根据自己调查的结果，谈体会、说感受、提建议。学生在分析和交流中，进一步加深对折线统计图、扇形统计图的认识，逐步提高识图和用图的能力。老师感觉学生的学习兴趣都很高、都在主动思考、积极交流讨论，较好地达到了预设的教学目标和效果，顺利地突破了教学的重难点。

当然整个教学活动也存在一些不足：（1）调查对象数量庞大、因而要高效统计各个年龄段的数据，挑战巨大，耗时较长，数据的准确性有不足。（2）教学中评价语言不够丰富，还应增强课中灵活应变的能力，把课堂中及时生成的东西把握得更好。（3）要注重培养学生解决实际问题的能力，要有调查方案、商量调查对策，要科学、有效整理数据。

六、反思研究成效

本专题化教学对教师专业素养和能力提出了更高的要求，我们在开展专题化教学过程中不断进行反思、总结：

1. 转变教学理念和方式。传统数学课堂是以教师讲授为主，而本专题化教学却是以学生为主体，教师加以适当引导与点拨。充分利用孩子好奇、喜欢探究的心理，引导学生积极参与实践活动，促进学生的综合能力发展。教师上课之前需要精心设计活动方案，充分考虑学情，让每一名学生都参与其中；活动分工明确合理，小组互相配合，让实践活动有序开展。这样，学生充分参与了教学活动的每一个环节，改变了传统的教师一言堂、学生被动接受知识的情况，能够最大限度地调动学生学习的积极性和提升学习兴趣。特别是在统计教学中，学生明白了分析数据能帮助我们解决生活中的许多问题。

2. 促进了教师的教材处理能力。专题化教学要求教师在备课时要从整个单元、整个小学阶段、甚至学生一生的数学发展高度去思考，要求教师对整个小学阶段教学内容要把握到位。因此，它对教师提出了更高的要求，也加强了教师对教学、教材的研究。

3. 提高教学效率。专题化教学让教师敢于打破教材原有的编排体系，提升教学的灵活性。如四年级上册安排了单式条形统计图，而复式条形统计图放在了下册。这两个教学内容联系紧密，跨度不大，学完单式条形统计图后引申到复式条形统计图，学生也能够很好地掌握。这样两个内容可以放在一起学习，节约了学习时间。

4. 促进课堂教学从单一的数学学科知识点教学走向培养多种核心能力的综合性知识教学。教学必须通过丰富的实践活动才能让学生理解它的意义。专题化教学将数学知识与实践活动紧密联系，引导学生在活动中把知识转化为能力，主动去发现问题、解决问题；让学生在真正经历"数学化"的过程中主动地完成对数学知识的"再创造"，同时创新意识、实验能力都得到了发展。

5. 专题化教学也给教师提出了一些自己的思考：

（1）打破教研组单一学科的组织形式，形成专题化教学课题组。比如说本专题可以邀请体育教师参与体质数据检测，邀请综合实践老师指导综合实践活动。

（2）挖掘多个专题，形成数学专题化教学体系。每个年级围绕大主题设计相关的小主题，真正做到围绕一个主题进行数学学科内的整合。每位老师根据探究主题备课，让1~6年级的学生都能在这个大主题下得到不同的发展，同时也为一线教师提供可供借鉴的典型案例。

（3）数学活动提升课程影响力。例如，在本专题四年级主题"膳食营养知多少"中，可以设计主题为"学生在校午餐满意度情况调查"的活动，鼓励学生以小组为单位参加调查，每个小组自主设计问卷，发放问卷，统计问卷数据，分析问卷数据，最后形成"学生在校午餐满意度情况调查分析报告"。在这一系列的教学活动中，学生既可以体验主题调研和数据分析的全过程，又可以加深对数学课程中统计与概率部分知识的理解。

（4）教师教学能力再提升。课程的实施需要教师秉持一种结构意识，这样才能"既见树木，更见森林"。作为教师，要站在数学学科整体高度，先对小学阶段数学教学内容进行深度分析、设计，然后将专题化教学内容科学、合理地分配到每个课时，提升数学教学的整体性效能，进而有效地发展学生的数学核心素养。

（案例提供：刘阳　黄思柳　龙瑶　唐利娜）

第四章
跨学科专题化教学研究实施案例

专题一　同学段跨学科专题化教学研究

学科：综合实践、语文、科学、道德与法治

年级：小学一年级

学会分类和整理

一、研究缘起

（一）存在现象

一年级孩子刚入学，还在不断地适应小学生活，他们生活自理能力不强，在平时的生活、学习中一般都是父母帮忙整理各种物品。因此，经常会有一些孩子忘带文具，其书包、抽屉、柜子里的物品摆放凌乱，不能及时找到自己需要的物品，给学习、生活带来了一些麻烦。

（二）背后的需求

1. 学生需求

一年级孩子学习和生活习惯还有待提升，非常需要老师、家长来教育、引导他们学会给物品分类，学会自主整理；需要通过讲道理、举例子、做示范、讨论交流、小组活动等多种方式，让孩子们认识到"自己的事自己做"的道理；要学会按照一定标准对物品进行分类，学会整理自己的书包、书柜、衣柜、玩具等，不断扩大生活自理范围，掌握更多的日常生活本领，提升参与生活自理活动的积极性。

2. 教师需求

要实现学生提升生活自理能力的需求，光靠班主任和语文老师的力量是不够的，需要年级组各个学科老师共同来帮忙。

3. 学校需求

为了整合资源，把各学科教师的专业知识和教学经验展现出来，实现优势互补，便于开展实践活动和交流，需要组建一支跨学科专题整合教学团队。学习跨学科整合理论知识，并尝试开展以综合实践活动学科引领的跨学科专题整合探究，总结跨学科专题整合教学模式。

二、组建团队

（一）"1 + 1 + X"团队建设

鉴于以上实际情况，我们建立了跨学科"1 + 1 + X"教研教学团队，通过集体备课，合作完成教学设计。组织跨学科听评课，采取多种方式促进不同学科教师交流研讨。"1 + 1 + X"团队由一个年级组、一位带头人和若干不同学科教师组成，所有团队成员均来自博才白鹤小学西校区一年级组。年级组长吴红梅老师长期坚持在教育教学第一线，她治学严谨，具有团结、协作精神和较好的组织管理、领导能力，是本组教学团队的带头人。基于课程整合实施方案的需要，邀请了学科骨干教师徐冬、康雅琼，语文老师刘宇、道德与法治老师曾雪琪、科学老师王思鹏，综合实践老师刘江丽。此外，还有曹艺、王宁等老师表现出浓厚的兴趣，纷纷加入队伍，组成跨学科整合合作团队，各学科教师实现优势互补，将各自专业知识和教学经验展现出来，开展学习和交流。

（二）"1 + 1 + 1"研训

1. 骨干引领，辐射全员

全校教师更新理念，在课程整合的大趋势下研究跨学科教学。年级组长以及学科骨干教师引领组内老师进行研究和实践。

2. 专家引领，明确方向

为了学科整合教学活动顺利开展，我们聘请了市区综合实践教研员多次来校现场指导。大到本专题的框架构建，小到课堂教学环节实施，专家们提出了许多宝贵建议，让整合课程目标和流程越来越明确，课程整合教学的步伐稳步向前推进。

3. 外出学习，提升素养

开展课程整合活动前，学校多次选派骨干教师外出学习，教师实地考察，深入学习课程整合的内涵与操作方式，回校再进行专题分享，将学习所获辐射全校。同时学校也启用各种形式促进不同学科的教师合作设计整合课程，让教师在设计整合课程中得到发展、提升，成为教师专业发展共同体。

三、确定主题

（一）研读指导纲要

通过学习，我们了解到综合实践活动是一门强调以学生的经验、社会实际、社会需要和社会问题为核心，以主题的形式对课程资源进行整合，有效地培养和发展学生解决问题能力、探究精神和综合实践能力的课程。综合实践活动课程超越教材、课堂和学校的局限，在活动时空上向自然环境、学生的生活领域和社会活动领域延伸，密切关注学生与自然、社会、生活的联系，尤其注重学生多样化的实践性学习方式，如探究、调查、访问、考察、操作、服务、劳动实践和技术实践等。

用综合实践活动引领课程整合，将各科目内容通过学生的实践探究有机统一。这样，各个科目内容不再是割裂、单一的，孩子们的学习不再是被动接收，师生们也都非常欢迎这样的教学模式变革。

（二）研读教材

西校区一年级组建立了跨学科教学教研队伍，遵从整合教学内容相关的原则，找到在一年级语文、美术、道德与法治、综合实践活动四个学科教材中都有与"学会分类和整理"相关的教学内容。语文教材中有《文具的家》，科学教材中有《给物体分类》，道德与法治教材中有《让我自己来整理》。老师们分析了这几个学科交集的内容，通过反复思考和讨论，确定了以"学会分类和整理"为主题的课程整合教学。

四、制订方案

（一）教学目标

1. 通过学科间整合、进行形式多样的活动和教师的引导，培养学生自己的事自己做的主人翁意识和责任感；提高学生参与生活自理的积极性，培养他们良好的日常生活习惯。

2. 能够根据给定的标准或自己选定的标准进行分类，体验分类的结果在单一标准下的一致性和不同标准下的多样性。通过小组合作、练习操作等方式，引导学生学会简单数据统计，并能根据统计的数据进行简单的分析，能够用自己的方式（文字、图画、表格等）呈现分类的结果。

3. 通过实践活动，提高灵活运用知识的能力，提升综合探究的兴趣。

4. 通过学习和实践，在日常生活中，能合作整理"最美教室""最美的家"，做一个整理小能手。

（二）教学重点

1. 能够根据给定的标准或自己选定的标准进行分类，体验分类的结果在单一标准下的一致性和不同标准下的多样性。通过小组合作、练习操作等方式，引导学生学会简单数据统计，并能根据统计的数据进行简单的分析，能够用自己的方式（文字、图画、表格等）呈现分类的结果。

2. 通过学科间的整合、形式多样的活动、教师的引导，培养自己的事自己做的主人翁意识和责任感；培养学生参与生活自理的积极性，养成良好的日常生活习惯，不断提高生活自理能力。

（三）教学难点

1. 学会按照一定的标准，对知识、图形、生活中的物体等进行分类与整理，感受到分类与整理给生活带来舒适与便捷，并能将分类与整理的方法运用到日常的学习与生活中。

2. 通过实践活动，提高灵活运用知识的能力，感受各科知识在生活实际中的用途，提高综合探究的兴趣和能力。

（四）教学环节安排

本主题教学分四个板块安排教学，见表 4 - 1。

表4-1 "学生分类和整理"教学安排

板块	授课教师	时间	授课对象
语文——爱文具，我会送各种物品"回家"	刘宇	20分钟	
科学——学分类，我会给生活物品分类	王思鹏	15分钟	一年级全体学生
道德与法治——乐实践，我会合作整理"最美教室"	曾雪琪	15分钟	
综合实践活动——会展示，我会呈现整理结果	刘江丽	20分钟	

（五）教学准备

1. 学生准备：学生们自主尝试分类和整理学具、玩具，并在小组内交流感想。

2. 教师准备：在班级对学生平时的生活自理、分类整理的能力，以及学生在家里整理学具和玩具的情况进行调查和了解，并用图片和文字记录活动感想与过程。

五、教学实录

语文——爱文具，我会送各种物品"回家"

【教学目标】

1. 联系课文插图、创设情境，引导学生分角色、有感情地朗读文本，体会情感，培养和提高学生的朗读感悟能力。

2. 讨论交流感受文本人物形象，创编爱护文具的儿歌，培养学生的创作力。

3. 拓展延伸，小组合作完成学习任务单；会给生活中的物品分类，培养和提高学生团结协作、给物品分类的能力。

【教学重点】

讨论交流感受文本人物形象，创编爱护文具的儿歌，培养学生的创作力。

【教学难点】

拓展延伸，小组合作完成学习任务单；会给生活中的物品分类，培养和提高学生的团结协作、给物品分类的能力。

【教学准备】

教学课件、小组合作学习任务单。

【教学过程】

一、创设情境，激趣导入

1. 教师依次出示三张真实拍摄教室的图片。（教室整体很乱、课桌抽屉凌乱、文具散乱等三个层次乱象）

2. 小朋友们，请问你们看到了什么？有什么样的感受呢？（乱七八糟、乱……）

3. 我们一起来看看是谁的课桌这么乱？又是谁的文具到处乱丢？原来是她——贝贝。贝贝成天乱丢东西，看看她回到家里，贝贝妈妈和她说了些什么吧？

二、参与活动，感受情感

1. 读：请同学们打开语文书，自由地朗读这篇课文；

2. 画：用直线画出贝贝说的话，波浪线画出妈妈说的话；

3. 看：认真观察课文插图和创设情境以此做朗读指导；（表情、动作、联系实际生活）

4. 演：同桌之间分角色朗读。（一到两组）

三、感受形象，汇编儿歌

1. 小组讨论：贝贝是一个什么样的小女孩呢？她在故事的最开始是什么样子的？最后又变成了什么样子呢？那我们要做什么样的小朋友呢？是像最开始的贝贝，还是最后的贝贝？

2. 合作交流：怎样爱护文具？下面用顺口溜总结出来你能记住吗？

　　　　我的伙伴真不少，它们都是我的宝。

　　　　各就各位不乱跑，每到用时才好找。

　　　　用完物品送回家，让它乖乖地躺好。

四、拓展延伸，小组合作

1. 出示图片和框架，引导孩子们仿照"文具盒是文具的家"来说出："书柜是书本的家""工具房是卫生工具的家""垃圾桶是垃圾的家""衣柜是衣服的家"。请用刚学到的知识送其他迷路的小物品回家，根据表 4 - 2 完成表 4 - 3 任务单。

表 4 - 2　迷路的小物品

A. 小明看完的书《十万个为什么》	B. 旧的书《没头脑和不高兴》
C. 老师给班级买的书《安的种子》	D. 长长的扫把
E. 擦完黑板的抹布	F. 用完了的拖把
G. 擦了油污的纸	H. 喝完牛奶剩的瓶子
I. 掉到地上的饼干	J. 爸爸的领带
K. 妈妈的外套	L. 贝贝的新裙子

2. 小组合作学习、讨论完成任务单，3 分钟后请小组派代表来汇报。

表 4 - 3　迷路的小物品回家任务单

名称	序号
文具的家	
工具的家	
书本的家	

3. 小朋友们可真厉害，把迷路的小物品又快又准地送回了他们自己的家。但是，还可以按照一定的标准将小物品分类，有序摆放。现在请科学王老师来指导我们对物品进行分类吧。

科学——学分类，我会给物品分类

【教学目标】

1. 学会寻找生活中物品的异同。

2. 通过小组竞赛的方式，快速完成物品的分类。

3. 学会总结汇报抓住物体的整体特征或局部特征进行分类的方法。

【教学重点】

学会寻找生活中物品的异同，通过小组竞赛的方式，快速完成物品的分类。

【教学难点】

学会总结汇报抓住物体的整体特征或局部特征进行分类的方法。

【教学准备】

教学课件、5 支不同的铅笔、分类记录单。

【教学过程】

一、出示物品、激趣导入

今天老师给同学们带来了你们学习的好朋友——各种类型的铅笔。

二、寻找异同、认识分类

同学们，我们一起来找找它们的不同和相同吧？

1. 整体上找异同：我们可以从整体上关注铅笔的某一特征（颜色、粗细、长度等）去比较。

2. 局部上找异同：教师引导学生观察，比较物品局部上的特征，如可以从铅笔某一局部特征（是否带橡皮头、是否削尖了）来比较。

3. 学生交流：说说分类的过程就是找出物品的相同和不同之处，然后选择分类标准，依据标准分类。

三、小组竞赛、进行分类

1. 小组竞赛：学生分小组快速给物品分类，并填写分类记录单。

四、汇报互评、总结谈话

1. 汇报互评：小组代表汇报，小组互评。

2. 老师小结：我们在给物体进行分类时，可以抓住物体的整体特征或局部特征进行分类。如长短、颜色、大小、种类……小朋友们学会了按照一定标准给物体分类，下面让道德与法治曾老师来带领大家继续开展有趣的活动吧！

道德与法治——乐实践，我会合作整理"最美教室"

【教学目标】

1. 通过播放视频，讨论交流制定"最美教室"的标准。

2. 师生共同设计"最美教室"整理单，培养学生的主人翁意识和责任感。

3. 小组合作整理"最美教室"，培养和提高学生的整理能力、合作意识。

【教学重点】

1. 通过播放视频，讨论交流制定"最美教室"的标准。

2. 师生共同设计"最美教室"整理单。

【教学难点】

小组合作整理"最美教室"，培养和提高学生的整理能力、合作意识。

【教学准备】

教学课件、视频、"最美教室"整理单。

【教学过程】

一、播放视频，引出"最美教室"

1. 播放提前录制好的视频：看视频，引出本堂课的教学内容；

2. 看视频，定区域；

3. 老师根据学生的回答随机板书：最美教室、讲台、书包柜、课桌椅摆放、工具间、图书角。

二、讨论制定"最美教室"的标准

1. 案例分析：以绿植为例，教师引导归纳"最美"的标准：盆数足够、绿叶繁茂、无枯枝烂叶、摆放有间隔。

2. 确定项目：确定讲台、书包柜、课桌椅摆放、工具间、图书角的"最美"标准。

3. 设计表格：师生共同设计"最美教室"整理单，见表 4-4：

表 4-4 "最美教室"整理单

我们组负责的是＿＿＿＿＿＿＿＿，以下是我们的整理标准和整理人：

标 准	整理人	整理效果
		☆☆☆☆☆
		☆☆☆☆☆
		☆☆☆☆☆
		☆☆☆☆☆

记录/汇报员：　　　　　　　检查员：

三、小组合作整理"最美教室"

1. 小组讨论：确定成员、任务分工。

2. 合作行动：分工合作，整理讲台、书包柜、课桌椅摆放、工具间、图书角。

3. 填写整理单：老师引导学生完成整理单的填写。

4. 实播各组整理过程的掠影以及整理成果。

5. 交流评价：组员汇报自评，师生根据该组的标准评价他们的整理成果，共同评出最佳整理小组，老师给最佳小组进行颁奖。

6. 总结谈话：孩子们，在学校每天要整理"最美教室"，在家也要整理"最美家庭"，下面请综合实践活动老师来为大家展示同学们在家里的整理成果。

会展示，我会呈现整理结果

【教学目标】

1. 和家人一起沟通讨论，选取冰箱、衣柜、书架其中一项，制定分类标准。

2. 能够根据给定的标准或自选的标准进行分类，体验分类的结果多样性。通过小组合作、练习操作等方式，引导学生学会简单数据统计，进行简单的分析，并能用自己的方式（文字、图画、表格等）呈现分类的结果。

3. 撰写简单的整理心得，配上整理成果，在班级展示分享。

【教学重点】

学会绘制条形统计图，制作简单的统计表。

【教学难点】

撰写简单的整理心得，配上整理成果，在班级总结、展示、分享。

【教学准备】

视频、统计表。

【教学过程】

一、谈话导入

1. 谈话导入：孩子们，你们真的太棒了，拿下了"最美教室"称号！接下来刘老师给大家另一个挑战，有信心打造"最美的家"吗？

二、明确任务：打造"最美的家"

学习了分类与整理后，你能把它们运用到生活中吗？从下面的项目中选取你最喜欢的一个，把你整理后的成果拍照录像保存下来。

项目一：冰箱里的秘密是什么？

打开家里的冰箱，把冰箱里的物品进行分类，如按品种、颜色、高矮、使用频率等分类，再按分类结果进行分层整理。通过观察冰箱里的物品分类，大家再猜猜这个家庭的人最喜欢吃什么？

项目二：衣柜里藏着什么？

打开卧室的衣柜，先制定分类标准，如按季节、衣物长度、衣物种类等，把衣物分成4类；再根据分类标准进行统计，把统计结果用图表的形式表现出来；最后整理衣柜，看谁的衣柜既整洁又美观。

项目三：书架上躺着什么？

先观察自己的书架上都有哪些书？再来制定分类标准，如按材质、功能、颜色、大小等。用你喜欢的形式呈现你的分类统计结果，再将书籍进行整理，并向爸爸妈妈展示你的书架。

项目四：我想整理（　　　）

通过和家人一起沟通讨论，选择家中的某个区域进行分类与整理，如鞋架、餐桌、浴室等，用所学知识和勤劳的双手整理出最美最整洁的家。经过郑重地思考，我选择项目（　　　），希望自己能愉快地为打造"最美的家"而努力！

活动步骤：

A. 制定分类标准：你是按什么标准进行分类呢？分成了哪几类？

B. 绘制统计图：条形统计图。

C. 制作简单统计表。

根据所选项目，将整理物品名称和数量填入表4-5。

表4-5　（　　）项目整理统计

物品名称					
数量					

三、动手整理

和父母一起整理后，把你们的整理心得写下来，贴上你们和整理作品的合照。

四、总结分享

1. 优秀案例分享：引导孩子们把整理的作品按项目分类整理成合集，一起学习优秀的整理案例。

2. 解决困难，分享小妙招：师生一起解决项目过程中遇到的困难，收获各种各样的整理小诀窍。

3. 交流心得：请优秀代表上台发言，说说自己的整理心得与感想。

五、拓展活动

孩子们自从学习了分类和整理后，在家里积极参加家务劳动，动手整理自己的衣物、文具、书柜、衣柜等。孩子们的主人翁意识增强了，生活自理能力提高了，家长们看到孩子们的表现，也纷纷称赞学校综合实践课程让孩子们受益匪浅。下图4-1为孩子们在家整理衣物、书柜等部分照片。

孩子们学会了整理衣服

孩子们整理好的书柜

图4-1 打造"最美的家"劳动剪影

六、教学反思

（一）听课教师反思

跨学科专题化教学的魅力

本次学校开展的跨学科专题化教学专题化课程教学，整体取得了很好的反响，我作为一名听课教师，受益匪浅。这样的课堂打破了学科界限，让我更深刻地理解和把握各科知识之间的联系。这样的跨学科专题化教学和传统教学相比，不局限于课本，也不局限于某一学科，让不同学科的知识与生活紧紧相连，能够贯穿主题始终，充分发挥学生在教学中的主体地位，真正让知识活起来。同时，专题组负责领队老师在课前做好充分的教学准备，与其他老师充分沟通。这样既让老师们进行了单独课例的设计与打磨，更让跨学科专题化教学的理念深深地植入每一位一线教师的心中。我们看到了专题化教学的魅力所在，看到了它对学生学习兴趣的提升以及综合素质的培养。我们也明白了专题化教学不是各个学科的简单相加，而是各科教学目标的科学取舍，能真正做到给学生减负，为学生赋能。专题化教学是集众学之长、享共生之妙。

——西校区听课教师：王宁

（二）学生反思

我学会整理书包啦

以前都是爷爷帮我整理书包，自从我学会了分类和整理后，我对爷爷说："爷爷，以后整理书包的事情就交给我自己来做，好吗？"

爷爷欣慰地说："好！那我要看看我的宝贝孙女是怎么整理的。"

于是，我按照老师教给我的方法开始整理书包，先把书包里所有的东西拿出来，把它们分为有用和没用两大类。有用的等会放回书包，没有用的放在废纸箱里。接着是整理有用的东西，把它们分门别类：把语文、数学这些常用书放在书包的第一格；把音乐、美术、科学等不常用的书放在第二格；最后，把各色笔、尺子等学习用品分别放在小格里。

从这以后，我常常这样给自己整理书包。看着同学们的书包和我的书包一样收拾得井井有条，我好高兴，好自豪！

——西校区一年级 2001 班　李佳萱

（三）家长反思

培养孩子独立性　从整理物品开始

自从孩子上周在学校学会分类和整理后，一回家就会自主整理好自己的书柜、课桌、衣柜、小房间，还会拉着我去参观，嚷着要我点评。每次我都会惊叹一句："哇，宝贝，你收拾得好干净，好整齐啊！"

昨天，有朋友到我家来做客，看到孩子的房间整洁有序，惊讶地问："宝贝，你是怎么做到的？"孩子自豪地回答："这是我们学校老师教的啊！老师说，哪里拿的东西放回哪里去，你的房间就会永远保持整洁。"

朋友说起她家两个孩子，每天都是玩具成堆，房间里凌乱不堪。分类和整理物品的能力，和一个人的独立性有着紧密的联系。整理身边的物品与整理大脑中的信息，有异曲同工之妙，它锻炼的是人们分类、归纳、思考、纠正、调整的能力。当孩子能够独立收拾整理自己的物品，说明她可以独立思考和灵活应对生活中的问题，对自己"空间"和"生活"负责。

相信我的孩子能从分类和整理开始，收获一个独立、有序的人生。

——一年级　2005 班　周梓伊妈妈

（四）团队反思

课程改革为引领　团队研训促成长

近年来，博才白鹤小学开展了以"综合实践活动引领学校文化及教学和学习模式变革"为主题的课程改革，这一全新的课程模式是非常值得探究和实施的。整合同年级各个相关学科进行主题式教学，这既是对老师的挑战，也是极大的锻炼。

1. 教研制度破常规，专题课堂提效率

年级组结合一年级各学科教学内容、课程标准、学生学情决定以"学会分类和整理"为主题开展专题化教学。围绕主题，我们制定出活动方案和整体框架，确定了核心学科：语文、科学、道德与法治、综合实践。核心学科的授课老师多次进行小组集体备课，请我校常洁副校长、综合实践活动骨干酉迪敏老师对我们的教学进行指导。

在专题化教学研讨实践中，我们重建了教研方式：从过去传统、单一的教研组研讨，变为现在的教研组常规研讨（学科内）和年级组研讨（跨学科研讨）并存，再到跨学段、跨学科组自主组成研究小组研讨，研讨方式趋向整体性、发展性、自主性。

在年级组备课和跨年级教学研讨过程中，遵从学生发展核心素养——培养"全面发展的人"，将不同学科的教学方式进行科学的重构，呈现出形式多彩、内容丰富的高效课堂。这样打破常规的教研方式，为教师们提供了创新契机，在合作中彼此借鉴、整合与交融，碰撞出灵感火花，激发教学热情，突破本学科教学瓶颈。新型研讨模式下的专题课堂，同样帮助了学生整合各科知识，扩展新知识体系，激发每一位学生的优势，提高学习效果。

2. 深耕课堂主阵地，多方联动效果佳

课堂是学科课程教学的主要阵地，但绝不是唯一阵地，我校此次在坚守教学主阵地的前提下，已经初步形成了家、校、社区、基地四方联动育人机制。本次课程整合，将语文、科学、道德与法治以及综合实践活动四门学科进行整合，主题是分类与整理，旨在让一年级的孩子初步形成整理的意识，学会简单的分类和整理。

研究前期，各学科教师都积极讨论交流，将各自的专业知识和教学经验展现出来，实现优势互补。在一次次磨课当中，将各个环节的细节精雕细琢，修改日臻完善，通过反复研讨确定了前置课程和后拓课程的内容，根据教学需要和学生实际情况安排任务。在课前布置了搜集信息等任务，充分发挥学生的主观能动性；在课后，学生有了更广阔的实践空间，让学生利用课堂学习的知识为生活服务，用学习到的知识去指导实践，在实践当中又进一步增进了对知识的理解，真正做到学以致用，以学促行，以求课程效果最大化。

3. 课程文化有特色，评价体系具多元

我校已形成具有自己特色的课程体系、课程文化——以综合实践活动带领多学科联合教学。本次专题化教学研究以教会学生学会整理和分类为教学目的，将语文、科学、道德与法治和综合实践活动四门学科进行整合。经过整合，课堂时间由原本的 160 分钟缩减至 70 分钟，为学生减轻学习负担。在整合过程中，各科老师融入综合实践活动的教学方法，带领学生一步步深入学习，并自己动手对物品进行分类整理，在实践中学习知识，大大提高了学习效率。

在听课、评课环节，通过我校多元化的评价体系，让授课教师更加清楚地知道自己哪些地方需要改进，哪些做得好的地方可以继续保持。我校的课堂质量评价体系以"观学生的学，思教师的教"为主题，从学生的学习时间值、学习合作度、学习任务达成度、学习的听说力、学习的参与面等五个方面对课堂进行全面评价，避免了以前听课、评课不够全面的现象，同时老师们也清楚地知道了自己的问题所在。在课程整合实践中，我们坚持了评价方式、评价主体、评价内容的多元化，通过多维度、多方式、多主体来对学生的知识能力、智能发展和综合素质进行评价，以利于学生的个体发展。

（案例提供：吴红梅 曾雪琪 王思鹏 刘宇 刘江丽）

学科： 语文、美术、音乐、数学
年级： 二年级

笋芽儿

一、研究缘起

（一）弥补现行课程不足

目前，我国的小学课程以分科设置为主，学科之间缺乏横向联系，课程的整体育人功能不够凸显。如课程内容比较碎片化、重复化，课程实施活力不足，课堂师生承载超负荷。单靠独立一门学科很难培养出高素质创新人才。

（二）特色自然资源利用

学校周边有广袤的竹林，雨后春笋破土钻出，奋发向上，生机勃勃。学生可以融入自然，走进竹林，观察、感知笋芽儿出土前的娇嫩、出土时的坚强、出土后的蓬勃。

（三）学生探索欲望强烈

二年级的孩子们对自然充满好奇，对事物发展变化有浓厚兴趣。家长利用节假日带领孩子认识笋芽儿，通过动手实践（和父母找笋、挖笋、观笋、画笋、制作笋的美食……）和观看笋芽儿生长视频等方式增加直观经验，激发兴趣。

基于上面三种原因，我们二年级全体教师通过研究教材、研究学情和研究课程目标，发现语文课中的《笋芽儿》非常适合作为此次跨学科研究主题，整合美术学科中《动漫亮相》、数学学科中《统计》、语文学科中的《笋芽儿》及音乐学科中的《小春笋》，达到关联、融合、趣味一体化。因此，我们决定在开展"综合实践活动引领学校文化及教学和学习模式变革"

活动中以"笋芽儿"为主题的跨学科整合专题教学研究。

二、组建团队

跨学科整合以团队合作为主体,对教师提出了更高的要求。因此,我们建立了跨学科教研教学队伍,协作设计教学课题,组织跨学科听课和备课教学活动,采取多种方式促进不同学科教师交流研讨。团队成员均来自二年级组,以一名综合实践活动学科骨干教师引领,其他学科各 1 名骨干教师(语文老师彭丽婷、美术老师李瑞琪、音乐老师蒋颜、数学老师汤倩、科学老师喻小辉、道德与法治老师袁诗源)以及多名感兴趣的教师参与,组成跨学科整合合作团队。通过跨学科的教研活动,各学科教师可以实现优势互补,将各自专业知识和教学经验展现出来,以供学习和交流。

三、确定主题

(一)研读课程标准

课程整合面向的是学生综合素养的整体提高,这就离不开对每个学科的课程标准的深入研读、对学生能力培养点的精准把握。通过对课程标准进行反复研读,我们发现,二年级语文下册课程标准指出:要让孩子在识字、写字、阅读、口语交际、写话、综合性学习等方面的能力有所提升;而美术学科是引导学生以个人或集体合作的方式参与欣赏绘画,尝试各种工具、材料在绘画创作过程中的运用,并在绘画创作中体验美术活动带来的乐趣;音乐学科重点培养学生演奏、演唱、识读乐谱、即兴创造(用打击乐器探索声音强弱、高低)的能力;数学学科强调计算、角的认识、进一步了解统计,体验数据收集、整理方法等。

我们决定在培养学生阅读识字、写字的基础上,再在培养写话训练(语文)、绘画创作(美术)、演奏演唱、即兴创造(音乐)、统计分析、整理数据(数学)等几方面加大力度,真正实现培养学生学习能力、创造能力、实践能力综合提升的总目标。

(二)研读教材

我们以年级组为单位,一起研读二年级下册各学科的教材。语文第一单元有一篇文章为《笋芽儿》,音乐第一单元的歌表演曲目为《小春笋》,它们都有共同的主题——笋。我们还发现美术第 9 课《动漫亮相》和数学第一单元《数据收集整理》与该主题具有较大的整合空间。通过研讨梳理，我们确定了"笋芽儿"这个专题。在此基础上，我们充分研读了这四个科目的教学内容，探索其中的关联点。语文课文《笋芽儿》以生动活泼的语言为我们介绍了笋芽儿的生长过程，从中我们可以感受到特点鲜明的笋芽儿形象。美术《动漫亮相》一课的教学内容为：了解、认识动漫艺术形象的创作特点，尝试创作或者临摹一个动漫形象。语文课堂上分析、概括笋芽儿的形象特点，可以为美术课的动漫形象设计提供依据；而美术课堂则可以将语文课堂感悟到的笋芽儿形象进行具象化表达。音乐《小春笋》一课要求掌握三拍子的节拍规律，在歌曲表演中体会音乐旋律的特点。音乐课堂上，学生可以用语文课上创编的诗歌为歌词进行演唱，还可以佩戴好美术课上制作的动漫形象头饰进行表演，入情入境，升华情感。数学第一单元的教学内容为：掌握投票规则、统计方法，选择合适的方法对数据进行统计、整理。前三堂课可以为数学课堂提供数据样本，数学课堂可以为孩子们在前三堂课上的诗歌创作、动漫形象创作、综合表演提供评价。

四、制订方案

确定了"笋芽儿"主题后，接下来要思考的问题是如何把语文、美术、音乐、数学四个学科重叠交叉的部分融合成有目标、有内容、有顺序的教学过程。四个学科教材中适合整合的内容已经明确。但是，这些内容的课时分配又成了难题。是作为一课时上成大课，还是分成四课时完成？一个大课时设为多长时间？哪一科作为引领先上，哪一科作为总结收尾后上等一系列问题都需要认真推敲。经过团队成员反复研讨，最后确定把授课内容整合成一节大课，时间 60 分钟，具体顺序为：语文、美术、音乐、数学。

（一）教学目标

1. 了解笋的生长过程和个性特点，认识卡通形象的艺术特点与设计方式，运用所学到的方法创作有个性的竹笋形象。

2. 在歌词创编、音乐律动、演唱中掌握三拍子节奏规律，培养团队协作精神，感受笋芽儿奋发向上的精神。

3. 通过小组合作、练习操作等方式，学会选择合适的方法进行数据统计，并能根据表内的数据进行简单的分析。

4. 培养学生对知识的灵活运用能力，让学生感受各科知识在生活实际中的广大用途，提高学生综合探究的兴趣和能力。

（二）教学重点

了解笋的生长过程和个性特点，认识卡通形象的艺术特点与设计方式；在歌词创编、音乐律动、演唱中掌握三拍子节奏规律；学会选择合适的方法进行数据统计，并能根据表内的数据进行简单的分析评价。

（三）教学难点

通过小组合作进行人物形象分析、诗歌创编，运用所学到的方法创作有个性的竹笋形象。

（四）教学安排（见珍4-6）

表4-6　"笋芽儿"跨学科整合教学内容安排表

主题	实施年级	项目	整合教材	授课教师	课时
笋芽儿	二年级	《笋芽儿》	二年级（下）语文（部编版）第一单元	彭丽婷	20分钟
		《动漫亮相》	二年级（下）美术（湘美版）第9课	李瑞琪	20分钟
		《小春笋》	二年级（下）音乐（湘艺版）第一单元	蒋颜	10分钟
		《统计》	二年级（下）数学（人教版）第一单元	汤倩	10分钟

（五）整合建构课堂模型（见图4-2）

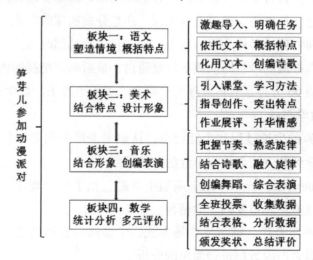

图4-2　笋芽儿参加动漫派对

五、教学示例

语文：塑造情境　概括特点

【教学目标】

1. 研读课文，通过品读笋芽儿的动作、语言、神态，归纳不同时期的笋芽儿的个性特点。

2. 通过化用课文中的语句，结合自己的生活经验、小组合作等方式为不同特点的笋芽儿创编诗歌。

【教学重点】

了解归纳人物形象特点的方法，归纳不同时期笋芽儿的个性特点。

【教学难点】

为不同个性特点的笋芽儿创编诗歌。

【教学准备】

希沃课件、学习任务单。

【教学过程】

一、塑造情境，激趣导入

1. 猜谜导入：谁的头上戴金箍？（孙悟空）谁有个神奇的口袋？（多啦A梦）引导学生发现：它们都有鲜明的特点。

2. 录音播放多啦A梦的话：动画王国准备开一个动漫party，所有收到邀请函的人都能参加。我们的笋芽儿也收到了邀请函。

3. 录音播放邀请函的内容，请孩子们概括上面的要求。（穿上符合自己个性特点的服装；准备一个符合自己个性特点的表演）

4. 笋芽儿有哪些特点呢？导入课文《笋芽儿》。

二、依托文本，分析特点

1. 明确任务，渗透方法

（1）自由读课文，用横线画出表现笋芽儿特点的词语和句子，说说你

看到了一个怎样的笋芽儿。（自由朗读，举手反馈）

（2）老师引导总结方法：通过分析笋芽儿的神态、动作和语言，就可以归纳出它的特点。

2. 自由研读，归纳特点

（1）用刚刚学到的方法自由归纳笋芽儿的特点。

出示PPT：划一划，划出表现笋芽儿神态、动作和语言的词语或句子；读一读，带动作朗读句段；说一说，你看到了一个怎样的笋芽儿。（引导孩子总结概括笋芽儿娇嫩、坚强、好奇、自豪的特点，并相机指导朗读）

（2）老师小结过渡：其实，笋芽儿的成长过程就像我们个人的成长过程。笋芽儿出土前是那么娇嫩，出土时是那么坚强，出土后对这个世界充满好奇，长大后非常自豪。其实在一个人的成长过程中，这些特质都有它的意义和价值，都值得被称赞。

3. 创编诗歌，深化品质

（1）出示赞美笋芽儿娇嫩特点的小诗，引导学生发现这首诗歌的特点。（化用了第四自然段中的词句，读来朗朗上口）

（2）明确任务：化用课文段落为笋芽儿的其他特点写赞美诗。

（3）小组合作创编诗歌、小组展示。

（4）引导学生评价：我想给这个小组（　　　）颗星，因为……

三、总结特点，承上启下

在这节语文课上，我们帮笋芽儿找到了自己的特点，接下来就可以为笋芽儿设计富有个性特点的服装啦！让我们和李老师一起走进有趣的美术课堂吧。

美术：结合特点　设计形象

【教学目标】

1. 引导学生了解欣赏笋的生长过程。

2. 让学生了解、认识卡通形象的艺术特点与设计方式，激发学生运用所学创造有个性的竹笋形象。

3. 通过绘画练习，提高学生的造型表现能力。

【教学重点】

1. 了解动漫形象设计的基本手法。

2. 怎样巧妙运用夸张、拟人手法创作简单的竹笋卡通形象。

【教学难点】

动漫形象设计的方法及指导实践运用。

【教学准备】

课件、教具、笋、勾线笔、水彩笔、A4 绿色卡纸。

【教学过程】

一、回顾导入、认知学习

1. 引导学生回顾语文课总结出的笋芽儿的个性特征（娇嫩、好奇、坚强、自豪）。

2. 学生谈笋芽儿的形象特征。

3. 师生共同小结，引出本节课的教学目标：根据笋芽儿的形象特征和个性特征设计动漫形象。

二、激发兴趣、探究学习

1. 出示三个不同表情的皮卡丘形象，请学生说一说，"我看到了……的皮卡丘，它可能是……的性格"。

2. 总结通过不同表情表现出的不同性格。

3. 欣赏动漫人物夸张的表情，总结夸张的手法。

4. 出示图片，以坚强的小竹笋为例，让它穿上合适的服装。

三、学生创作、教师指导

1. 各位小组长出谋划策，并分享本组设计灵感。

2. 小画家设计不同个性特征的竹笋形象，并设计与性格相对应的表情服装。

3. 观察员观察并记录。

4. 学生作画，老师巡视指导。

5. 移动展台展示学生作品，学生描述作品的表情、动作、创意……老师评价。

四、展评作业、升华感情

1. 小组讨论推选出一幅作品进行展示。
2. 小组推送作品展示。

五、联结语

老师："同学们，快看！动漫世界的大门为我们打开啦。听！里面传出了阵阵动听的乐曲。快快带上你的小竹笋一起去参加动漫派对的音乐会吧！"

音乐：结合形象　创编表演

【教学目标】

1. 引导学生积极参与小春笋的歌表演，并且主动编创表演动作，在表演中与他人合作。
2. 在表演中，把握乐曲情绪，并且用乐器进行旋律伴奏。
3. 感受乐曲的情绪情感，体会小春笋的各种形象特点。
4. 在演唱中，充分运用声势律动的优势，感受歌曲韵律。

【教学重点】

歌唱表演中重点体会音乐旋律的进行特点，感受三拍子的节拍规律。

【教学难点】

乐曲创编表演。

【教学准备】

课件、三角铁、碰铃、节奏卡片、旋律卡片。

【教学过程】

一、情景引入，创设情境

引导学生回顾语文课创编诗歌、美术课设计竹笋形象，为参加"笋芽儿"音乐会做准备。

二、情感铺垫，熟悉节拍

1. 通过非洲鼓敲击四三拍，导入节奏，学生听鼓声做出春笋性格神态。

2. 通过节奏特点，导入旋律，运用原曲中的衬词，用"哩"全曲模唱，做三拍子指挥图示。

3. 完成乐器节奏挑战，注意用三拍子强弱读节奏。

三、师生合作，创编表演.

1. 巧用三角铁歌曲伴奏，做声势律动，为演奏者做铺垫。

2. 通过语文课上编创歌词，熟悉旋律，为歌唱者做准备。

3. 通过小组合作形式讨论和编创小春笋舞蹈动作，为舞蹈者做铺垫。

四、展示表演，升华主题

进行音乐会成果展示，师生表演推动整个课堂进入高潮，学生体验小组合作、生生合作、师生合作的乐趣。

五、总结课堂，引入数学

音乐会顺利结束，通过语文课为小春笋新编诗歌、美术课设计动漫形象，老师为小春笋准备了奖项，下面由数学老师来一同揭晓吧。

数学：统计分析　多元评价

【教学目标】

1. 学生能运用所学统计相关知识解决问题。

2. 进一步感受、发现、分析统计表中数学信息，并探究出数据中的隐藏信息。

3. 感受数学知识与各学科的紧密联系，体会数学知识的广泛应用。

【教学重点】

学生能选择合适的投票方法，并分析统计表中数学信息。

【教学难点】

学生能从统计表中分析出数学信息，并推导出隐藏的信息。

【教学准备】

课件、观察员记录表、组长投票单、班级投票单和投票器。

【教学过程】

一、导入

情景回顾：通过同学们的设计和思考，笋芽儿们穿上了各具特色的服装，并在派对上有着精彩的表演，现在到令人期待的颁奖环节了。

揭晓奖项：最佳创作奖、最佳设计奖、最佳表演奖。

用"利用所学知识如何评选获奖小组？"这一问题引发学生思考，回想得出结论可用投票、统计的知识来解决。

二、活动

常用的举手投票，易产生重复投票、漏票现象，并且比较耗时，由此引出小组投票形式。

1. 活动一：小组投票。

三张投票单对应三个奖项，小组代表将票投在相应奖项投票单上。

小组投票的要求如下：组内成员讨论，观察员就观察情况发表意见，组长收集组内结果并完成投票单，再上台进行投票。

小组讨论：统一组内投票结果。

组长投票：每组每个奖项2票。

（1）小小观察员：你觉得哪个小组设计的作品好，请在小组序号后画☆，每个栏目最多可画5个☆哦，见表4-7。

表4-7　观察员记录表

序号	创作情况	设计情况	表演情况
①			
②			
③			
④			

（1）请小组长在投票的小组序号下画上√，每组每个奖项可投2票（表4-8）：

表4-8　组长投票单

序号	①	②	③	④
最佳创作				

序号	①	②	③	④
最佳设计				

序号	①	②	③	④
最佳表演				

2. 活动二：数据分析。

以表4-7为例，带领学生从表中发现、分析数学信息。分析时根据学生的回答进行引导，可得出看票数的高度即可快速得出获奖小组。同时还能从票数最多、最少、两组之间票数差距等方面对表中数据进行分析。

三、总结课堂

老师总结：大家真是太棒了！不仅很快地评选出了获奖的小组，还能从表格中发现：哪组票数最多，哪组最少，以及两组之间的票数差距，以后我们也可以从这些方面来分析数据。

颁奖环节：请获奖的小组代表上台领奖，教师根据评选结果给小组颁发奖状。

课程总结：看动漫王国向我们发来贺电了（播放音频），通过音频再次将学生带入到情境中，总结本次课程并布置与笋芽儿相关的后拓作业。

【后拓课程】

"笋芽儿"教学主题明确，主线贯穿活动始终，从课程设计初始阶段的前置课程的准备，到60分钟四门课程的实施，再到后期知识领域的拓展；也就是从学生找、挖、观、记、写、画、唱、演、舞、评、奖、制（做）等一系列关于笋芽儿的活动，学生们都是亲自实践，独立或合作完成。在这个过程中，孩子们不但了解了笋芽儿的生长习性，还学习了笋芽儿不怕困难、坚强、努力向上的精神品质。当孩子们展示自己关于笋芽儿的作品时，是无比欣慰和自豪的。

【评价阶段】

课程整合不仅仅是课程内容的多元化，教学评价方式也应该是多元的，以全面反映评价对象。我们要坚持评价方式、评价主体、评价内容的多元化，通过多个维度、多种方式，动员多个主体来对学生的知识能力、智能发展和综合素质进行评价，促进学生的个体发展。具体评价实施（表4-9）：

表4-9　"笋芽儿"主题评价实施表

学科	内容	评价对象	评价形式	评价侧重点	评价方式
语文	《笋芽儿》	小组/个人	给小组画☆	笋芽特质朗读、诗歌创作	师评生生评生生评组
美术	《动漫亮相》	小组/个人	老师逐个巡看学生设计作品，观察员小组巡看	师通过展台评价学生笋的形象特质设计、学生拿着自己作品自我评价	师评生生自评
音乐	《小春笋》乐器伴奏	小组	1. 三角铁乐器演奏；2. 用语文课创编歌词演唱；3. 创编舞蹈	(3/4拍) 演奏者、歌唱者、舞蹈者	师评生
数学	《统计》	小组/观察员	小小观察员：请在对应小组序号后画☆	最佳创作（语文）最佳设计（美术）最佳表演（音乐）	生评组

六、教学反思

（一）团队成员反思

整合使课堂灵动起来

鲜活的课堂是有生命力的。"笋芽儿"学科整合课程改变了传统意义上教师传授、学生接受的课堂教学模式，它能敏锐地搜寻各学科合理的课程资源，调动各学科知识完成具体的教学目标；能根据教学情境的变化恰当地选择教学方法和手段，捕捉并利用课堂教学效果，及时自觉地调整课堂，打造高效课堂。

在"笋芽儿"课程实施过程中，根据学生的表现和实时反馈，课堂教学方式进行了多次调整。在课堂上，学生是活的，教师也是活的，自然，课堂也是鲜活的，有生命力的。

灵动的课堂是有吸引力的。学科整合课程中，学生的主体性得到了充分的展现。在"笋芽儿"整合课堂中，为笋芽儿进行形象设计、数据统计、创编诗歌等，整个课堂，学生是主体，教师是课堂的引导者，学生在课堂上"玩"得很开心，学得很轻松。

——二年级语文教师：张玉

课堂上，孩子们是这样"玩"的

知识不止于课本。这样的课堂，老师们需要打破学科界限，更深刻地理解和把握各科知识之间的联系，真正让知识活起来。不局限于课本，也不局限于某一学科，让不同学科的知识，与生活紧紧相连，我想这才是学生真正需要的学习内容。

技能应用于生活。对学生来说，他们好像是"玩"了一节课，但是却又潜移默化地学到了如何分析事物的特征、怎样设计精美的动漫形象，还学习到了创作音乐表演，以及用统计数据来帮助我们解决问题等。在小组合作探讨的过程中，学生的交流合作能力、语言表达能力、创作能力等都得到提升，这就是整合课的价值。另外，在课前和课后，学生都需要经过一系列实践活动来完成这堂课的一些任务，这不仅锻炼了他们的实践操作能力，更让他们深刻体会到知识来源于生活，最终也将应用于生活。

——二年级科学教师：喻小辉

（二）学生活动反馈

神奇的课堂

今天，我们迎来了期盼已久的公开课，我觉得这是一堂神奇的课！大家知道为什么吗？因为它虽然只是一堂课，但它竟然融合了四个科目的内容哦！

首先是语文课，彭老师让我们利用小笋芽儿的形象和特点写关于它的小诗歌。我们小组成员七嘴八舌地讨论怎么编写诗歌，最后我们编出了一首优美的诗歌："小春笋，真好奇，大眼睛，看世界。桃花粉，柳树绿，这个世界真美丽。"

接下来是美术课，美术老师让我们画一幅关于小笋芽儿的动漫人物画。我们组要画的是一个娇嫩的笋芽儿。组员们画出了戴蝴蝶结的小笋芽儿、拿野花的小笋芽儿、穿裙子的小笋芽儿……画完之后，我们把这些美丽的画做成头饰戴在了头上。

接着是音乐课，音乐老师让我们把语文课上写的小诗歌变成了一首美妙的小歌谣，再配上三角铁等乐器演奏出来，简直动听极了！我们还给歌谣编排了舞蹈。课堂上，大家展示着自己独特的舞蹈动作：小手抖一抖表示"下雨了"，小手一个一个往上搭表示"节节高"……表演结束了，老师说我们的表演非常有创意。

最后是数学课，汤老师让我们运用第一单元学过的"数据收集与整理"来给各小组投票，最终评出"最佳创作奖""最佳设计奖"和"最佳表演奖"。很开心，我们这组赢得了"最佳创作奖"。

下课铃声响了，一个小时的公开课就这样在我们的欢声笑语中不知不觉溜走了。这是一堂有趣的课，也是一堂神奇的课，更是一堂令人难忘的课！真希望以后能够经常听到这样的课！

——1903 班　危宇泽　章伊彤

"笋芽儿"一课已经落下帷幕，但我仍对它念念不忘，回味无穷。

语文彭老师声情并茂地示范朗读、分析笋芽儿形象、创编诗歌，有趣极了，我们都非常享受这样的课堂。美术课上，李老师让我们根据语文课中分析的笋芽儿形象画出自己心中敬佩的笋芽儿样子。我最敬佩坚强的小笋芽儿，所以我画出了用力顶起坚硬石头，露出尖尖头的笋芽儿的形象。老师还表扬了我呢，我心里甭提有多开心了！第三个出场的音乐老师把我们的课堂推进了高潮，蒋老师用银铃般的歌声教我们运用四三拍子唱、跳《小春笋》，我们陶醉在美妙的课堂中。我骄傲地告诉你，我们唱的是自己创编歌词的歌曲，我们跳的也是我们自己编排的舞蹈。正在我无比骄傲时，数学汤老师来给我们颁奖了。颁奖可不是随意的，是我们通过运用数学知识投票、分析、选出的最佳创意奖、最佳表演奖、最佳设计奖。我太喜欢这样的课堂了，期待下一次上课。

——1901 班　柴毓蔓

（三）家长活动反馈

实践让孩子快速成长

在实践中解决问题。"无数春笋满林生，柴门密掩断行人。"春笋，对于孩子们来说，它是怎样蜕变成竹子，又要怎么被挖出来，都是一个又一个的问号。在"笋芽儿"课程的倡导下，五一劳动节时，我们开展了挖笋的活动。

在实践中掌握技能。我带着孩子们来到竹林，寻找竹笋。有的找到又粗又壮的笋，有的找到细细长长的小笋。孩子们扛起锄头，认真听从爸爸们的挖笋技巧，挖出一颗颗粗壮的笋子；有的徒手拔下一颗颗小笋。

在实践中磨炼意志。通过挖笋的活动，孩子们接触了大自然，增长了知识，提高了能力，懂得了将课本知识联系实践的重要性。更重要的是，让孩子们在大自然中体验劳动，不但可以锻炼身体，还能培养吃苦的精神，更磨练了意志。

——1913 班 王思喆妈妈

实践是最好的教科书

为了让孩子学习如何孝顺长辈，我们提议让孩子把挖到的竹笋做成一道菜，作为礼物送给外公。我在一旁引导孩子，让孩子自己动手准备：剥壳、焯水、凉水浸泡、切肉、切蒜、切辣椒、竹笋烹炒、装盘。孩子在过程中动作做得有点慢，害怕刀会切到手、油溅到身上。但孩子克服困难，完成了这道美味菜肴的制作。饭桌上，长辈们都给予了高度的评价，收获夸奖的孩子成就感满满。劳作是很辛苦的，相信经过这次尝试，孩子能够感受到做任何事情都是需要付出才会有收获。一次实践，胜于多次的说教。孩子，愿你把这种坚韧、不怕困难、勇敢挑战的精神用到平时的生活学习中，指引你飞跃。

多次实践，呈现完美课堂。不一样的体验，不一样的成长。本次"笋芽儿"整合课程让孩子的思维得到了拓展，课前让孩子做充足的准备，积极地参与问题思考，使孩子们的倾听能力、表达能力、逻辑思维能力、创作能力得到提升。出人意料的是，孩子回家后主动跟我们交流：从课堂中感受到了自己平时做作业慢的不良影响，导致创作部分没有在规定的时间内完成。有反思就有进步！孩子，加油，妈妈始终相信你是最棒的！

——1912 班 向子涵妈妈

（四）教学团队整体反思

我校在综合实践活动引领下的专题化教学给学校文化、教学方式、教研体系、学习形式带来了翻天覆地的变化。教学打破了传统的一课一节 40 分钟的授课模式。根据课程标准、课程体系和学校实际情况，跨学科教材内容进行整合，将相同主题的内容提炼出来，形成系统的、深度的学习体系，以主线贯穿形式呈现。由不同学科教师组织教学，简化教师教学任务，提升教学效率，减轻学生重复学习的环节，确保问题集中，重点突出，分析透彻，维持了学生持续学习的动力和对新鲜事物充满好奇的探索热情。具体表现在：

1. 教研模式多线并存

原来的教研活动以教研组为单位，组内教师闭门研讨，学科间互不沟通，通过这次教研模式变革，我校开展教研组常规（同学科）与年级组（跨学科）双线研讨，再到跨学科、跨年级多线融合，教师集体研讨、集体备课。在集体活动过程中，对教材、学情掌握更加深入。拓宽了教师的知识视野。使教师逐步由知识单一化向多元化转变。增强了教师相互合作、彼此促进的能力。更容易达成教学目标及育人目标。

2. 教学阵地多方联动

我校综合实践引领的教学课程改革实行过程中，初步形成了家庭、学校、社区、基地四方联动的态势。以"笋芽儿"教学为例，前置课程中，家长利用节假日带领孩子走进自然，深入竹林，跟孩子们一起找笋挖笋；后拓课程里指导孩子们制作笋的作品送给爷爷奶奶、父母、社区叔叔阿姨。一次实践，胜于无数次的说教，这是一位家长的真实感受。教学不只在校园，知识也不只于课本，综合实践引领的多方联动的教学也是我校"道法自然 和而不同"育人理念的发展营地。

3. 评价体系多元展开

（1）评价目标多元化。"笋芽儿"整合教学不仅关注了学生的知识与技能、学习方法的目标评价，同时也充分体现了学生学习实践中过程性目标和情感目标的正确评价。运用多元的目标评价，大大激发了学生的学习兴趣，增强了学生探索新知的欲望。在评价过程中，做到了尊重学生个体差异、全面而客观。

（2）评价对象多元化。以往的教学多以老师评价学生为主，以综合实践活动引领的教学课程改革做到以学生为评价主体，家长、老师、学生、小组多个对象互相评价。这样从不同角度、不同侧面了解孩子们对知识的掌握情况及情感态度。不同的评价对象也会在评价过程不断反思，不断提高。

（3）评价方法多元化。讲故事、说心得、画"☆"、投票等多种评价方式在"笋芽儿"教学过程中多次体现，结合教师客观公正的评语，孩子们获得了满满的成就感。小组合作的方式，展现出了较强的传、帮、带力量。

我们是教育者，我们的任务就是要在教育事业上努力创造出适应学生发展需要的教育教学理念。综合实践引领下的专题化教学给学校文化、教学方式、学习方式带来巨大、可喜的变化，教研制度的重建，教学阵容的扩大，教学环境的改观，评价体系的革新，都是教育改革的重要因素。我们会一如既往在综合实践引领下继续一步一个脚印，坚定地走稳走好教育教学改革之路！

（案例提供：刘星星　吕作香　彭丽婷　李瑞琪　蒋颜　汤倩）

案例 3

学科：语文、教学、音乐、道德与法治
年级：三年级

我们去春游

一、研究缘起

正值草长莺飞的季节，万物复苏，大自然充满着勃勃生机。春天中蕴藏着多少神奇的秘密，春景里写满了多少美好的向往。孩子们好动爱玩，对这一切充满了好奇与期待。将春季时节与孩子们活泼好动、向往自然的特点结合而成的春游专题，有较大的研究价值。我校周边有洋湖湿地公园、农趣谷、晚安樱花园、南郊公园、桃花岭等很多适合出游的地方，既有生机盎然的春景，也有好玩多样的游玩项目，开展春游活动十分便利。另外，我校成功开展过跨学段跨学科专题化的综合实践活动"走进神奇的植物世界"，为我们本次跨学科整合提供了宝贵的经验。

二、组建团队

我们组建三年级跨学科整合合作团队：团队领头人 1 名，语文、数学、音乐、道德与法治等学科骨干教师各 1 名（包括：领队邹新元、音乐老师周榴、语文老师杨仕、数学老师刘子仙、道德与法制老师熊臻嘉），同时还有 20 多名感兴趣的教师一起参与。我们多次开会探讨，最终确立教学课题，开展实践教学活动，包括跨学科听课、备课、评课等活动。通过组内老师们全力配合，各学科联动、家校携手，深耕整合理念，有序地推进此次专题综合实践活动落地。

三、确立主题

（一）研读纲要

综合实践活动是从学生的真实生活和发展需要出发，从生活情境中发现问题，转化为活动主题，通过探究、服务、制作、体验等方式，培养学生综合素质的跨学科实践性课程。综合实践活动的主要方式及其关键要素为：考察探究、社会服务、设计制作、职业体验。在活动设计时可以有所侧重，以某种方式为主，兼顾其他方式；也可以整合方式实施，使不同活动要素彼此渗透、融会贯通。

（二）教材分析

翻开三年级教材，我们发现音乐第一单元第一课《春来了》，学生学习三拍子的节拍规律，用优美、统一的声音演唱歌曲，能够激发对春天的向往和热爱。而在语文的第一单元"口语交际"《春游去哪儿玩》，学生推荐春天游玩的地方，能够训练口语表达能力。这两个学科都有"春天"这个联结点，我们接着比对其他科目的教材，惊喜地发现：数学第三单元的《复式统计表》是将两个或两个以上的单式统计表合并成复式统计表，并简单地分析表内数据。我们可以循着"春天"的主题，让学生统计春游中最喜欢的活动项目，并帮助学生制定游玩项目顺序。道德与法治第三单元的第二课《生活离不开规则》，这个单元意在让学生学会如何融入学校生活和社会生活，使学生明白，了解和遵守规则是适应公共生活的前提。我们可以以春游为切入口，由点到面，让学生初步形成规则意识。

具体分析教学目标。音乐《春来了》的教学目标为：通过小组合作学习演唱歌曲《春来了》，感受和体验春的美好，促进学生歌唱、审美等综合能力的形成，激发对春天的向往和热爱。语文《春游去哪儿玩》的教学目标为：学会认真倾听，能把握主要内容，清楚地说出自己的感受和想法。进行教学活动时，力求放到具体的交际情境中进行，抛弃大规模讲授口语交际原则、要领的这一方式，注重学生的表达能力。数学《复式统计表》的教学目标为：通过数据收集、整理、描述和分析的过程，正确处理统计表中的信息。在课堂上以小组为单位，收集最喜欢的春游活动项目数据，切实培养孩子处理信息的能力。道德与法治《生活离不开规则》的教学目标为：知道班级和学校中的有关规则，并感受集体生活中规则的作用。在老师引导下，学生能通过小组合作制订春游规则，并联系学校生活和社会生活，从而培养学生遵守规则的能力。团队老师们反复思考和讨论了这四个学科有关春天内容的交集，确定了以"我们去春游"为主题的课程整合教学，希望在学科融合中培养学生的综合能力。

四、制订方案

（一）教学目标

1. 在讨论交流中，让学生获取参与讨论的积极情感体验，培养学生乐于探究的心理品质和勇于创新的精神；

2. 促成学生学习方式的转变，使他们学会探究，学会运用所学动手实践，学会学习；

3. 在进行统计数据时，使学生经历简单的数据整理过程，能够用自己的方式（文字、图画、表格等）呈现统计的结果；

4. 通过制订春游规则，使学生形成对自然、自我、社会的内在联系的整体认识，培养对自然、对自我、对社会的责任感。

（二）教学重点

1. 能用优美、统一的声音演唱歌曲，并通过一系列活动感受和体验春的美好；

2. 能向同学推荐春游地点，说清楚推荐理由及可开展的活动；

3. 根据实际情况制作统计表，了解春游活动中的规则，树立规则意识。

（三）教学难点

促进学生歌唱、审美等综合能力的形成；促成学生学习方式的转变；使他们学会探究，学会运用所学动手实践，学会学习。

（四）整合安排教学环节

"我们去春游"跨学科整合教学，从春游前期、中期、后期的活动安排出发，在音乐课上体验感受春天的美好后，语文课前让学生实地考察适合春游的地点，数学课通过制作统计表确定游玩项目，最后道德与法治课引导同学们小组合作探究，制订春游规则以便文明出行。学习从课堂延伸到课外，由"知行"到"行知"（具体课程安排见表4－10、表4－11）。

表4－10 "我们去春游"整合教学安排表

授课学科	项目	授课教师	课时	实施对象
音乐	春来了	周榴	30分钟	三年级 全体学生
语文	春游去哪儿玩	杨仕	30分钟	
数学	春游如何规划	刘子仙	40分钟	
道德与法治	生活离不开规则	熊臻嘉	40分钟	

表4－11 "我们去春游"课堂模型建构

第一课时：音乐	创设情境，激发兴趣（激发春游活动兴趣）	身势律动，把握节奏
		小组合作，初步识谱
		乐器伴奏，综合表演
第二课时：语文	用心倾听，清楚表达（确定春游活动地点）	理清思路，归纳要点
		学会倾听，友好交流
		陈述理由，表达清晰
第三课时：数学	统计分析，多维思考（设计春游活动项目）	课前调查，课堂分享
		小组投票，收集数据
		联系生活，分析数据
第四课时：道德与法治	遵守规则，文明春游（制订春游活动规则）	课前调查，人人发言
		小组合作，制订规则
		延伸拓展，联系生活

五、教学示例

（一）准备阶段

1. 分小组，布置春游踩点任务。

为了设计出真实而又合理可执行的春游计划，将班级同学分成八个小组，利用五一假期进行实地考察，和家长们一起去喜爱的春游地踩点。

（春游准备、设计路线、调整路线、表达训练，这一系列的亲子活动，孩子们既能在玩中学，又能在学中玩，感受知识与快乐的交融。）

2. 提供可参考春游地。

洋湖湿地公园、南郊公园、桃花岭、农趣谷、橘子洲、李自健美术馆、岳麓山、西湖公园、靳江路……或自行探索其他更适合班级春游的地方。

3. 家长协助学生制定春游攻略，内容包含：路线设计、推荐理由、可开展活动。如：划船、游乐设施、放风筝、拔河、野餐……

孩子们玩得不亦乐乎！在洋湖湿地公园湖边合影，一起去水街探索星空艺术馆（图4-3）。

图4-3 春游踩点剪影

（二）教学示例

第一课时：春来了
——创设情境 激发兴趣

【教学目标】

1. 通过学习歌曲《春来了》，感受三拍子强弱规律以及在音乐中的表现作用，能唱出三拍子的韵味。

2. 通过说春、唱春、赏春、赞春等活动，让学生多方面感受春天的美好，尽情享受春天带来的喜悦和希望；激发学生赏春、踏春的渴望之情，提高学生行动起来策划春游的积极性。

3. 学生能用优美、统一的声音演唱《春来了》，能用歌声表达对春天的赞美之情。

【教学重点】

能用优美、统一的声音演唱《春来了》，并通过一系列活动感受和体验春的美好；促进学生歌唱、审美等综合能力的形成，激发对春天的向往和热爱。

【教学难点】

能够表现三拍子的强弱规律。

【教学准备】

多媒体课件、钢琴、三角铁。

【教学过程】

一、说春——描绘春天的美丽景色

师：冬爷爷赶上末班车走了，春姑娘踏着轻盈的舞步来到我们身边，你知道她给我们带来了什么礼物吗？

生：春天来了，冰雪融化、万物复苏、花儿红了、草儿绿了……大地一片生机勃勃。

师：春天到了，让我们愉快地去郊游、放风筝吧！

二、唱春——歌唱春天的天籁之音

1. 感受歌曲。

师：我们已感受到了春天的气息，可是，春姑娘她喜欢和我们捉迷藏，我们一起去找一找她到底藏在哪里？

生：春姑娘在桃花的花苞里、柳树的枝头上。

师：春满枝头，桃红柳绿，让我们一起跟着音乐动一动跳一跳，感受她用怎样的节拍轻盈地穿梭在花间树里？节拍强弱规律是怎样的呢？（感受四三拍的强弱规律）

生：三拍子，强弱规律是强弱弱。

师：让我们选择一种自己喜欢的三拍子方式为歌曲伴奏。（创编）

2. 学唱歌曲。

师：聆听歌曲，你觉得歌曲表现了怎样的情绪？

生：欢快、活泼的情绪。

师：老师已经将歌曲的乐谱展示在黑板上，请各个小组先自主学习。

师：以小组为单位展示学习成果，并充当小老师把组内自学内容教给其他组组员。

师：有小组的同学音准唱的不是特别准确，请同学们跟着老师的琴声一起来唱唱不准的地方。

师：接下来你们能够加入歌词完整的演唱歌曲吗？

3. 巩固歌曲。

师：歌曲的演唱形式有很多，你们能说出几种演唱形式吗？

生：轮唱、领唱和齐唱。

师：让我们改变歌曲演唱形式，用领唱和齐唱的演唱方式演唱歌曲。

师：老师今天还请来了一位小朋友——三角铁，你们能用三角铁给歌曲伴奏吗？

4. 成果展示。

学生抽取任务卡，分别为器乐组，声乐组、舞蹈组，三个组合作完整呈现歌曲。

5. 学生自评和互评（表 4 – 12）。

表 4 – 12　学生自评和互评表

小组名称					
组长		组员		自评	他评
小组合作情况	1. 所有成员都能积极参与小组活动（20 分）				
	2. 小组成员配合默契（20 分）				
	3. 音准好，节奏准确、整齐统一（20 分）				
	4. 情绪情感到位，富有激情，声情并茂（20 分）				
	5. 台风好，落落大方，能够展现良好的精神风貌（20 分）				

三、赏春——感受春天的诗情画意

组织学生观赏有关于春天的图片，学生可以发挥想象来描述春天的美景。

四、赞春——赞赏春天的美丽风景

师：春天是美好而充满希望的，它属于我们每个人。同学们，你们就像四季中的春天一样朝气蓬勃，愿你们珍惜美好春光，快乐地学习，健康地成长，用我们的智慧为建设祖国更美好的明天而努力奋斗。

板书：

春来了

三拍子

强弱规律：强弱弱丨强弱弱丨丨

【课后探究作业】

学生课后利用互联网去搜索春天相关歌曲，搭配图片，制作成 PPT 进行汇报分享，进一步感受春天的美好。

第二课时：春游去哪儿玩

——用心倾听　清楚表达

【教学目标】

1. 能向同学推荐春游地点，并说清楚推荐理由及可开展活动。

2. 引导学生在情境中学会表达与倾听，懂得尊重与体谅他人意见。

【教学重、难点】

运用清晰、准确的语言介绍春游地点，表达详细有条理。

【教学准备】

1. 先对全班进行问卷调查，搜集同学们平时喜欢的户外活动；将全班同学分为八个小组，利用周末实地考察，探路春游景点。

2. 小组合作准备春游踩点照片，每组设计一份简单的春游推荐攻略。

【教学过程】

一、歌曲导入，明确主题

1. 播放歌曲《春来了》伴奏，组织学生合唱。

师：音乐课上同学们用乐器、舞蹈、歌声赞美春天，伴随着这春的旋律，我们去哪儿？

2. 播放学生春游踩点剪辑视频，1~2 分钟左右。

师：课前，全班分为八个小组为春游探路，分别去到了以下八个地方：洋湖湿地公园、南郊公园、桃花岭、农趣谷、岳麓山、西湖公园、后湖艺术街、洋湖水街。让我们一起去瞧瞧他们的收获！

二、教师示例，理清思路

1. 师：春游攻略制作完成了，那么在向全班推荐时，我们要怎么样才能将春游攻略向大家展示得详细而清楚，牢牢抓住他们的眼球呢？老师先来给大家说一说，请仔细聆听，并思考：老师用了哪些方法让表达更清晰、详细？

2. 师示范：出示"洋湖公园—春游攻略"。

我推荐春游去洋湖公园。我的推荐理由有四个：

第一，公园面积较大，可欣赏到的春天景物很多，适合三年级的学生游玩；

第二，公园有花海，有塔，有湖，有鱼，景色优美；

第三，公园离学校并不远，20 分钟左右就可以到达，玩的时间比较充足；

第四，公园周边还有其他景点，如洋湖水街、洋湖农耕文化园，可选择性多。

我们还可以组织这些活动：

首先，在公园里组织"找春天"活动，看谁找得多。比如：我们可以认一认、比一比，看谁认识的树多，可以熟悉树的种类。

然后设计一些寻宝活动，让同学们可以找到隐藏的春天美景。

最后，可以集中在草地上玩一些互动游戏，如你演我猜，加深大家的感情。

同学们思考，刚才老师用到哪些方法将春游攻略讲得清晰又详细呢？

三、总结表达，归纳要点

1. 生交流，总结表达方式。

预设：

生 1：思路清晰，使用了序数词及先后顺序词，如"第一……第二""首先……然后……最后……"。

生 2：表达详细，用"有……有……"句式介绍景点。同时，将游玩活动详细地进行了举例说明。

2. 师以思维导图方式板书，归纳表达要点。

师总结：序数词确实能让表达者的思路更有层次。再加上详细的景点描述，丰富多彩的活动安排，让我们一下子被吸引住，仿佛置身其中。

（通过明确表达要求，让学生懂得表达需要理由充分，且有逻辑性，养成会说话、能说清楚话的习惯。三年级的学生在老师的示范指导下，能获得最直观的体验。）

四、小组展示，学会倾听

1. 出示提示，明确倾听要求。

师：小组展示前，老师有一些温馨提示，请一位同学大声来朗读！

温馨提示：

（1）今天我是文明小观众：耐心倾听、不打断。

（2）今天我是细心小评委：客观评价、提建议。

2. 建立评价表，给予学生双重角色：文明小观众、细心小评委。

师：作为小评委，那么我们该从哪些角度评价呢？老师也为大家准备了一份评价表，今天的你们既是文明小观众，也是细心小评委。聆听的同时，记录下你的评价（表4-13）。

表4-13 "春游去哪儿玩"小组春游攻略评价表

评价内容	满意指数☆（满星：五星）	我的评价
第一小组	☆☆☆☆☆	我认为好的地方： 我的建议是：
……	……	……
第八小组	☆☆☆☆☆	我认为好的地方： 我的建议是：

（在练习前，老师明确地提出倾听与交流要求，并指导学生围绕这些要求来开展评议，在客观评议中完善自己的表达，锻炼学生的口头表达能力，同时培养学生认真倾听的良好品质。）

3. 小组成员上台介绍其小组春游攻略，其他同学填写评价表。

4. 表达意见、友好交流。

（1）生交流，评价各小组的表达方式。

师：同学们在评价时，可以从以下方面表达：

他的表达中最吸引我的地方是……

我觉得他有些地方表达不清楚/不详细，我觉得还可以这么说……

（2）师引导学生语言表达，有礼貌、得体地提出建议。

五、民主评选，分享感受

1. 现场投票：生将手中磁铁贴至黑板上心仪的春游景点处。

师：听完每个小组的推荐分享，请投票给你最心动的春游地点。课后，班级将派代表把我们的意见推荐给学校德育处，为全校春游提供参考。

2. 分享经验。

师：今天，我们围绕"春游去哪儿玩"这个话题进行了讨论，最后通过这次活动，选定洋湖湿地公园作为我们的春游地点。作为全程参与其中的一员，你有什么收获吗？

板书：

春游去哪儿玩

地点：洋湖湿地公园　　　　　　岳麓山

　　　南郊公园　　　　　　　　西湖公园

　　　桃花岭　　　　　　　　　后湖艺术街

　　　农趣谷　　　　　　　　　洋湖水街

……

推荐理由：第一……第二……

活动安排：首先……然后……最后……

【课后作业】

　　完善春游计划，设计具体的活动方案，将细节形成文字。请大家自行设计春游路线，根据距离的考量设计多条路线，为大家提供不同的选择（图4-4）。

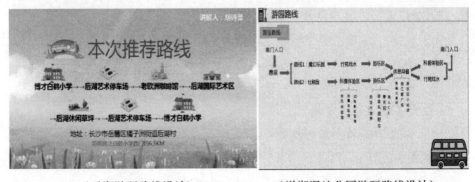

（后湖游玩路线设计）　　　　　　（洋湖湿地公园游玩路线设计）

图4-4　春游路线设计剪影

第三课时：春游如何规划
——统计分析　多维思考

【教学目标】

1. 巩固数据的收集、整理、描述和分析相关知识，熟练填写简单的复式统计表，能根据统计表中的数据进行简单的分析。

2. 通过练习巩固复式统计表的初步知识，学会正确处理表中信息。

3. 培养学生的认知习惯，提高学生探索问题的积极性。

【教学重、难点】

根据实际情况制作统计表。

【教学准备】

课件、学习单。

【教学过程】

一、PPT 导入，学生汇报

语文课上，同学们选出了最想去的春游地点——洋湖湿地公园。那大家想选择什么活动项目呢？老师在每个小组中选择了一名同学上来为大家介绍他推荐的活动。

1. 学生边放映 PPT 边讲述推荐理由（每组 1 分钟）。

课前，学生们实地考察了洋湖湿地公园，找出了以下 8 个最喜欢的活动项目：赏花海、放风筝、真人 CS、你画我猜、野餐、乘船、拔河、游乐场。

2. 老师提问，发现问题，解决问题。

师：这 8 个活动，哪个活动是你们喜欢的？

学生自由回答自己喜欢的活动项目。

师：咦，同学们的意见不一致，怎么解决这个问题呢？

（找大多数同学喜欢的）

师：你真了不起，怎么找呢？

（调查、统计）

老师引导学生利用数学中的"统计"知识解决问题。

二、小组投票，收集数据

1. 活动要求：小组（6 人）合作，统计小组最喜欢的活动项目。每人只可以选择一个活动项目。（小组自主统计）

师：老师这儿收集了两组同学的统计表。咱们一起来看看：请学生介绍想法。

比较两份统计表，说一说哪份做得更好，理由是什么？（回顾单式统计表的特点）

师点评：这位同学思考得很全面，当小组人数较少时我们用单式统计表更方便简洁。

2. 各组展示并汇报统计结果。

师：我们统计完每个小组最喜欢的项目了，如果第一组选择去 XXX，那喜欢 XXX 的同学开心吗？我们可以在时间允许的情况下先玩 XXX，再玩 XXX。

3. 引导学生多维思考如何更好地游玩。

师：如果两个组或几个组同时玩同一个活动项目，是不是浪费时间？为了防止这种情况出现我们应该怎么办呢？（错开，继续统计全班的情况）

小结：为了使我们的春游更高效地进行，可以从时间以及各小组喜欢的活动项目等方面来制定游玩顺序。

三、整理数据，多维思考

根据统计情况，怎样直观地比较出各项目受欢迎的程度呢？现在 8 个小组的统计情况都展示在黑板上，请小组合作，将每组的数据体现到一张统计表上（复式统计表）。比一比，看看哪组又快又美观？

1. 展示学生作品，并回顾复式统计表的特点。

师：咱们一起来看看，下面请学生介绍想法。

师：这组的同学真了不起，把统计表做得如此科学明了。你们做对了吗？

师：现在可以合理安排我们班级每组活动项目的游玩顺序了吗？

2. 合理制定春游游玩顺序。

3. 布置课后任务。

师：如果这次春游不止有我们班的小朋友呢？调查全年级小朋友最喜欢的活动项目这项任务就交给同学们课后去完成了，相信大家通过上了今天这节统计课之后一定可以完成得特别高效。

小结：今天大家在制定游玩顺序时用到了单式统计表收集数据，用复式统计表整理数据，加深了对这两类统计表的了解，在以后的生活中也要灵活运用不同的知识来解决问题。

四、总结课堂，升华情感

师：看起来简单的一次春游，原来里面蕴含着不少的学问呢！无规矩不成方圆，为了我们的出行更有秩序、更安全，还需要制定相关的春游规则。下节课，请和道德与法治老师一起完成春游规则的制定吧！

（教学思考：从春游过程中需要遵守春游规则，自然而然地引出根据道德与法治来制订规则部分。）

板书：

春游之小小统计员

放风筝　野餐　拔河　赏花　乘船　你画我猜　真人　CS　游乐场

单式统计表

复式统计表

【课后作业】

调查全年级小朋友最喜欢的活动项目，将每个班级的数据整理到一个表上。

第四课时：生活离不开规则
——遵守规则　文明春游

【教学目标】

1. 收集春游的规则，并分类归纳。

2. 在生活中养成规则意识。

【教学重、难点】

1. 了解春游活动中的规则，树立规则意识。

2. 小组合作对春游的规则收集整理。

【课前准备】

课件、学习单。

【教学过程】

一、课前调查，人人发言

师：语文、数学课上，我们讨论了这次春游的地点和同学们喜欢的项目，过几天我们就要启程啦！

师：为了让咱们这次的洋湖湿地之旅玩得更安全、开心，我们要先来讨论讨论春游要遵守哪些规则，做一个文明游客！（贴板书：规则）

师：在我们的生活中，你看到了哪些不文明游玩的现象呢？课前让每个小组进行了搜集、讨论，现在我们一起来看一看吧！

（各小组通过采访、绘画、写话、统计等方式，汇报结果。）

师小结：除了文明行为外，还有哪些规则，能使我们的游玩更加安全有序呢？接下来进行小组讨论，将你们认为应当遵守的春游规则写在卡纸上。

二、小组合作，制订规则

1. 明确要求，相机指导。

（1）课件出示学习要求，展开小组合作。

（2）部分小组上台汇报，台下其他小组点评、补充。

组1：我们认为春游要遵守的规则有：

听从老师、导游的安排

不乱丢垃圾

不乱跑

不在车上随意走动

系好安全带

师：非常好！请组长把你们的答案贴上去！还有没有补充的？

组2：我们有几条是跟第1组一样的。

师：没关系，那将你们不一样的内容说出来。

组2：坐车时不能把头伸出来

回来时要排好队伍

师：谢谢你们组的补充，来，请贴到黑板上去！

师：好，第 5 组也要补充！

组 5：要注意文明用语

不破坏公物

准备好塑料袋装垃圾

师：想得很细致！

师：还有吗？请第 6 组上来！

组 6：我们要穿好校服、戴好红领巾

师：展现我们白鹤学子的精神风貌是吗？很周到！

师：还有不一样的吗？

……

师小结：通过大家的集体智慧，我们春游要遵守的规则已经清晰地罗列出来了，为你们竖起大拇指！

2. 创设情景，激发思考。

（1）"薄荷小剧场"情景表演。

学生表演完毕后，思考：看到别人不遵守规则时，我们应该怎么办？

生 1：我们要阻止他们的行为。

生 2：要真诚地劝说他们，便于他们接受。

（2）学生自由讨论，举手发表意见。

师小结：我们不仅自己要做到，而且也要去提醒、制止他人。当遇到不文明的现象，我们要有敢于劝说的勇气和善于劝说的智慧！

（3）PPT 出示 6 种不文明的春游现象，各小组任选一种，分角色表演进行劝说。

（4）2~3 个小组上台表演展示。

师小结：这些规则不是一条条生硬死板的条文，它实实在在地为我们出游的安全和有序保驾护航！

三、延伸拓展，联系生活

1. 思考：目前新型冠状病毒疫情形势下，作为小学生的我们要遵守哪些规则，来配合防疫政策？

2. 思考：在学校生活和社会生活中我们还有哪些规则要遵守呢？为什么？按要求进行小组合作，并完成表4-14学习单。

表4-14　遵守规则学习单

大家好，我是第_____组的_____，我们组发现生活中要遵守的规则还有：	
规则	作用
……	……
……	……

3. 部分小组上台汇报，台下其他小组进行补充。

师总结：同学们，生活中处处有规则，我们要做一个有规则意识的人，从自己做起，从小事做起！

师：春天向我们款款走来，音乐、语文、数学、道德与法治四堂课，我们用唱歌、表达、统计、列规的方式，在春游里去踏寻她的脚步。旅程即将开始！准备好你们的热情与好奇，一起去与大自然相遇相拥吧！（全班齐唱《春来了》）

板书：

生活离不开规则

春游前　　　　　　　　春游时　　　　　　　　春游后

【课后作业】

同学们，想一想之前我们在生活中观察到的不遵守规则的行为，各小组设计2~3条标语，提醒大家遵守。本周班队课全班评出最佳标语。

六、反思研究成效

（一）学生篇

我是一名小小"老师"

今天的音乐课周老师带我们走进了春天，让我们感受到了春天的美好。"春来了，春来了，她在哪里谁知道……"《春来了》的旋律响起，我们的课堂逐渐热闹起来。这节课周老师设计了即兴编舞蹈动作、旋律接龙游戏、三角铁伴奏、分组表演、赏析春色图等环节。让我印象最深刻的一个环节是分组表演。课堂上，我们每个小组都拥有不同的学习任务，完成自己组内学习任务的同时还当了一次小老师，把自己组内的学习任务教给其他组同学。原来在课堂上，我们不光学，还能够教。

——1811班　闫思同

我是一名小小"演讲者"

数学课刘老师为我们准备了一场别开生面的纸上春游活动——讨论同学们最喜欢玩的项目。

刘老师组织我们班同学进行春游的活动策划，并要求用PPT的形式进行呈现，包括"去哪里玩""推荐的理由""如何组织"以及活动的照片等内容。当接到这个任务时，我们兴奋极了，这是我们第一次全面考虑如何进行一个活动的策划，第一次学着用PPT制作，第一次写活动推荐演讲稿。在爸爸的指导下，我学会了很多计算机方面的知识，电脑原来是这么神奇！后来刘老师让我作为代表，在班上推荐"放风筝"活动项目，我觉得这是很光荣的，我非常激动。通过这次活动，我的胆量得到了锻炼，演讲能力得到了提升。班上同学都觉得这节课非常有意思。虽然大家的意见不同，但按照少数服从多数的原则，很快达成了一致的想法。我们在这次整合课上，学习了策划、交流、表达。作为新时代的学生，不仅要努力学习，更要使综合和实践能力得到全面提升！

——1814班　石卓玥

（二）家长篇

以孩子为主体感受音乐的魅力

《春来了》这堂音乐课，学生以小组为单位，对这首歌曲进行自学，然后让学生来教旋律，教师的教转换成学生的教，让学生成为课堂的主人。学生在这个过程中获得不同经验，并且都能自己去感受、去理解，最大程度地接受艺术的熏陶。学生在这种实践活动中，既激发了对音乐的浓厚兴趣、树立了自信心，又发展了创造性思维。

没有老师的放手，学生哪会离音乐这么近呀！也许，学习的过程意味着要面临问题和困惑、挫折和失败，还要花很多时间，或许会一无所获。但这却是一个学习、成长、发展、创造所必须经历的过程，也是一个人的能力、智慧发展的内在需要。在课堂上，老师多放手，给学生自由发挥的空间，让学生参与，那么他们一定会收获更多的成长，让成长在我们的音乐课堂上无限蔓延！

——1811 班　闫思同家长

孩子在实际生活中感受数学

每年的春游都是小朋友最向往的活动，春游的地点和游玩项目都是小朋友们和家长们最关心的内容。本次教学活动主要是让孩子们用 PPT 汇报的形式把春游活动项目、活动推荐理由、活动准备、活动图片等内容组织起来呈现在大家面前。同时也激起了孩子们亲近大自然，探索大自然奥秘的好奇心。

这次活动项目探究及汇报演讲作为家长来说，我觉得是一次十分有意义的活动。感谢学校，感谢刘老师让孩子们通过探究活动运用数学知识解决生活问题，在数学领域突破多方面的知识，比如：计算、统计、观察、分析等知识点。孩子说这堂课是最有趣最令人兴奋的，也是他们参与度最积极的一堂课。孩子们第一次在家长的指导下尝试用 PPT 制作文档，感觉很新颖，很有趣；第一次自己设计一场活动并且通过 PPT 的方式在课堂上演讲出来，锻炼了他们的思维能力，组织能力和语言表达能力。像这样的探究活动和活跃的课堂是孩子们十分期待和喜爱的，希望学校以后能够多组织一些这样的课堂，让孩子们多学习一些紧密联系生活的学习内容，把枯燥的学习内容变成生活中的数学，提高他们的学习兴趣。

——1814 班　段思烨家长

（三）教师篇

行是知之始　知是行之成

杨仕老师的口语交际"春游去哪儿玩"这一堂课，围绕春游这一主题展开讨论，贴近学生生活，学生非常感兴趣。整堂课自然流畅，学生情绪高涨，各抒己见。在本堂课教学时，杨仕老师力求充分体现"互动"这一特点，在真实有效的互动中激活思维，让学生获得平等交流的机会，培养合作精神；在师生互动、生生互动中，建立平等交流的交际平台。

小组合作，自主探究。为了充分体现学生在课堂上的主体性，杨老师注意调动学生的学习经验和生活经验，采用小组合作、汇报等方式，让学生主动参与到交际活动中。课前，杨老师组织学生以小组为单位，对自己感兴趣的春游地点进行详细了解，并通过推荐表将自己推荐此地点的理由说清楚。学生把自己的建议准确、明晰地记录下来，培养了学生的合作精神；教师鼓励学生提出新颖独特的活动方案，让学生在讨论中学会倾听、学会表达。

从扶到放，展示交流。课堂前期准备如此充分，那么小组合作成果如何能在课堂上进行精彩展示呢？课上，杨老师出示推荐单，给学生介绍了自己想要推荐给同学们的春游地点。介绍过程中，杨老师讲得绘声绘色，学生们听得津津有味。介绍完之后，杨老师又引导学生归纳介绍要点，明确介绍与倾听要求。使汇报的学生能够在接下来的小组介绍环节，做到语言通顺、条理清楚、声音响亮、语速适当；倾听的学生能够认真倾听，不打断别人说话。

本堂课中，互动方式很多：生生互动、师生互动、群体互动。同学们都积极地参与其中，畅所欲言。杨老师提出明确要求，有扶有放，使学生明确交流时的要求，能在双向的有效互动中进行动态的口语交际训练，达到口语交际训练的目的。只有这样的课堂，才能使学生的口语交际能力真正有所提高，学有所长。

——袁恬毓老师

一草一木都含情　一题一课都有意

熊臻嘉老师的道德与法治课"生活离不开规则"，围绕春游这一主题展开讨论，通过主动实践，让学生亲身体验和理解了生活中的规则，懂得规则对每一个人既是一种约束，也是一种保护。在活动中，学生敢于发表自己的见解，他们的独立性及个性也得到了发展。在这一课中，我很佩服熊老师对素材的挖掘。

1. 选取学生感兴趣的素材，拉近学生和教材的距离

通过"春游去哪儿玩"这一主题，引导他们从自己感兴趣的话题中找规则，直观地建立起规则的概念，帮助他们对规则的理解具体化、生活化。熊老师的课堂将"规则之雨"悄悄落进了孩子们的内心，尤其是前半部分的课堂设计，我认为极为精彩。熊老师的课堂设计寓教于乐，首先以生活中不文明游玩的媒体视频、图片牢牢地吸引住孩子们的目光，让孩子们在轻松

的氛围中汇报课前收集、讨论的成果，之后的各个环节更是层层衔接。然后通过小演员表演的形式，将不文明的行为演绎出来，相比较于书本上的文字、图片等形式，更能激发学生的学习兴趣，引导学生自觉遵守规章制度。

2. 善于链接生活

从学生的生活实际出发选取素材，敏感把握社会新闻。"新闻媒体报道不文明游客的行为"是真实发生的事情，更有说服力。"春游规则我来定""生活处处有规则"，对学生来说是非常鲜活的生活经验，也能最直接地打动学生的内心。在"春游规则我来定"这一环节中，让学生小组合作讨论制订春游规则，并将其按时间分类为春游前、春游时、春游后三个阶段，引导他们从自己喜欢的游戏中找规则，从而直观地建立起规则的概念，帮助他们对规则的理解具体化、生活化。此外，通过小演员演绎旅行中的"小插曲"，引导学生懂得不仅要自己遵守规则，当看到别人不遵守规则时我们也应该及时制止。因为别人不守规则也会影响到我们的安全，由此认识到只有人人遵守规则，社会才能美好、安全、有序。在活动中，学生敢于发表自己的见解，他们的独立性及个性也得到了发展。在观察、分析、联系实际的基础上，指导学生树立规则意识，养成自觉遵守规则的习惯。

3. 活动形式多样化

新课程要求以能力目标而非知识目标为主导组织教学，强调学生的主动参与，充分体现以人为本的人文精神。因此，本节课的内容以学生自主参与的活动形式教学有利于激发学生的学习热情，更好地将生活体验与课本知识相结合。通过了解规则、制订规则、小组讨论和小品表演的活动，培养学生大胆展示自己、与人合作、自主学习的综合能力。小组汇报时，通过视频、画作、作文、数据图多种形式来展示，让孩子们真正展现自己"小大人"的气质。

——郭润芝老师

（四）总结篇

百花姹春游　百科互联通

音乐、语文、数学、道德与法治四堂课，完美串联。当孩子们看到美丽的春天内心立刻欢呼雀跃起来，想要表达这种心情就要载歌载舞，歌唱春天。但是这远远不够，如此热爱春天，当然要去更近距离地拥抱她、感受她，这就是语文课上大家讨论去哪儿春游。讨论的过程中，涉及"听"与"说"，这自然就联系到了语文教材中口语交际的训练。接着确定了地点之后，公园里可玩的项目那么多，毕竟时间有限，怎么玩儿呢？学生要讨论确定游乐的项目，于是就自然联系到了数学科目中的统计方法。既然春游的地点和项目都定下来了，接下来就要准备出发。但是在游玩前，学生要先了解应遵守哪些规则，才能确保旅途安全有序，才能成为文明小游客。而万事万物都有规则，除了春游外，还有很多地方都要遵守规则，所以学生要养成规则意识。由此可见，这四堂课并不是各自为营，各唱各的戏，而是一脉相承、水到渠成的。生活中的知识本身，从来不是单一的，这就还原了知识的整体性。在"我们去春游"跨学科专题整合中，各科教师的设计要打破学科的桎梏，相互勾连、衔接，体现整体性。

各科教师第一次尝试困难重重。如何去联结各学科知识，如何去找到合适的实践方式，这些都要精心思考，与学生反复磨合，才能呈现最佳的效果。例如，在语文课"春游去哪儿玩"，八个小组分别去备选地点实地考查，要拍摄照片、制作 PPT、还要写成文稿来汇报，这些由于平常接触较少，家长要协助 PPT，老师在课前要一遍又一遍给学生培训，稿件多长为宜，说多久为宜，汇报的表达范式应如何，各组怎么呈现更多元，组员上台如何分工展示，等等。课程整合的课堂，主要是学生的"舞台"，老师是幕后者，这是与常规课堂最大的不同。虽然，第一次会遇到很多困难，但是慢慢地会越来越好。从音乐、语文、数学、道德与法治这四堂课的学生汇报环节来看，确实越到后面越成熟。在经过不断的尝试后，教师从最开始"摸着石头过河"，到逐渐接受、认可这种教学方式，最后都愿意主动学习和实践跨学科整合。我们相信，综合实践活动越往后面走，路就会越来越多、越来越宽，也会越走越远。

"春游"为线巧整合　综合实践育成长

"春游"永远是天真的孩子们最感兴趣的话题。我们整合课以"春游"为切入点，选择了这一贴近学生生活的"热点"话题为素材，让学生能够自主策划春游的每个细节，环环相扣。

1. "春游"为线，贯穿始终

三年级跨学科整合的主题为"我们去春游"。以"春游"为线，贯穿音乐、语文、数学、道德与法治四堂课：通过音乐课学唱《春来了》，激发学生对春天的喜爱和探寻；然后在语文的口语交际课堂"春游去哪儿玩"，学生积极讨论春游地点，说清楚推荐理由；接着由数学老师带来"春游之我是小小统计员"，运用统计方法确定学生喜欢的活动项目；最后道德与法治课"生活处处有规则"，让学生明晰在春游活动中应遵守的规则，从而在生活中养成规则意识。每一堂课的呈现方式不尽相同，但"形散神不散"，教学都是以主题为支点展开学科知识的拓展。

2. 以学科为根，融为一体

在年级组长邹老师的带领下，整合团队集结不同学科的骨干老师，进行了持续、有效的集体研讨。3 月，全体老师认真学习了学科整合理念。4 月中旬，各科老师结合教材，寻找知识联结点，确定整合主题，并制定了学科整合框架表。4 月底，课题团队成员们再次讨论交流，修改了学科整合框架表。5 月初，进行了第一轮的教案设计、课件制作、备课磨课、交流评课。5 月中旬，根据综合实践专家王校长的指导，整合组进行了第二轮的跟进，不断优化活动成果、细化实践过程。6 月，团队复盘、梳理活动方案，物化成果，整理学科整合资料。7 月，反复整理与修改各项资料。相较传统的同一学科的教研活动，跨学科整合活动带动了不同教研组之间的交流合作，在年级层面，尝试构建着一种新型的教研体系。各科教师的教学设计要体现整体性、融合性，就必须要求教师深化对知识的理解，打破学科的壁垒。

3. 以能力为核心，纵深推进

知识不是孤立存在的。通过短短 40 分钟老师讲、学生听的课堂形式，已经无法满足新时代学生成长的需要了。三年级学科整合组在设计四堂课时，注重转变教学方式，坚持以学生为主体，多以小组合作展开学习环节。学生能够通过探究获取知识，而不是教师一味的讲授。小组内部的协作，小组外部的竞争，也能有效提高学生的课堂参与性。课堂上除了师生点评外，更多的是生生点评，学生们思想碰撞的过程正是知识探索的足迹。此外，学习也不仅限于课堂中，充分利用了课前、课后的时空资源。学习方式多元化，每堂课都设计了前置课程、后拓课程，与课堂知识紧密相联，形成有机统一体。四节课着眼培养学生的观察能力、表达能力、思维能力和动手能力，环环相扣，步步推进。

4. 以课程为依托，多方联动

课程整合是小学课程改革的应有之义。而主题式课程整合，是其实施的一种重要形式。三年级学科整合组，充分发挥多方力量。组建"1＋1＋X"团队，采用"1＋1＋1"研训，老师集体精心研磨、学生参与实践探究、家长大力支持配合，实现多方联动开展课程整合活动。活动后期评价方式维度多元，执教老师、听课老师、学生、家长、年级组长在不同视角表达了自己的思考，有利于推进课程整合的下一轮实施。三年级"我们去春游"课程整合，以及学科内学科整合、年级间学科整合、跨年级学科整合，一起构建了主题化、多层次的学校课程文化体系，用综合实践引领的方式，培养学生综合能力，实现育人目标。

5. 以理念为抓手，且思且行

（1）反思不足。①有部分教师课程理念没有更新，对跨学科整合意识和兴趣不浓厚。②年级班额多且大，不同班级搭配的教师集体备课时间经常相冲突，造成统一集体备课时间安排上有困难。③跨学科课程整合普及的难度性大，老师们备课过程中课程前置所花的时间很多。

（2）后期打算。①积极展开课程整合典型案例宣传，向更优秀的团队取经。②深研理论，结合实践，不断反思，继续前行。③调动老师们的积极性，在本年级组开展跨学科整合教学竞赛。④以点带面，精准帮扶，让全组跨学科整合课程全面开花。

三年级跨学科课程整合，充分整合各方资源，能有效提升学生及教师的综合能力。在综合实践知识引领下，我们只有通过清晰的课程目标，构建课程文化，因地制宜地确立主题，树立典型引路，才能克服障碍，使课程整合走得更好更远。路漫漫其修远兮，吾将上下而求索，我们组将会在日常教育中且思且前行。

（案例提供：熊臻嘉　刘子仙　杨仕　周榴　邹新元）

学科：综合实践活动、道德写法治、美术、数学、语文

年级：四年级

剪纸艺术

一、研究缘起

小学传统教学一直是采用分学科教学。由于小学生年龄小，学科间横向联系的整合能力较弱，小学浅显易懂的知识容易被割裂成独立学科教学。怎样才能打破学科间壁垒，让各类知识整合起来形成一个主题进行教学，让学生得以全面认识并深入学习呢？我们四年级老师们围绕"剪纸艺术"主题开展了跨学科整合专题化教学。

二、组建团队

我校以年级组为单位开展同学段跨学科专题化教学。四年级组各学科骨干老师深入学习综合实践活动学科融合理念，团结协作，组建了一支跨学科整合专题教学团队。

三、确立主题

我们四年级组跨学科整合团队的老师们深入学习综合实践活动引领学校教学方式变革的理念，更新教育观念，研读教材并多次研讨。我们发现四年级的教学内容中，有几个科目的内容有一个共同的主题：剪纸。它们是《道德与法治》的"保护民间艺术"和美术学科的"剪纸故事"。

剪纸这一民间艺术随着现代科技不断发展，已经逐渐没落。在课余生活中，老师们发现有的学生喜欢动手剪、刻，经常创作作品来装点教室。可是他们虽对剪纸实践操作兴趣浓厚，但对剪纸相关知识知之甚少。我们很有必要对剪纸艺术进行保护和传承，因而产生了将美术学科的剪纸艺术和《道德与法治》的"保护民间艺术"结合起来进行教学的思路。数学"图形的运动"的教学内容也涉及剪纸中的轴对称现象。语文老师们说，只要孩子们充分参与了跨学科整合的活动，他们可以更好地完成习作"我学会了＿＿"。老师们还调查了解到学校附近的洋湖湿地公园有专业的剪纸博物馆，这是很好的学习实践基地。于是通过几轮研究讨论，我们最终确定了四年级组跨学科课程整合的主题为"剪纸艺术"。

四、制订方案

我们四年级跨学科课程整合小组的成员们多次研讨，在充分研究学情和确立主题之后，设计出了一套教学方案（见表 4 – 15）。

表 4 – 15 "剪纸艺术"教学方案

探究主题	实施年级	项目	整合教材	课时	授课学科
剪纸艺术	四年级	主题确定	主题确定课	2 课时	综合实践
		保护民间艺术	道德与法治：四下第四单元《多姿多彩的民间艺术》	1 课时	道德与法治
		实地考察、访谈	方法指导课	2 课时	综合实践
		剪纸故事	美术：第七课《剪纸故事》	1 课时	美 术
		图形的运动（二）	数学：四下第七单元《图形的运动（二）》第一课《轴对称图形》	1 课时	数 学
		我学会了＿＿＿＿	语文：四下第六单元　作文：《我学会了＿＿＿》	1 课时	语 文

为了更好地开展以"剪纸艺术"为主题的跨学科专题化教学，我们将教学活动分七步走：

第一步，综合实践课堂上，孩子们在老师的指导下，确立"剪纸艺术"主题，并分组通过上网搜索、阅读书籍等方式探究剪纸文化，让学生对剪纸文化有初步了解。

第二步，这么美好的传统文化我们该怎么保护呢？道德与法治课上，老师以"保护民间艺术"为主题，引导孩子们关注剪纸艺术的现状、价值意义及保护方法，唤起孩子们的探究欲望和保护行动。

第三步，我们能保护身边的哪些剪纸艺术呢？综合实践老师指导孩子们进行实地考察、采访等，去探寻身边的"剪纸艺术"。课后孩子们走近洋湖水街剪纸博物馆，通过实地学习、采访专家等更深入了解剪纸艺术，认识传承"剪纸艺术"的重要性，必要性。

第四步，美术课上，老师以"剪纸故事"为主题，让孩子们在课堂上分组合作，通过动手操作剪出作品，讲述自己的故事。

第五步，数学课上，以"图形的运动（二）"为主题，让孩子以剪纸作品及剪纸方法为突破口，进行轴对称图形的教学。

第六步，语文课上，老师以"我学会了_____"为主题进行了作文指导。有了前面一系列"剪纸艺术"的学习研究，孩子们收获很多。本堂课老师指导学生将自己的所学所思所获写成文章——我学会了剪纸。

第七步，孩子们课后进一步学习研究剪纸艺术，精进自己的剪纸技艺。老师鼓励孩子用自己的剪纸作品装饰自己的房间和教室。

五、教学示例

采访方法指导课

【教学目标】

1. 培养学生热爱并保护传统文化的精神品质；培养学生团结合作、尊重他人、分享成果的良好品质。

2. 在设计采访问题的过程中，培养学生独立思考的能力；在采访过程中，提高学生口头表达与应变能力。

3. 学习采访相关知识，学会设计采访提纲，掌握采访的基本方法，深入了解剪纸文化。

【教学重点】

引导学生设计采访问题，学习采访技巧。

【教学难点】

引导学生进行采访实践并思考如何保护剪纸文化。

【教学方法】

讨论交流法、讲解法。

【教学准备】

采访计划表。

【教学过程】

一、回顾主题，激趣导入

1. 回顾主题及各组活动内容。

5 个小组的小主题：（1）剪纸的发展历史。（2）剪纸的种类。（3）南北地区剪纸风格的特点。（4）各种图案纹样的含义。（5）介绍剪纸的工具、材料。（6）剪纸制作过程。

2. 了解各组开展剪纸活动的基本方法。

分析学生交上来的策划表，了解学生常用的探究方法。

3. 了解学生对常用探究方法的掌握情况。

确定探究方向，揭示内容，导入课题：采访。

二、深入了解采访，制定采访计划

1. 讨论采访前的准备工作。

结合生活实际，引导学生说出采访的三个阶段：采访前、采访中、采访后。

2. 制定采访计划表。

3. 学习编写采访计划。

各小组进行讨论，根据采访任务编写采访计划。教师巡视指导，全班交流、展示，组内修改。

4. 了解采访中应该注意的事项。

5. 交流总结采访后的工作。

学生讨论，教师总结出示采访后应该注意的问题：整理、归类、总结等。

6. 修改采访计划表。

三、创设情景，模拟采访

学生现场模拟采访，全班交流，完善采访计划表。

四、总结技巧

1. 通过采访可以更加了解中国的剪纸文化。再结合网上查阅资料、去书店查阅书籍、发放调查问卷、实地考察等研究方法，能深入了解剪纸文化现状。

2. 导入综合实践下一节课"实地考察"。

五、课后作业

1. 结合实践活动策划表和采访计划表进行实地采访，深入了解剪纸文化。

2. 完成采访总结，后期进行汇报。

六、板书设计

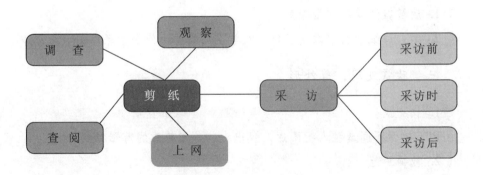

用剪纸来"说"故事

【教学目标】

1. 增强学生对剪纸文化的热爱。

2. 体验并掌握剪纸人物的基本方法和步骤，发展动手能力，锻炼口头表达能力。

3. 了解剪纸的表现形式和一般特点，能说出剪纸表现的故事。

【教学重点】

掌握剪纸的基本方法,将画面编成故事进行叙述。

【教学难点】

学生直接剪、刻出人物外形,运用对称剪的方法剪出人物细节花纹,并将剪出的人物形象进行组合粘贴。

【教学准备】

课件、剪纸成品、剪刀,彩色纸、固体胶棒。

【教学方法】

引导发现法、实践操作法、小组合作法。

【教学过程】

一、汇报探究成果

小组代表通过 PPT 的形式汇报剪纸艺术的重点探究成果。

二、激趣引入

1. 欣赏剪纸动画《娶亲》。

2. 师:剪纸动画中讲述了什么?学生回答并由此揭示课题:剪纸故事。

三、欣赏发现,剪外形

1. 找一找:

PPT 出示不同造型人物图片,找出人物外形轮廓的剪影特点。

2. 教师示范。

教师大胆随意地剪出人物的剪影外形,边示范边讲解要点:

(1) 回忆人体基本结构,大胆剪出人物外形轮廓。

(2) 边剪边转动纸张,线条流畅。

(3) 先剪出大形,再修剪。

3. 探究活动一:剪一剪有趣的剪影人物造型。

展示学生作品并评价。

四、深入探索，剪花纹

1. 欣赏花纹。

师：大家都想去婚礼现场，一定想穿上一件花衣裳，把自己打扮漂亮去参加吧！图中正是现在最流行的几种花纹，有谁认识吗？（PPT 出示几种花纹图片）

生回答：圆孔纹、水滴纹、月牙纹、锯齿纹……

2. 探究花纹特征。

引导学生观察发现花纹轴对称的特征。

3. 探究剪出花纹方法。

师小结：（1）可以用对折后剪的方法，也可以用剪刀凿穿后剪的方法。（2）可以用刻刀（小刀）进行细节处的刻画。（3）提示用刀安全。（美术习惯的培养）

4. 花纹运用。

学生以小组为单位先讨论，后派代表上台自由选择不同花纹教具，帮女孩搭配服装上的花纹。

师小结：剪纸大师们最喜欢用锯齿纹去表现动物的毛发、羽毛、鳞、花与果、草木等；用月牙纹去表现事物的形象，如衣纹、花卉、眉眼和衣服的皱褶等；用圆孔纹去表现眼睛和花蕊等。

5. 探究活动二：联系探究活动一的剪影人物形象，运用对称剪的方法适当装饰人物的细节和花纹。

五、合作分工，组合画面

探究活动三：小组成员分工合作，将剪好的人物进行联想，组合粘贴在画纸上，可适当添加背景，为作品取名字、编故事并与大家分享自己的剪纸故事。

六、欣赏优秀剪纸故事、作品

七、展示评价、升华感情

1. 每组派代表说说本组的故事。

2. 评选出语言优美、故事情节生动的小组。

师：今天我们用剪纸的方法表现了一个有趣的故事，你有什么感受？

师总结：故事无处不在，每天都在发生，只要你用心发现，留心记录，就能将美好的事物留下来。愿我们都成为热爱生活的有心人。

八、板书设计

图形的运动

【教学目标】

1. 在探究过程中进一步增强实践能力，体会中国传统艺术"剪纸"的魅力，尝试创作更复杂的剪纸作品。

2. 复习轴对称图形的知识，能画出对称图形的对称轴。

3. 发现轴对称图形的特征，通过数一数对称轴两侧的对应点到对称轴的距离，概括出轴对称的性质。（数方格）

4. 会画出轴对称图形的另一半，掌握画图的方法和步骤。

【教学重、难点】

1. 能识别对称图形并确定它的对称轴。

2. 能在方格纸上画出轴对称图形的另一半。

3. 掌握对称轴图形的特征和性质。

【教学准备】

PPT、彩纸、铅笔、橡皮、剪刀。

【教学方法】

讲解法、直观教学法、引导发现法。

【教学过程】

一、导入

1. 情景回顾：

欣赏美术课堂上的剪纸作品，发现其中的数学知识——轴对称。

2. 旧知梳理：

通过观察轴对称作品，唤醒学生对轴对称图形的认识：把图形对折后两边完全重合的图形，叫做轴对称图形。

3. 动手实践：

学生运用已学知识，尝试剪出一个轴对称图形——松树。完成后请学生上台展示并讲解过程，由此引出新课。

二、探究新知

1. 认识轴对称的性质

（1）认识对称点。

1）小组讨论：将刚剪的松树一点设为点 A，再把松树对折回去，你有什么发现？

2）引导学生发现对折后两点重合，把重合的另一点记为 A'。

总结：将图形对折后重合的这两点 A 和 A'，数学中我们把他们叫做一组对称点。

（2）探究对称点的特征。

1）动手尝试：学生尝试再找几组不同的对称点，并学会用字母表示出来（方格纸为辅助）。

2）观察发现：同学们通过观察和数方格，关于对称点有什么新的认识？

学生汇报：点 A 到对称轴的距离和点 A′到对称轴的距离是相等的。两点之间的连线与对称轴是互相垂直的。

3）继续探索，验证猜测。

探究任务一：

①你还能找到哪些对称点？把它们用字母标出来。

②把你找到的每组对称点用虚线连起来，验证你的发现。

③小组成员互相分享发现。

验证后总结：对称点到对称轴之间的距离都是相等的；对称点之间的连线垂直于对称轴。

2. 补全轴对称图形

（1）介绍古代剪纸艺术创作中的技法——刻。引导学生明白刻画轴对称图形应先确定图形的一半，再去画另一半。

（2）学生独立试画。

尝试操作：给出五角星的一半，补全另一半。

①先想一想如何画得又快又好？再动手尝试。

②画好后与组内成员分享你的操作过程。

③汇报展示，交流画法。

回顾总结：首先要找到图形的关键点，再标出它们的对称点，最后依次连接。

三、动手实践，深化体验

1. 挑战实验：画出书中第 85 页轴对称图形的另一半。

2. 引导学生结合轴对称图形的特点，自己创造一个轴对称图形。

四、课堂总结

同学们，今天我们通过剪纸对轴对称有了更深刻的研究和认识。在许多剪纸作品中，也都可以发现其中的对称美。剪纸是我们中国流传千年的民间艺术，而轴对称的美及对称思想也贯穿古今。我们只要拥有善于发现数学美的眼睛，就能感受数学的无限魅力。

五、板书设计

轴对称（二）

对折后两边完全重合的图形叫做轴对称图形。

对折后能够重合的一组点叫做对称点。

对称点之间连线与对称轴互相垂直。

六、课后作业

请运用轴对称的特征，画一幅轴对称的剪纸图案，并将它裁剪下来。结合美术课堂所学习的内容，将小组成员作品拼成一幅完整图画，创作你们独有的剪纸故事。

我学会了_____

【教学目标】

1. 善于分享、乐于表达，让学生在作文中感受到快乐。

2. 回顾剪纸艺术文化探究活动，同学们合作交流，感受生活，启迪学生写作灵感；能够将剪纸艺术文化探究过程中的收获过程写清楚，并写出自己的独特感受；学会捕捉精彩镜头，把印象深刻的画面写出来。

3. 学习运用细节描写手法，条理清晰地记述事情的经过，表述自己的真情实感。

【教学重点】

1. 能够将在剪纸艺术文化探究过程中学到本领的过程写下来。

2. 按一定的顺序把事情的经过写清楚、写具体，写出成功的感受。

【教学难点】

把剪纸的过程、体验写具体，能够把自己的真情实感描述出来。

【教学准备】

教师：多媒体课件。

学生：课本、学习卡片、学习清单、作文本。

【教学过程】

一、创设情境

1. 师生聊一聊探究过程中印象深刻、有趣或有意义的事。简要回顾剪纸艺术探究过程，导入主题。

2. 用课件逐一展示孩子在剪纸艺术探究过程中实践与收获的照片。

板书课题。我学会了_____

二、借助思维导图，理一理事情发展的过程

1. 根据事情发展的顺序画思维导图。

2. 生展示思维导图，边看图边介绍事情的经过。

生边听边思考：他把事情说清楚了吗？老师根据学生回答随机补充，并提出建议。

3. 师小结：这几位同学说得挺棒的，能够借助思维导图将事情的经过分解开来，有条理、有次序地说清楚整个事情的过程。

三、抓住细节，写一写最吸引人的片段

1. 聚焦最吸引人的部分。

（1）汇报自己剪纸探究过程中的精彩故事。

师引导：听同学们介绍了事情的过程，你对哪件事的哪个部分最感兴趣，想更详细地了解吗？

（2）全班交流。

2. 试写片段。

（1）师引导：大家再想一想自己学会做的这件事的哪个部分最吸引人，把它写下来，写清楚、写具体。

（2）生自由练习写片段。

3. 展示评价。

（1）同桌互评：同桌交换读一读，用波浪线画出你觉得写得最有意思的语句。

（2）上台展示，全体同学评价。

4. 点拨归纳。

抓住人物的动作、语言及心理活动，把事情最真实、有趣的部分写得具体，让人有身临其境之感。（板书：抓细节）

5. 四人小组分享，画出细节描写句子，对觉得有趣的细节点赞。

四、总结

孩子们在剪纸文化的探究过程中收获可真不少！你们收获了丰富的知识，锻炼了综合能力，也提升了综合素养。老师衷心希望在以后的学习中，你们用开放的思维，去学习，去实践探究，去扩展自己的知识面，成为一个具备持久原动力的孩子。

五、板书设计

我学会了_____

表达要有序	先……然后……再……最后……	
经历要具体	心理描写	语言描写
	动作描写	神态描写

六、教学反思

（一）教师活动反思

在"保护民间艺术——剪纸"探究活动准备阶段，学生自主选择感兴趣的小课题组成合作小组。在小组分配工作时，学生根据自己的特长选择在小组里承担的任务。结合综合实践活动的要求，我们将剪纸文化探究分为三个阶段：课前、课堂和课后。课堂上不要求学生步调一致，课程结束，也不要求问题都有答案，力求创造出一种开放性的教学，为学生开辟广阔的思维空间。通过活动，学生已掌握了一定的方法，学会了怎样去采访、去上网查资料。在综合实践活动中，学生的合作能力、交往能力得到了发展，还在实践中获得了亲身感受和直接的经验。另一方面，通过综合实践活动和道德与法治的结合，学生对剪纸文化有了更加深入的了解，进而对我国民间艺术产生兴趣，身体力行地保护我国的民间艺术。

——道德与法治教师：伍芯莲

《剪纸故事》一课属于"设计应用"学习领域，贴近学生的生活，能让学生在制作中体验美化生活的快乐，加强与民间剪纸艺术的情感联系，激发对剪纸文化的热爱。

1. 前期实践探究，汇报探究成果。在跨学科整合的第一阶段道德与法治《保护民间艺术——剪纸》一课中，学生们学会了从不同的角度和方法进行实践探究。此后，学生在家长的带领下，以小组为单位，去洋湖水街"剪纸艺术博物馆"进行了实地学习，采访了博物馆的专家。在第二阶段的美术课中，首先进行了小组探究成果的汇报，然后与上一堂道德与法治课进行了渗透与结合。

2. 以学科为依托，构建更全面的知识。在学生学习剪纸方法的过程中，分别通过剪外形、剪花纹两个探究活动由浅入深地引入数学轴对称的概念，教师指导学生利用轴对称进行剪纸练习，了解轴对称的性质。让学生在剪纸过程中对知识进行了新的构建，从而获得了更加全面的认识。

3. 小组合作，发展学生个性。跨学科整合活动是一种以研究性学习为主导、多学科共同探究的学习方式，"合作学习"是它的主要学习方式。在准备阶段，学生自主选择喜欢的小课题组成合作小组，满足学生个人需求进行主动探究。在给小组成员分配工作时，让学生根据自己特长自主选择所承担的任务，有效发挥了学生的个性和自主性。

4. 构建实践性、开放性大课堂。在《剪纸故事》课堂活动中，同学们进行小组合作，组合粘贴剪纸作品，共同组合构成了一幅完整的剪纸画。孩子们的动手能力和想象能力真的很强，他们剪出的小人物生动活泼，加的场景也很有趣，作业展评时他们互评优缺点，让我也学到了不少。在最后的说故事环节中课堂气氛活跃，孩子们的生动描述打动了我，真是一群可爱的小精灵！

活动中，学生之间合作能力、想象能力和口语表达能力都得到充分发展。课堂上不要求学生步调一致，力求创造出一种开放性的教学，为学生开辟广阔的空间。

通过这次跨学科课程整合的活动，一方面让我们突破了单一学科的局限性；另一方面人又让我们从不同视角去专注和审视自己的学科，进而"取众科之长"，以满足学生的全面发展。

——美术教师：鲍春玲

（二）学生活动反馈

剪纸是中国民间的一项传统工艺，一把剪刀，一张彩纸，经过艺人们的巧手便呈现出了一幅又一幅惊人的作品，给我们展现出剪纸独特的风格和艺术。

最近我们班进行了一次剪纸探究活动，我从中了解到许多剪纸的知识，十分开心。我们分成不同小组，完成了探究计划表，做好小组人员分工，之后开始实地调查。活动中我采访的一位剪纸专家，他告诉了我一些关于剪纸的诀窍，还现场做了示范。我跟着学习，从失败到成功，让我懂得剪纸是一门"易学"却"难精"的技艺。组员将收集到足够的资料整理统计后，做出了思维导图。我还上台讲解了我们的探究过程及成果，得到了老师和同学们的赞赏。老师还补充了一些我们没了解到的剪纸知识，让我们对剪纸艺术的印象更加深刻，同时明白传统艺术的宝贵，更懂得要去传承它、发扬它。同时，我们大家都有了保护国家非物质文化遗产的意识。

经过这一次的探究活动，我爱上了剪纸艺术，爱上了民间艺术里蕴含的精彩故事。同时也懂得了一个道理：做事只要肯努力，肯下苦功，讲究细心，就能从中体会到快乐，也定会成功！

——1704 班学生　王舒丹

（三）家长活动反馈

剪纸是我国最普遍、最古老的民间艺术之一。它就像一首质朴动人的民歌，清新、活泼，散发着浓郁的民族气息，表达了中华民族的思想感情和独特的审美情趣。

此次根据学校老师的提议，能有机会与孩子一起进行了有关剪纸文化的研学活动。老师建议放手让学生自主探究解决问题，鼓励学生积极尝试，主动去探索问题，让孩子们在大自然中、在生活体验中来学习知识，让孩子都成为学习的主人。

周六下午我带领孩子来到洋湖水街进行剪纸艺术的探究活动。在剪纸博物馆里，我陪孩子欣赏了一幅幅生动的剪纸作品，采访了博物馆里的专家，了解了剪纸艺术的历史，探讨了剪纸作品的制作方法，等等。此次综合实践活动课程注重多样化的实践性学习方式，转变了那种单一的以知识传授为基本方式、以知识结果的获得为直接目的的学习活动。孩子很感兴趣，也收获很大。

我的孩子在此次剪纸的欣赏与创造中丰富了知识，开阔了眼界。通过进行剪纸活动探究，培养了孩子耐心细致、认真工作的良好习惯。同时，有效地提高了孩子的审美能力，扩展了孩子的知识面。跨学科教学实现了学科融合，必将促进教育的发展！

——1704 班　蔡长冬筱妈妈

说到"写话"，孩子们经常"闻写色变"，要么觉得无话可写，要么就是千篇一律。写作中，叙事空洞，无情可抒，是孩子们经常遇到的写作尴尬。作为爸爸的我看到她平常写作时眉头紧锁，冥思苦想的样子真着急。

今天孩子回家欣喜地告诉我："今天作文课上我写的作文《我学会了＿＿＿＿》得到了老师和同学的一致好评！"孩子滔滔不绝地跟我分享了作文的多角度素材。

孩子说他的感受都来自于他前期深入的实践探究活动和实际动手剪纸的经验。有了深刻的体验与感受，才能写出充实而富有内涵的文章来。孩子经历了、学习了、感受了，所以在作文课上孩子有话可说，有事可写，有情可发。

孩子们的写作总是更易于被兴趣和亲身经历所左右。在影响写作的种种非智力因素中，兴趣和亲身经历居首位。当孩子们饶有兴趣、以积极的心态写作时，他们的思维、想象、语言的潜能得以充分释放，达到自身的最佳状态，让孩子们享受到成功的喜悦，巩固并强化兴趣。

此次跨学科整合，它拓宽了语文学习的内容、形式和渠道。让孩子的各种感官能够充分参与其中，既丰富了孩子的个性体验，又使孩子自身的知识结构、能力结构和内部情感结构都得到了同步、全面的发展。

——1704 班　谢志强爸爸

（四）团队反思

课程改革在我校正如火如荼地开展着。在教育部基础综合实践活动指导专委会委员、长沙市综合实践活动教研员姜平教授的指导下，在学校领导的大力支持与帮助下，我们四年级年级组开展了"剪纸艺术"跨学科专题化教学活动。

老师们认真学习先进理念，充分研讨交流。在研究后发现，四年级的教学内容中有四个科目内容与剪纸相关。它们是道德与法治的"保护民间艺术"，有美术学科的"剪纸故事"，有数学的"图形的运动"，有语文习作

"我学会了＿＿＿＿＿"。老师们在综合实践引领下将四门学科的内容紧紧融合在一起，从不同的角度，不同的层面让孩子体验、感受，从而学习并创作剪纸艺术。孩子们还将这一系列的学习探究过程形成文字，将自己从中所学所思所感表达出来。最终，我们不仅呈现出了四堂精彩的跨学科整合课，还让学生在生活中开展了丰富的探究实践活动，从多维度充分感知学习了剪纸文化。此次跨学科整合教学凝聚了四年级跨学科整合小组老师们的集体智慧，是一次成功的尝试。

1. 跨界融合，融出教学新模式

四年级的教学内容中，与剪纸相关的有四个科目。以往，这四个科目的老师是在自己的学科教学中单打独斗，仅仅根据自己学科的教学目标来给孩子讲授相关的知识内容，这些知识没有串联在一起成为一个体系。那么孩子获得的知识也是不完整的、割裂的。现在，我们采用了新的教学模式——紧紧围绕"剪纸艺术"这一主题，道德与法治课老师引领学生分组讨论交流，汇总了一系列"剪纸艺术"课外探究方法，如查阅相关书籍、观察生活，上网查资料，调查研究，还有采访等形式。课堂上老师就"采访"这个方面重点进行了指导，和孩子们一起讨论了采访前、采访时和采访后要注意的相关事项。课后，孩子们在家长的带领下，去洋湖水街"剪纸艺术博物馆"进行了实地学习。孩子们采访了博物馆的专家，获得了一手的剪纸艺术的知识，也懂得了我们应该要保护好"剪纸艺术"这个传统文化。这一系列的实践探究活动为后面美术课、数学课和作文指导课奠定了基础。美术课上，老师让孩子们综合汇报了自己小组课外探究情况，为剪纸学习做铺垫。有了剪纸的探究和动手操作，数学抽象的轴对称图形教学变得轻松愉快，语文老师也不用担心孩子们在习作《我学会了＿＿＿＿＿》时无话可说、无事可写、无情可发了。他们课后将自己的剪纸作品装饰教室文化墙，还约定春节一起用剪纸作品装饰自己的家。教学不仅在课堂发生，课前探究和课后拓展延伸也是教学活动重要的组成部分，原来割裂的单科教学紧密联系在一起了。这样教学成了一个有机整体，知识也成了一个完整体系。通过一系列的教与学的活动，老师们真正感受到了新的教学模式的优势，孩子们也真正受到新教学模式的实惠。新的教学方式让老师的教发挥到了极致，也让学生的学习有了深度。老师们觉得新的教学理念是值得大家实践推广的，是有利于师生的好模式！

2. 跨界融合，融出学习新深度

综合实践引领下的跨学科专题化教学这是一个全新的模式。不仅教学模式新，学生的学习模式也是全新的。有了综合实践的引领，学生的学习达到新的深度。孩子们围绕"剪纸艺术"进行了一系列的课堂学习和课外实践探究活动，所得成效在语文习作课《我学会了_____》中得到很好的体现。以往，叙事空洞、无情可抒是孩子们写作时经常遇到的难题。但是此次孩子们在学习过程中，课内讨论交流，课外探究实践，进行了深度学习并深有体会那就不一样了。写作课上。很多孩子都会选择剪纸艺术探究来写作。有的孩子说，我学会了剪纸，我创造出了很多剪纸的艺术作品，得到家人的认可和老师的欣赏，我心里很有成就感。有的孩子说我学会了调查采访。他们说在调查采访过程中，虽然事前做了很多的准备，但是出现了一些突发状况，原来事情并不是如自己想象的那么容易。学生的感受来自于他们现实的体验。有了这样深刻的体验与感受，才能写出充实而富有内涵的文章来。在剪纸艺术的写作指导后，老师还鼓励孩子们针对其他主题多去生活中体验探究。有了更多的体验与探究才能写出内容充实、情感丰富的文章来。

回顾一系列"剪纸艺术"跨学科教学，孩子们学习发生了重大的变化。孩子们学习的课堂由教室转向了社会性专业场馆。孩子们学习的对象不再只是老师，还有同学，还有社会专家。孩子们学习的方式由以前被动听讲，转向了现在主动探究学习。孩子们学习的知识由割裂分开的变成跨学科整合的、整体的。一系列转变让孩子真正做到了深度学习。

3. 跨界融合，融出教学新理念

由于小学生年龄小的原因，学科间横向联系的能力不好，小学浅显易懂的知识被割裂成若干部分分学科教学，效果反而大打折扣。我们学校开展的综合实践引领下跨学科专题化教学有效帮助了孩子们建立学科联系，形成知识体系。我们团队通过对四年级各科目教材对比研究，发现确实很多科目知识中间存在着联系。有的是主题内容一致或相关，有的是思维品质关联。我们何不把他们集合起来进行整合教学呢？本学期四年级老师们以"剪纸艺术"为主题，以综合实践引领跨学科专题化教学。根据教学内容相关性原则，我们整合了道德与法治、美术、数学，语文四个学科。老师们和学生们一起探讨研究、一起实践操作。

4. 跨界融合，融出学校新面貌

通过实践证明，综合实践引领下跨学科专题化整合教学新模式已经在我校深入人心，受到欢迎！此次四年级跨学科专题化教学中，孩子们除了课堂上学习知识，课后实践探究，还将知识运用到生活中。例如孩子们将自己的剪纸作品布置教室文化墙。他们孩子约定春节也用剪纸装点自己的家，到时候比一比谁家的装饰更漂亮。这样的跨学科专题化教学模式给老师和学生注入了灵魂，给校园带来了生机。

我们的跨学科整合教学取得好的效果，同时也存在了一些问题。如：①一部分教师对新的理念接受很慢，导致课程整合工作推进缓慢。②我们年级班额多，不同班级搭配的教师集体备课时间不容易把控。如果要全方位铺开实施，还需要一个过程。③课程整合尚在起步，课程整合过程中走了很多弯路，犯了很多错误。比如，有的学科整合很牵强，课程整合很机械。

在以后的跨学科整合过程中，我们要避免之前出现的许多错误，让跨学科专题化教学实践更顺利、更成功。同时，希望年级组多多进行这样的跨学科专题化教学，让优秀的教学方式改变校园、改变老师，让高效而深度的学习提升孩子的素养！

（案例提供：邱署　伍芯莲　鲍春玲　王芳园　罗蔚）

案例 5

学科：语文、数学、道德与法治
年级：五年级

战略决策

一、研究缘起

在小学高年级阶段，语文、数学、道德与法治等学科均渗透了与思维相关的内容。在教学过程中，老师们发现语文学科《田忌赛马》一文和道德与法治中《夺取人民解放战争的胜利》均涉及策略问题，但是知识点之间没有建立起联系。为了打破传统教学中各学科独立教学的现状，融合各学科的优势，我们确定对五年级语文、数学、道德与法治等几个学科进行整合，围绕不同学科的教学目标、教学过程、教学方法、课堂作业进行设计，最终确定了"战略决策"这一专题。

二、组建团队

我们在课程整合实施之初，组建了一支精干的学科整合队伍。本组的综合实践活动课程骨干教师杨颖敏治学严谨，长期在一线从事综合实践活动课程和语文教学工作，具有良好的组织、协调和管理能力。本团队还有语文学科骨干蒋关关老师、道德与法治学科骨干何涛老师、数学学科骨干唐利娜老师。在活动筹备过程中，邹盼等老师对这一专题表现出了浓厚的兴趣，纷纷加入这一团队。团队成员群策群力，集思广益，协作设计专题活动、组织教学、跨学科听课和备课，采取多种方式促进不同学科教师交流研讨。遵从整合相关教学内容的原则，我们由"田忌赛马背后的战略决策"引入，以"战略决策"这一核心贯穿"战争中的战略决策""数据让决策有依据"等项目的学习，明确每课时的教学目标和教学内容，从而构建整个专题的教学框架。

三、确立主题

（一）研读教材

团队教师通过研读五年级下册各学科的教材，发现语文第六单元的人文主题是"思维的火花"，数学中有"数据与统计"单元，道德与法治第10课是以三大战役为载体的战略思维学习，它们都指向学生思维品质的提升。通过研讨梳理，我们确定了"战略决策"这一专题，准备从语文学科《田忌赛马》引入专题学习。

语文学科重在理解"了解人物的思维过程"，道德与法治学科《夺取中国人民解放战争的胜利》这一课除要求学生了解战争的经过外，还可引导学生尝试还原故事中主要人物的思维过程。在学习前两个项目的基础上，让学生学会整理、分析与表述，然后根据信息绘制图表，进行判断和预测，最终用战略决策解决复杂的真实问题。

（二）研读课程标准

语文学科中的《田忌赛马》是根据司马迁的《史记》改写的，孙膑巧妙安排马的出场顺序让田忌赢得比赛，这一顺序的调整意味着思维品质的提升。学习时，教师引导学生重在推测孙膑制订计策的缜密思维过程，并借助课后习题标画出齐威王和田忌赛马时的对阵图，让学生用自己的话叙述孙膑的思维过程，从而理解"按照我的主意办，一定能让您赢"的原因。道德与法治学科中《夺取中国人民解放战争的胜利》这一课学习要求学生了解三大战役的战略战术，搜集历史上的谋略故事。而数学学科中的"数据与统计"单元，则以"折线统计图"为切入口，着力引导学生挖掘数据背后的意义，让决策有依据。

团队教师抓住"战略决策"这一专题核心，利用图表、数据统计等方式，整合语文、道德与法治和数学学科，提升学生解决复杂问题的能力，注重学生思维品质的提升。

四、制订方案

（一）整合设计教学目标

1. 正确、流利、有感情地朗读课文，用自己的话讲述田忌赛马的故事。

2. 小组合作，标画齐威王和田忌赛马对阵图，推测孙膑制定计策的思维过程，体会孙膑的足智多谋，学习这一决策背后的思维方式。

3. 培养学生依据数据分析问题的能力，学会整理、分析与表述，能根据提供的信息，绘制图表，进行判断和预测。

4. 通过学科间的整合、形式多样的活动及教师的引导，培养学生解决生活中实际问题的能力。

（二）整合设计教学重点

1. 引导学生理解孙膑制定决策的思维过程，并用自己的话说说《田忌赛马》这个故事的主要内容，尝试还原故事中主要人物的思维过程。

2. 学生通过所提供的信息绘制图表，作出简单的判断和推测。

3. 通过学科间的整合、形式多样的活动、教师的引导，培养学生遇到问题学会分析、并选择合适的方法去解决问题的能力。

（三）整合设计教学难点

引导学生讲清故事的经过，尝试还原故事中主要人物的思维过程，从而培养学生遇到问题先分析、再选择合适的方法去解决问题的意识。

主题确定好了，如何将多个学科重叠交叉的部分变成有目标、有内容、有顺序的教学过程呢？以五年级为例，首先找出各科教材中适合整合的内容，再找出知识连接点，确定每一节整合课的课题、课时、授课学科、授课老师。最后，撰写每一节课的教案，明确目标和细化内容。"战略决策"专题整合教学安排见表4-16。

表4-16　"战略决策"专题整合教学方案

探究专题	实施年级	项目	整合教材	授课教师	课时	授课学科
战略决策	五年级	田忌赛马背后的战略决策	语文：田忌赛马	蒋关关	2课时	语文
		战争中的战略决策	道德与法治：夺取中国人民解放战争的胜利	何涛	1课时	道德与法治
		数据让决策有依据	数学：复式折线统计图	唐利娜	1课时	数学

五、教学示例

田忌赛马背后的战略决策

【教学目标】

1. 正确、流利、有感情地朗读课文。

2. 用自己的话讲讲田忌赛马的故事。

3. 了解两次赛马时双方出场顺序的异同，体会孙膑的足智多谋，学习他认真分析事物原理的科学态度和辨证的思维模式。

【教学重点】

1. 读懂课文内容，了解思维的过程，体会孙膑的足智多谋，探究分析田忌转败为胜的原因。

2. 学习孙膑认真分析事物原理的科学态度和科学的思维方法。

【教学难点】

1. 了解思维的过程，体会孙膑的足智多谋。

2. 探究分析田忌转败为胜的原因。

3. 学习孙膑认真分析事物原理的科学态度和科学的思维方法。

【教学准备】 多媒体电脑、课件、纸马。

【教学过程】

一、谈话导入，揭示课题

1. 同学们，在战国时期，齐国有一位名叫田忌的大将特别喜欢赛马。这节课，我们来学习这个与他相关的历史故事。

2. 默读课文，试着说一说田忌赛马的起因、经过、结果。

二、思维还原，梳理孙膑所见

1. 对比：孙膑和观众的思维对比（见表 4 – 17）。

表 4 – 17　孙膑和观众的思维对比

人物	表现	思维角度
孙膑	观察马的脚力，给马分等级	关注比赛过程
观众们	猜测比赛结果	关心比赛结果

2. 还原：领略孙膑的超常思维。

（1）把"孙膑的发现"清晰化：大家的马脚力相差不多，而且都能分成上、中、下三等。

（2）把"孙膑的发现"具体化：根据"大家的马脚力相差不多"，可给六匹马按脚力大小排序。

提示：教师可引导学生在纸上画一画，先确定脚力最大或最小的那匹马，再依次确定下一匹马。

教师出示示意图（图4-4）：

图4-4　不同等级的赛马图

（3）把"孙膑的发现"深入化：仔细观察这张图，你有什么发现？

提示：齐威王每个等级的马都比田忌同等级的马强，但是田忌的上等马快于齐威王的中等马，田忌的中等马快于齐威王的下等马。

3. 朗读：读出孙膑的胸有成竹。

提示：朗读孙膑的语言，重读"保证""一匹""一定"等词语。

三、画对阵图，再现孙膑所思

1. 明确孙膑的主意。

提示：默读课文第11~13自然段，补充孙膑的语言。

就在这时，孙膑把田忌请到一边，悄悄地把办法告诉了他："＿＿＿＿＿＿＿＿＿＿＿＿＿。"

2. 标画赛马对阵图（见图4-5）。

3. 参照两张图，说一说：孙膑为什么要让田忌这样安排马的出场顺序？

提示：如果相同等级的马比赛，齐威王的马都比田忌的马跑得块，田忌就会面临三战皆负的不利局面。而如果田忌以下等马对齐威王的上等马，以上等马对齐威王的中等马，以中等马对齐威王的下等马，比赛便是一负两胜，就能以局部的牺牲换取全局的胜利。

4. 探究：孙膑所出的主意是不是唯一能赢齐威王的办法？

四人小组讨论一下，假如我们不按孙膑的计策，换一种方法安排出场顺序，结果会怎样呢？用笔在纸上照样子写一写，推算一下，并完成表4-

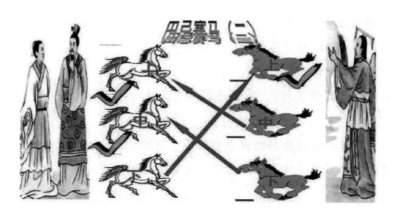

图4-5　田忌赛马对阵图

18。比一比，哪个小组算得快。

表4-18　探讨田忌赛马出场顺序

	第一场	第二场	第三场	获胜方
齐威王	上等马	中等马	下等马	
田忌1				
田忌2				
田忌3				
田忌4				
田忌5				
田忌6				

四、讲好故事，揣摩主角思维

1. 用自己的话讲讲田忌赛马的故事。

提示：多种形式练习讲故事，及时评价（表4-19）。

表4-19　讲故事评价表

评价表	
讲清故事的六要素	＊＊
重现故事发生的场景	＊＊＊
模仿人物说话语气、动作、表情	＊＊＊＊
讲述语言口语化，多使用短句	＊＊＊＊＊

2. 故事交流会。

找一找历史上运用谋略取得胜利的故事，选择一个最感兴趣的，用自己的话跟同学们讲一讲。

提示：如《围魏救赵》，尝试还原主角思维过程。

3. 教师小结，引入道德与法治。

历史上用谋略取得胜利的战争有很多，有淝水之战、巨鹿之战、官渡之战、完璧归赵、晏子使楚、草船借箭、赤壁之战等。在这些战争中体现了历史人物的智慧，让我们多读史书，走近历史，感受古人的战争策略。

五、课后拓展

历史上用决策和谋略取得胜利的故事，找一找相关资料，和同学交流。（此处借鉴语文教材原话）

【板书设计】

田忌赛马

	第一场	第二场	第三场	获胜方
齐威王	上等马	中等马	下等马	
田忌1	下等马	中等马	上等马	齐威王
田忌2	下等马	上等马	中等马	田忌
田忌3	中等马	上等马	下等马	齐威王
田忌4	中等马	下等马	上等马	齐威王
田忌5	上等马	中等马	下等马	齐威王
田忌6	上等马	下等马	中等马	齐威王

善于观察、勤于思考

战争中的战略决策

【教学目标】

1. 了解解放战争的历史，收集有关资料。

2. 了解和探究解放战争胜利的原因及伟大意义，初步养成尊重历史的好习惯。

3. 了解解放战争战略决策，培养学生依据史实分析历史问题的能力。

【教学重点】

了解解放战争的历史，收集有关的资料。

【教学难点】

了解战略决策思维的过程。

【教学准备】 多媒体电脑、课件、学习单。

【教学过程】

一、谈话导入

1. 小小分享台：四人小组交流搜集到的战争中的谋略故事。

2. 视频导入：三大战役短片介绍。

二、活动过程

活动一：战略决战时机的选择

1. 小组合作，了解战略决战的大背景，明确要求，教师相机指导。

（1）课件出示学习要求：了解解放战争的背景，结合所查阅的资料，展开小组合作。

（2）部分小组上台汇报，台下其他小组点评、补充。

预设：

A 小组：到 1948 年 8 月止，人民解放战争已进行了战略防御、战略相持两个阶段的作战。此时，战略决战的时机已经成熟：①敌我力量对比变化，365 万：280 万，且国民党用于一线作战的机动兵力仅 170 多万；②敌军士气低落，战斗力不强，我军士气高涨，战斗力提高；③敌军兵力收缩至大城市和中央交通线。

B 小组：④国统区统治危机进一步加深，解放区土地改革完成，后方更加巩固，广大农民积极支援解放战争。

2. 师小结：通过大家的集体智慧，我们将战略决战的背景梳理出来了，这有利于帮助我们理解人民解放军的战略决策，学习制定决策的思维过程，为你们点赞！

活动二：三大战役

1. 结合教材中地图思考：三大战役分别运用了什么策略？为什么要制定这种策略？请按要求进行小组合作，并完成表4-20学习单。

表4-20 学习任务单

战役	作战策略	制定策略的依据
辽沈战役		
淮海战役		
平津战役		

2. 部分小组上台汇报，台下其他小组进行补充。

预设：

学生：平津战役制定了正确的战略方针，使北平城成为一座孤岛，解放军以百万大军层层围住北平，北平守敌完全陷入绝境。

教师：是的，中共中央根据形势审时度势，对国民党高级将领傅义做了积极争取的思想工作。

学生：东北战场上，人民解放军先控制锦州，切断敌军退路，形成关门打狗之势。

教师：你抓住了关键，中共中央根据锦州的地理位置和战争形势作出战略决策。

学生：淮海战役，根据国军兵力数量比自己多、武器先进的情况，采取将对方分割开来，最后包围歼敌的策略。

师总结：同学们，人民解放军高级将领在重要时刻能审时度势，做出重大战略决策，这都离不开仔细的观察与深度思考。在分析与综合的基础上，从而做出切合战争实际的作战策略，最终领导人民解放军取得胜利。

3. 观看三大战役中关于战略决策的短视频，增强感性认识。

活动三：渡江战役

1. 明确要求，相机指导。

（1）课件出示学习要求，请结合课前所收集到的资料，结合渡江战役的地图，展开小组讨论。

（2）部分小组上台汇报，台下其他小组点评、补充。

预设：

C组：我军强调集中优势兵力。当我方兵力数倍于敌时，多路同时突击是最有效的方法。三路大军把当面之敌牢牢的牵制在原地，这样做不但让对方不能相互策应，而且拉开防御空档。

A组评价：C组不仅资料搜集充分，而且分析非常到位，较好地还原了当时作出战略决策的思维过程。

D组：正如《孙子兵法》所讲的："十则围之，五则攻之，倍则分之。"我军的战术目的就一个：尽快解决当前之敌，打歼灭战。由于在战略上三路突击，对方不能顾此失彼，于是留在原地防御我军。从战术来说，起到了很好的牵制和分敌作用。给穿插和分割包围创造了有利条件，从而不但解放了多个城市，而且还几乎全歼了当面之敌。

B组评价：D组引经据典，并结合实际分析了战略决策的思维过程。

2. 课堂小结：

对于人民解放战争的全面胜利，讨论人民解放战争胜利和渡江战役胜利的主要原因。谋定而后动，解放战争也是历史长河中一场能够体现以谋略取胜的战争，每一场战役背后都离不开正确的战略方针，加上人民支持、土地改革，中国人民解放军最终才取得这场人民战争的胜利。请同学们用复式折线统计图统计解放战争中的一项数据（如双方兵力对比、双方武器对比等），下节课再见！

3. 课后作业：继续收集解放战争的资料，观看有关解放战争的影片，询问长辈关于解放战争的故事。

【板书设计】

辽沈战役

平津战役　谋略

淮海战役

渡江战役

数据让决策有依据——复式折线统计图

【教学目标】

1. 学生根据问题情境，经历用复式折线统计图整理、描述数据的过程，体会其特点。

2. 通过分析统计图中的数据，感受数据中蕴含的信息，并做出合理的推测，体会统计的价值，发展学生的数据分析能力。

3. 在交流整理、分析数据的过程中，发展学生的评价和反思能力，能多角度分析问题。初步感知对策的数学思想方法。

4. 使学生进一步感受到统计带给人们的帮助，从而提高学生参与的兴趣。

【教学重点】

根据数据，制成复式折线统计图，经历分析、描述数据的过程。

【教学难点】

能看懂复式折线统计图，能在复式折线统计图中获取信息并作出合理的分析与预测。

【教学实录】

一、真实问题，引发思考

教师：同学们，前面通过"田忌赛马背后的战略决策"和"战争中的战略决策"两个项目的学习，我们知道了利用思维导图、统计图表来帮助大家还原思维过程。其实，在生活中，还有其他表达方式也能帮助我们做出决策，例如我们今天要学习的《复式折线统计图》，通过数据分析可以让我们的决策更有依据。

1. 引出问题。

教师：同学们，你们最喜欢的球类运动是什么？

下周咱们学校要举行篮球比赛，其中有一项定点投篮，五（1）班有两个人水平都很高，分别是甲和乙，到底派谁去呢？学生选择，盲目猜测派出参赛人员——甲。

2. 引发思考。

教师：咱们这样盲目的进行猜测，你们觉得准不准？要看球技决定派谁去，需要给出一些数据。

教师出示事先收集的学生投球数据。周一到周日每天练习投 20 个球，数据如下表 4 - 21：

表 4 - 21　甲、乙第一周进球情况记录表

	星期一	星期二	星期三	星期四	星期五	星期六	星期日
甲	7	8	12	9	11	15	13
乙	8	9	11	12	14	15	16

二、根据数据分析、思考

1. 引导转换，复习旧知。

教师：如果我们要想更清楚直观地看出两人成绩的变化趋势，还可以用什么方法来表示？

学生：我们可以用统计图表示。

教师：我们已经学过了条形统计图和折线统计图，你觉得用什么统计图来表示比较合适呢？

学生：应选用折线统计图，因为折线统计图可以清楚地看出数据的增减变化情况。

教师根据学生回答，板书折线统计图的特点：用点表示数量的多少，用折线的走势表示数量的增减变化情况。

2. 简单读图，感悟趋势。

用课件呈现甲和乙成绩的折线统计图，引导学生读图。

教师：甲成绩怎样？

学生：忽上忽下。

教师：乙呢？

学生：稳步提高。

教师：谁去更合适呢？请你来说说。

学生：乙去，因为乙的成绩更加稳定。

教师重复学生回答，这是个好理由，问：还有其他理由要派乙去吗？

学生：乙的成绩是一次比一次好，甲的成绩是飘忽不定的。

教师：同学们看看，乙的成绩有没有体现这样的趋势。（有）

教师小结：看来我们的数据隐含了一定的变化趋势，板书：数据的变化趋势。

3. 设疑问难，引发思考。

（1）设问：乙的成绩每天都比甲好吗？甲的成绩哪天和乙的成绩一样？这样观察是不是有点不方便，我们能不能对这两幅图作一个处理，使我们一眼就能看出来。

学生：把两个图合并在一起。

课件切换，将甲和乙两人的折线统计图并排呈现在一起，学生交流。

教师：以前我们学过把两张条形统计图合并在一起，今天你们想到了把两张折线统计图也合并在一起。好的，我们试一试。

课件演示合并。（合并后，两条折线都是黑线）

教师：现在老师把两条折线合在了一个图上，你们知道怎样来看这个图吗？分得清吗？绘制折线统计图时要怎么做？

学生：乙的可以用实线表示，丙的用虚线表示。

教师：我们可以用不同的颜色或线型来表示不同的对象，可以在统计图旁事先说明，这就是图例。（展示课件图3）

揭题：复式折线统计图，要用不同颜色（或形式）的折线表示不同的数据，需标明图例。

教师：这张复式折线统计图，是由哪些要素组成的呢？相比刚才的两张折线统计图，你觉得它有什么优点呢？

师生共同得出：便于比较两组数据的变化趋势。（板书补充完整）

教师：同学们，数据变化趋势这么明显，派谁去呀？

学生齐答：乙同学。

教师：我也同意，看来甲同学还得继续努力。由此看来，数据能帮助我们进行预测和决策。

三、多种途径，加深体验

1. 小组合作交流。数据会说话，会带给我们思考。课前，同学们自己确定主题，收集并整理数据，绘制成了统计图，经历了一次完整的统计过程。有的小组调查了五年级全体学生最爱的书籍；有的小组调查了一年级的人口数量，进行了一次小小的人口普查；还有的小组关注热点关注生活，统计了五一假期来长沙各景点旅游的人数。接下来请拿出你们的统计图，小组内交流，请你们根据你的统计图来"说话"，你从统计结果中知道了什么？你有什么感想？

教师请学生上台汇报。

教师小结：生活中充满着各种数据，统计图与我们的生活紧密联系。我们可以从大量的统计图中获得有用的信息，为科学决策提供可靠依据，可见统计图是多么的重要！

2. 根据自己所统计的图表情况，预测折线的走势。

3. 课程整合评价。

"以人为镜，可以知得失。"课程整合不仅仅是课程内容走向多元化，教学评价方式也应该是多元的。我们要坚持评价方式、评价主体和评价内容的多元化，通过多个维度、多种方式、多个主体来对学生的知、情、意进行评价，以促进学生的个体发展。"战略决策"专题课程整合评价表见表4-22。

表4-22　"战略决策"课程整合评价表

学科	内容	评价对象	评价形式	评价侧重点	评价方式
语文	田忌赛马	小组/个人	给小组画☆	讲清故事的六要素，重现故事发生的场景，人物说话的语气、动作、表情	师评生 生评生 生评组
道德与法治	走近历史，感受谋略意义	小组/个人	老师逐个巡看学生设计作品，观察员小组巡看	三大战役的作战目的与策略	师评生 生自评
数学	统计	小组/观察员	小小观察员：请在对应小组序号后画☆	复式折线统计图中的要素是否齐全	生评组

四、回顾总结，感悟数据作用

教师：同学们，统计图在生活中有重要的作用，从最开始我们接收到文字信息，再到统计表，再到统计图，让数据更加直观形象，以后我们还会学到扇形统计图。我们要学会看懂图表，分析数据，解决问题。数据会带给我们思考。同时在生活或学习中，我们要像在语文课堂上学过的《田忌赛马》和在道德与法治上学到的《三大战役》那样，会应用策略，从数学角度，用数学思维思考和解决问题。

【作业布置】

完成自己7~11岁年龄段的身高与标准身高的复式折线统计图。

【自选作业】

请根据自己的爱好或能力，选做一题：

1. 请把你和同桌家里近六个月来的电费统计出来，作成复式折线统计图，并作出分析。

2. 结合今天的课程，写一篇数学日记：生活中的好朋友——复式折线统计图。

【板书设计】

会说话的数据　让决策有依据

——复式折线统计图

要素：标题　横轴　纵轴　图例　日期　点　数量多少

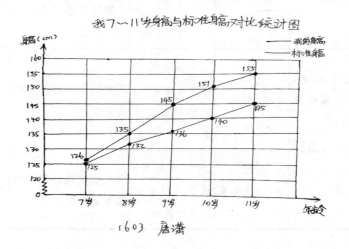

图4-6　唐潇同学7~11岁身高与标准身高的复式折线统计图

六、教学反思

（一）授课教师活动反思

语文版块教学反思

在本版块课堂教学中，老师注重引导学生深层次的学习，渗透优化思想。让学生尽量把多种可能性一一找出来，从中选择最佳策略的过程，并用表格呈现出来，体现语文来源于生活又服务于生活的教学理念。让学生学会迁移，联想到刚刚结束的体育节拔河比赛用到对策问题，并运用所学知识和方法寻找解决问题的策略。提高了学生解决问题的能力。同学们课前搜集资料，课上通过小组合作探究、自主学习等多种方式，标画齐威王和田忌赛马对阵图，推测孙膑制定计策的思维过程，从而加深了对战略决策的认识。

教学不足之处是没有关注到全体学生，没有真正做到"充分发挥学生的主体地位"，老师讲得太多。为了完成教学任务，达到想要的效果，有几个学生被点名回答问题的次数较多，而不太喜欢发言的学生被忽略了。今后教学中要尽量做到让每一位学生真正成为探究问题的成功参与者。

其次是和整个主题的其他板块联系较少，应该注意和下一个板块的衔接，促使整个主题的达成效果更加完整。

——语文教师：蒋关关

道德与法治板块教学反思

在跨学科课程整合前，教师更多的是从道德与法治本学科角度出发来教学，没有联系到其他学科相关的知识点，可以说是只见树木不见森林。在开展课程整合教学后，教师通过结合学生课前收集的资料和相关地图，讲解三大战役等知识点，此举让学生更加有积极性的进行学习。这种教学方式不仅可以让学生通过直观的形式获得历史知识，还可以大大增强学生爱党、爱国、爱家的情感，启发学生学习策略思维，调动学生学习历史的积极性。

在本节课中，我首先和学生们明确了本节课的学习目标，让学生带着目标和问题进入学习状态。在讲解三大战役的时候，学生的参与热情很高，既调动了学习的积极性，又激发了学习兴趣，使学生掌握了一定的学习方法，体现了学生的主体地位和教师的主导地位。与此同时，学科之间的有机融合也让学生认识到学科之间存在内在的联系，能够帮助我们更好地掌握知识点。

当然执教者在教学过程中存在以下不足：首先，在授课的过程中，由于涉及的知识点比较广，教材内容偏难，需要查阅补充的资料比较多。梳理虽然很细致，但是更应该放手让学生去探索，这样既解放了教师，又使学生感到轻松。其次，要注重调动学生的积极性和主动性，充分发挥学生的主体作用，放手让学生自我整理、自我构建；凡是学生看得懂、讲得出、做得到的内容要让学生独立完成；在今后的教学过程中，要将本课发现的问题及时解决和调整。争取在教学中不断地完善，让学生在课堂上有更多的收获。

——道德与法治教师：何涛

数学板块教学反思

跨学科课程整合让我们的课程设计理念有了变化，知道课程设计不是单一的，而是多元的，要注重本学科与其他学科的联系。为了使学生学到整体的知识，培养学生的学习观念和综合实践能力，我在教学实践中打破数学学科固有的疆界，对数学教学内容进行课程再设计，作了多次学科间的整合尝试。同时在教学中，孩子们自己通过确定主题、收集整理数据、统计数据并进行数据分析，作出合理的预测和决策，经历了一次完整的活动过程。在这个过程中孩子们收获的不仅仅是知识，更多的是学习能力的提升。本节课为自己的教学服务，完善课堂教学，打造高效课堂迈出了新的一步。全新的尝试显然还不够完善，本节课的不足之处在于学科与学科之间的融合和联系没有很好地建立起来，在今后的教学中，我将不断探索，取他科之"石"，攻本科之"玉"。同时，我们应该充分相信学生，把创新教育跨学科知识的融合交给学生去完成，才能收到事半功倍之效，促进教育的发展。

——数学教师：唐利娜

（二）团队成员活动评价

跨学科课程整合让我对小学数学教学各年段的训练重点更熟悉了，在今后的听课、评课中，教师要着力把握年段的教学重点，有目的、层次地培养学生的数学思维。教师在备课时要有年段意识，教学过程中要让学生充满期待，激发学生学习的积极性，让学生在每一节课上都能有所收获。

——贾志威老师

在教学中，我将着重在优化课堂教学结构上下工夫。改革课堂教学设计，需要根据学生的特点，设计学生乐于接受的趣味数学。在训练中，面向全体学生，让每一个学生都有展现自己的机会，引导学生"乐学""学会"，让学生在生动活泼、愉悦和谐的课堂教学氛围中学会知识，提高能力。

——黄超老师

（三）学生活动反馈

我从"田忌赛马"这堂课中学习到了许多的历史文化知识，如：围魏救赵、暗度陈仓、淝水之战，还明白了遇到问题需要分析，勤于思考，学会运用策略解决生活中的问题。说起来容易做起来难，未来需要我们敢于面对困难，学会解决生活中的实际问题。

——1603 班　小艺

课前，老师布置同学们预习三大战役，搜集三大战役的资料，观看三大战役的电影，课前准备拓展了我们的历史知识。课堂上，在老师的指导下，我们一起深入学习了三大战役的策略，进而明白了三大战役胜利的原因。在本堂课中，我们体会到了思想的光辉。

——1605 班　小星

（四）家长活动反馈

那天，孩子放学回来非常主动地提出要上网查资料。他说："下周要学习《田忌赛马》，要查找相关资料。"我很吃惊，平时完成家庭作业都要三催四催，这次变得这么积极。

后来，我从各科老师口中得知，要进行田忌赛马主题下的课程整合。第一次听说这个概念。我很好奇，留心着孩子放学回家的每一个举动。连着一个星期，孩子回家很有条理地查阅了不少历史典故，观看了三大战役的电影，做了一些小调查，并且绘制出了一幅图表。课程结束后，孩子还向我讲述了田忌赛马整个故事，并清晰地阐述了赢得比赛的原因。我很满意孩子这一周的表现，学习主动，思维清晰，完全像变了一个人。

带着欣喜之情，我又和学校老师沟通了一番。我这才略懂什么是课程整合。我也非常认可这样的教学模式。老师们的教学就是从实际出发，根据知识的系统性原则，对教材内容进行整合，使教学按知识系统进行，真正达到高效课堂要求的主题教学。脚踏实地地学习研究，真正地贯彻单元整合教学理论。以课程标准为依据，在研究课标、钻研教材的基础上，改变以往备课时只着眼于某一节课的思维模式，而从组织的角度出发，进行教学的整体设计。

课程整合适应了孩子的学习规律，既可以突出重点和主干知识，减轻学生课业负担，又可以提高学习效率。学生有一种全新的感觉，对单元整合兴趣非常大，他们主动进行总结、归类，将知识联系贯穿。这次课程整合，孩子们投入很大的精力，真正调动了他们的学习积极性。

——1603 班　唐潇妈妈

（五）团队整合反思

巧用资源　凸显整合

课程整合，可以是学科内围绕同一个主题展开教学，也可以围绕一个主题，展开各个学科的教学，提升学生的核心素养。本次学科整合课，我们以语文五年级下册《田忌赛马》为基础，围绕"思维"这一主题，展开探索和实践。

跨学科主题协作教学由本年级多学科的教师组成团队，共同设计，实施跨学科课程。语文课作为跨学科主题的起始阶段，课上孩子们通过读、演等方式了解田忌赛马这个故事，对思维和决策有了初步感知。选取相关的故事《围魏救赵》进行拓展阅读训练，让学生对思维的认知更进一步。道德与法治课上，孩子们感受解放战争中三大战役取得胜利的重要思维和决策。数学课上，以复式折线统计图为工具，孩子们学会了看图分析数据，从而运用所学去解决生活中的实际问题。整个课程结束，学生们的表现让老师们有些吃惊，对于数学课上的续编《龟兔赛跑》环节，一些平时学习成绩一般的学生都变得特别有创意，这让我们看到了整合课的优势。孩子们学会了从不同角度思考，都变得在不同学科的综合中获得了更多课本上没有的知识。可以说，整合课程的每一部分都有自身的学科特色，但又不是一般的学科课，达到的目的是让学生快乐地学习，获取综合的知识。

在综合实践活动课程的引领下，各个学科的教学方式发生了重大的变化，对教师的要求也更高了。同时学生的学习方式也相应地发生了较大的变化，学生获得知识的方式更加多元化。整合课程不仅体现了学科的特性，更重要的是这几个学科间相互融合，让学生从不同的学科角度进行学习，体现出学习的多元化优势。从本次整合课的内容来看，各学科有相融之处，且符合本年级学生的年龄特点，所以达成的效果可以说是 $1+1+1>3$。

（案例提供：杨颖敏　何涛　蒋关关　唐利娜）

学科：数学、语文、少先队

年级：六年级

春节美食——腊八粥

一、研究缘起

（一）教师对专题课堂的探索

我们深知仅依靠单学科教学无法提升学生的综合素养，为了弥补单学科教学的弊端和不足，打破学科壁垒，我们决定改变传统的教学观念，开发新的教学资源，把六年级教材中的语文、数学等学科进行整合，加深学生对传统饮食文化的理解和认知，让孩子们在实践活动中受到爱国主义情感的熏陶。

（二）学生对传统美食的热爱

古人云：民以食为天。古往今来，无论是农家百姓，还是达官显贵，无不被美食所吸引。六年级的孩子们谈到美食更是有说不完的话题，语文教材中《腊八粥》这一内容的学习让学生对此专题产生了浓厚兴趣。那小小的美食真是魅力无限，吸引着孩子们想要对传统美食的世界一探究竟。

二、组建团队

确定专题之初，我们形成以综合实践活动学科骨干杨颖敏老师为核心的专题组，含语文和数学学科骨干教师各一名，对此专题感兴趣的其他教师若干名。

三、确立主题

（一）研读教材

本专题以内容为导向。在研读语文、数学等学科教材后，我们发现：语文教材中的课文《腊八粥》与数学教材中的《解比例》，二者具有较大的整合空间，可以实现有效整合。在此基础上，我们充分研读了这两个科目的教学内容，探索其中的关联点。《腊八粥》以生动活泼的语言为我们介绍了八儿"盼粥—想粥—猜粥—看粥—喝粥"的过程，从作者对八儿的动作、神态、心理描写中我们可以感受到腊八粥的美味。数学《解比例》一课的教学内容为：使学生学会解比例的方法，进一步理解和掌握比例的基本性质。语文课堂上分析、感受腊八粥的美味，可以为数学课对腊八粥的配比制作奠定基础，最后利用少队课开展腊八粥的美食分享会，让学生们在制作分享中感受传统美食的魅力，升华热爱生活的情感。

解读教材后，六年级的老师们通过研讨决定以"春节美食——腊八粥"为主题开展跨学科整合教学。首先，团队教师列出教材知识点和教学目标，初步构建了专题教学框架，以集体备课的方式进行教材解读，明确每课时的主要内容和教学目标。接着，本组团队教师进行论证，找出不同学科间内容交叉的联系点，从而确定每章节的整合内容。最后，我们以"春节美食——腊八粥"为主题，在综合实践活动课程理念的引领下，将语文和数学两门学科的相关内容紧紧融合在一起，从不同的角度、不同的层面让孩子体验、感受，从而学习并制作腊八粥，还将这一系列的学习探究过程形成文字，将自己所学所思所感表达出来。

（二）分析学情

六年级的学生已经积累了一定的阅读方法，具备一定的阅读能力，能把握课文的主要内容，但要深刻体会人物的内心变化和思想感情，感受生活的美好有一定的难度。但看到语文教材中的八儿如此钟爱这一碗腊八粥，孩子们充满兴趣，想要自己动手熬制美味的腊八粥。对于六年级的孩子来说，能亲自品尝自己制作的美食也是一件令人兴奋的事儿。

四、制订方案

（一）整合设计教学目标

1. 通过人物动作、语言和心理活动的描写，感受大家对腊八粥的喜爱。

2. 通过查阅资料，了解春节的美食，掌握制作腊八粥的各种原材料配比，学会解决与生活相关的百分数问题，培养学生的思维能力。

3. 通过亲身参与制作腊八粥的活动，获得研究探索腊八粥的体会。

4. 感受春节美食的美好，自觉宣传和传承春节健康的饮食文化。

5. 感受中华民族的传统文化，培养学生的爱国主义情感。

（二）整合设计教学重点

通过查阅资料，了解春节的美食，掌握制作腊八粥的各种原材料配比，学会解决与生活相关的百分数问题，培养学生的思维能力。通过人物动作、语言和心理活动的描写，感受大家对腊八粥的喜爱。

（三）整合设计教学难点

感受春节美食的美好，自觉地宣传和传承春节独特的健康饮食文化，培养学生的爱国主义情感。

（四）整合安排教学环节（见表 4 − 23）

表 4 − 23　"春节美食——腊八粥"整合教学安排表

项目	整合教材	授课教师	课时	授课学科	实施对象
感受腊八粥之味美	语文：腊八粥	杨艳花	1 课时	语文	六年级
腊八粥的制作比例	数学：解比例	王齐	1 课时	数学	
我们一起过腊八	少队：感恩教育	唐鑫	1 课时	少队	

五、教学设计

（一）教学准备

1. 了解腊八粥文化内涵。为了"春节美食——腊八粥"课程顺利开展，让学生感知春节美食的相关知识，如其来历、蕴含的文化内涵等，我们利用假期让学生通过访问长辈、查阅图书、上网查询等多渠道搜集有关春节美食的信息，了解有关它的民间传说等故事。

2. 学习腊八粥的制作方法。前置课程布置学生利用假期搜集腊八粥的制作材料和制作方法。

（二）教学过程

感受腊八粥之味美

【教学目标】

1. 抓住描写人物神态、动作、语言、心理活动的关键语句进行品味，展开想象，感受腊八粥的美味。

2. 通过查阅资料了解腊八节的起源、习俗，培养学生分析问题、发现问题与解决问题的能力。

3. 仿照课文第一段，写一种最喜爱的食物，培养学生运用语言文字的能力。

4. 通过学习八儿一家对腊八粥的喜爱，感受祖国浓郁的传统民俗风情。

【教学重点】

抓住描写人物神态、动作、语言、心理活动的关键语句进行品味，展开想象，感受腊八粥的美味。

【教学难点】

仿照课文第一段，写一种自己最喜爱的食物。

【教学准备】

学生成立小组，分工合作，收集资料，认真调查．

【教学过程】

一、小组汇报，激发兴趣

师：本学期我们班级围绕"感受腊八粥味美"做了一系列研究与调查，上节课每个小组确定了感兴趣的主题研究，而且都对这些问题进行了一系列研究，现在请各小组前来汇报。

1. "腊八节的起源"小组

生：大家好！我们通过上网查阅资料以及查阅相关书籍，发现"腊八节的起源"有很多说法：一是起源于元末明初；二是传说腊八节来自"赤豆打鬼"的风俗；三是腊八节出于人们对岳飞的怀念；四是悼念为修筑秦长城饿死在长城工地的民工；五是腊八作为佛教节日，释迦牟尼在 12 月 8 日成道。

师：你们组通过多种方式查阅资料，提升了你们研究问题的能力，丰富了大家对腊八节起源的认识，为你们点赞。

2. "腊八节的习俗"小组

生：大家好！我们通过查阅资料和走访调查，了解到腊八节的习俗有：

喝腊八粥（这一习俗最早开始于宋代），我们长沙本地人也有这习俗；在华北大部分地区是在腊八这天用醋泡蒜，俗称"腊八蒜"；在黔县家家户户都晒制豆腐，民间将这种自然晒制的豆腐称作"腊八豆腐"；在北方有些地方大家不吃腊八粥而是在早上吃"腊八面"。

师：腊八节的习俗可不少，至今最广的还是吃腊八粥，后续的学习内容我们将围绕"腊八粥"进行。

3. "当地人吃腊八粥的情况调查"小组

生：大家好！我们这组是通过实地考察的方式走访了公元尚、白鹤小区、江山帝景、米兰春天四个小区，共采访了 20 户居民，但我们发现，在腊八节这天吃腊八粥的只有 2 户。这是我们做的表格，大家可以看大屏幕。

师：要特别表扬这组同学，你们难度比较大，但完成的质量高，你们提供的数据在某种程度上能反映出我们本地人过腊八节的情况。

师：感谢三个小组代表的精彩汇报，感谢小组成员的辛苦付出，你们带来的分享为我们班学习好《腊八粥》这篇课文奠定了基础，丰富了大家对腊八节的认识，现在让我们一起走进沈从文的《腊八粥》吧。

二、分析文本，感受味美

1. 引入新课。

师：请大家读第一自然段，作者是如何描写腊八粥诱人画面的呢？请找出相关的句子和词语。

生 1：从"糊糊涂涂""大碗大碗""大匙大匙"词语可以看出腊八粥好吃诱人。

生 2：我找到了"叹气"一词，感觉美味的腊八粥就在眼前。

师：全班齐读这一段，一起来体会腊八粥的美味。

2. 精读感悟。

师：小组讨论，请大家默读课文，文中多处写到八儿想吃腊八粥的情形，请用"_____"画出来并作批注，体会八儿的心情。

生 1：从第 9 小节到 11 小节，这是八儿和妈妈的对话，八儿和妈妈商量该怎么分粥。

师：八儿想什么呢？

生：想多分一点。

师：他找到的是对话，请你们组的组员代表来读一读。

生 2：（生朗读）"妈，妈，等一下我要吃三碗！我们只准大哥吃一碗，大哥同爹都吃不得甜的，我们俩光吃甜的也行……妈，妈，你吃三碗我也吃三碗，大哥和爹只准吃一碗；一共八碗，是吗？"

生 3：（朗读）"是呀，八儿说得对。"

生 2：（朗读）"要不然我吃三碗半，你就吃两碗半……"

师：从这段对话中，我们可以看出八儿是一个怎样的孩子？

生：天真可爱！

生：有点无赖！

师：正如我们学过的古诗：最喜小儿无赖。全班男生女生分角色再来读一读。

师：文中除了语言描写，还有哪些描写再现了八儿想吃腊八粥的情形呢？

生：还有心理描写，我找到了课文的第 14 自然段。

师：对，心理。（板书）八儿啊，人矮，他还没有灶台高，他对于锅中的一切只能靠——猜想（师生齐答），这时候的八儿会一边想着，还会一边流口水。

师：八儿太馋了，在想哪里的时候会特别馋呢？

生 1：我想到"糖若做多了，他会起锅巴"就特别馋。

生 2：想到"赤饭豆会煮得浑身胖乎乎的"就想流口水。

师：哎呀，那吃进去的时候又香又软，入口即化，老师也馋了。

师：让我们一起齐读课文的第 14 自然段。（声情并茂）

师：在沈从文笔下，通过对人物的细节刻画表现出了八儿对腊八粥的喜爱之情，从而感受腊八粥的味美。八儿这么想吃粥，他吃到了吗？谁来读一读，引出最后一段话。

生：我来读最后一段。

师：关于八儿吃腊八粥的情景，作者只用了一句话就戛然而止了，对此，你有什么问题吗？

生：作者为什么没写出来呢？

师：是呀，吃腊八粥是让八儿喜得发疯的事情啊，作者没写，我们来写。请大家拿出本子，发挥想象，运用细节描写手法，写出八儿吃腊八粥的情景。

3. 课外延伸。

（1）名家阅读：推荐阅读冰心和老舍的《腊八粥》片段。

（2）小练笔：作者笔下的腊八粥让人垂涎欲滴，再读读第 1 自然段，照样子写一种你最喜爱的食物。

4. 课堂总结。

教师总结：这节课通过八儿一家对腊八粥的喜爱感受到了腊八粥是一种多么诱人的春节美食。相信很多同学都已垂涎欲滴了，也想自己动手做一锅美味的腊八粥。但做腊八粥是有讲究的，怎样才能做出一锅美味的腊八粥呢？数学老师会在下节课上带我们一起去寻找答案。

【板书设计】

感受腊八粥之味美

$$味美 \begin{cases} 神态 \\ 动作 \\ 心理 \end{cases} 喜爱$$

学做美味腊八粥

【教学目标】

1. 培养学生的知识迁移能力，增强学生的合作意识。

2. 通过合作交流、尝试练习，提高学生运用比例的基本性质解比例问题的能力。

3. 使学生学会解比例的方法，进一步理解和掌握比例的基本性质。

4. 联系传统节日中的腊八节，提高学生应用数学知识解决生活问题的能力。

【教学重点】

使学生掌握解比例的方法，学会解比例。

【教学难点】

引导学生根据比例的基本性质，将比例改写成已学过的含有未知数的等式。

【教学过程】

一、导入

师：通过上一节语文课的学习，你们了解了腊八节和腊八粥，有同学在课后想试着自己做一锅美味的腊八粥，却不知如何合理的控制腊八粥中各种材料的配比，那么这节课的学习就可以帮助你们解决这个难题。想知道腊八粥材料的各种配比，首先得知道什么是比例，还得会解比例。

二、回顾旧知，复习铺垫

师：说一说什么叫做比例？比例的基本性质是什么？应用比例的基本性质可以做什么？

师：谁会判断下面的两个比是否能组成比例？为什么？

6∶3 和 8∶4

三、引导探索，学习新知

1. 教学解比例的含义。

师：比例共有四项，如果知道其中的任意三项，就可以求出这个比例中的另外一个未知项。求比例中的未知项，叫做解比例。解比例要根据比例的基本性质来解。

2. 教学例2。

师引导生：

（1）把未知项设为 x。解：设这座模型的高是 x 米。

（2）根据比例的意义列出比例：$x∶320 = 1∶10.$

（3）让学生指出这个比例的外项、内项，并说明知道哪三项，求哪一项。

师：根据比例的基本性质可以把它变成什么形式？

生：$10x = 320.$

师：这样解比例就变成解方程了，利用以前学过的解方程的方法就可以求出未知数 x 的值。因为解方程要写"解："，所以解比例也应写"解："。

师引导学生说解比例的过程，教师板书。

3. 教学例 3。

出示例 3：解比例 $\dfrac{1.5}{2.5} = \dfrac{6}{x}$

师：（1）这个比例与例 2 有什么不同？

（2）这种分数形式的比例也能根据比例的基本性质，变成方程来求解吗？

师：在写方程时，含有未知数的积通常写在等号的左边。

板书：$1.5x = 2.5 \times 6.$

再让学生在课本上填出求解过程。解答后，让他们说一说是怎样解的。

（4）总结解比例的过程。

请学生发言总结后教师提炼：从刚才解比例的过程可以看出，解比例可以根据比例的基本性质把比例变成方程，然后用解方程的方法来求未知数 x。

四、探究腊八粥配比问题

师：同学们，咱们现在一起利用解比例的相关知识去探索腊八粥的制作方式吧。腊八粥的制作方式以及各个材料的比例展示，请大家看 PPT。

场景一：

王老师在课前已经按照腊八粥的配比制作了一份腊八粥，其中糯米的用量为 200 克，此份腊八粥中薏米的用量是多少？

小组讨论并解决问题后，小组代表上台展示讨论结果。

场景二：

王老师在制作腊八粥的过程中，花生的数量不小心买多了，导致花生还有大量的剩余，如果想要利用仅剩的花生米再制作一锅腊八粥的话，那其他的材料还要分别购买多少？

同学们自由组合，分成七个小组，每一个小组计算一个材料的用量。

最后小组代表上台分别展示计算的结果。将结果记录下来，形成腊八粥制作材料的示例。

老师总结腊八粥材料的计算方式和制作方法。

结束语：腊八粥做得好吃，不仅归功于制作者的巧手和精细的配比，更重要的是腊八粥原材料本身，腊八粥主要原材料之一就是腊八豆，这些腊八豆本身有什么奇特之处？它的结构是怎样的？这些问题可以在下一节的科学课上得到解决。

【板书设计】

腊八粥的制作方式

【课后作业】

请各位同学回家后自己做一份美味的腊八粥！

我们一起过腊八

【教学目标】

1. 通过分析调查了解腊八节的相关习俗，培养学生分析问题、发现问题与解决问题的能力。

2. 通过腊八诗文大比拼，感受祖国诗文传统文化和浓郁的传统民俗风情。

3. 通过分享和品味腊八粥，感受腊八粥的美味，体会分享的喜悦。

【教学重、难点】

通过分析调查了解腊八节的相关习俗，培养学生分析问题、发现问题与解决问题的能力。

【教学准备】

成立小组，分工合作，收集资料，认真调查。

【教学过程】

一、谈话导入

师：说到腊八粥，我们自然会想到腊八节。关于腊八节的起源和习俗，你了解多少呢？今天我们就来开展一次关于腊八节的少队活动。

二、腊八诗文大比拼

师："小孩小孩你别馋，过了腊八就是年。"古人好吟诗作对，有关传统佳节的诗文俗语那更不少，你们课前也搜集了不少资料，现在来个腊八节诗文大比拼，看看谁更胜一筹。

生 1：腊八家家煮粥多，大臣特派到雍和。

生 2：腊日常年暖尚遥，今年腊日冻全消。

生 3：腊月风和意已春，时因散策过吾邻。

……

师：每逢佳节倍思亲，一到节日，文人墨客就感触良多，因而写下了这么多的诗文，我们要继承和发扬这些优秀的传统文化，让传统文化走出国门，走向世界。

三、小组合作，分析问卷

师：课前我们对六年级学生开展了一次问卷调查，调查内容是"腊八节吃腊八粥的情况"。分成四个学习小组，每个小组统计分析一个题目，现在以小组为单位派一名代表说说本组的数据统计结果以及得出的结论。

生 1：腊八这天不吃腊八粥的人数要多于吃腊八粥的人数。

生 2：腊八粥配料用五种以上人数多于五种以下。

生 3：不喜欢吃腊八粥人数要多于喜欢吃腊八粥的人数。

生 4：大米、糯米、小米、燕麦、荞麦、高粱、黑米……

师：春节美食和文化是民族瑰宝，我们年轻一代应该铭记和传承这些健康的饮食文化。请同学们课后完成表 4-24 问卷调查表。

表 4 - 24　腊八节吃腊八粥情况调查问卷

调查班级：　　　　　　　　　　　　姓名：
1. 腊八这天你家吃腊八粥吗？ 　A. 吃　　　　　　　　　B. 不吃 2. 你家吃腊八粥配料通常有几种？ 　A. 五种以下　　　　　　　B. 五种以上 3. 你喜欢吃腊八粥吗？ 　A. 喜欢　　　　　　　　　B. 不喜欢 4. 你家吃腊八粥你知道有哪几种配料？

四、感恩教育，共享腊八

师：今天大家都带来了自己制作的腊八粥，我已经闻到香味了。一碗腊八粥，岁寒知年来。甜甜的腊八粥香氤氲着家的温暖，酝酿着春节的喜乐。在这喜庆欢乐的日子，校园里还有许多默默付出的劳动者，他们是守护校园安全的保安大叔，是让校园干净整洁的清洁阿姨，让我们也为他们送去一份温暖和关怀，一起品尝这美味的腊八粥吧。

师：相信通过今天这节课的汇报交流，明年腊八节同学们再次喝上腊八粥时，心中会情不自禁地涌起别样的情怀。

（三）拓展活动

"春节美食——腊八粥"教学主题明确，主线贯穿，从课程设计初始阶段的前置课程的准备，到三门课程的实施，学生们都是亲自实践，独立或合作完成。在这个过程中，孩子们不但感受了春节美食的美好，了解了春节美食的特点、制作方法等，还认识和领会了中华民族的传统文化，培养学生的爱国主义情感，引导学生自觉地宣传和传承春节独特的健康饮食文化。系列活动剪影见图 4 -7。

图 4 - 7　"春节美食——腊八粥"教学主题活动剪影

六、教学反思

（一）教师活动反思

小组合作，提升能力

在跨学科整合中，每一堂课都是小组合作，无论是课前的资料收集调查、课中的讨论学习还是课后的拓展作业，每个小组的方式也各有不同。这种多元的学习途径，不仅丰富了学生的知识学习，也对学生的社交能力和团队技能，提供了具体发展的平台，是真正关注到了学生发展的一种学习方式。

改革课堂教学设计，目的是根据学生的特点，设计学生乐于接受的趣教。在训练中，面向全体学生，让每一个学生都有展现自己的机会，让学生在生动活泼、愉悦和谐的课堂教学氛围中学会知识，锻炼能力。

——语文老师　唐鑫

科学地"用教材教"

一节好课的标志是什么？就是把自主学习的权力还给学生，科学地

"用教材教"而不是"教教材"。通过学科整合，合理开发教材，深入挖掘教材的探究资源，延伸课堂力量。引导学生积极主动地投入到探究行为之中，激发学生的探究欲望，激活学生的探究思维，培养学生的多种能力，不仅使学生得到"鱼"而且更能获取"渔"。

——语文老师　邓晴

（二）学生活动反馈

最近，学校开展了学科综合实践活动"春节美食——腊八粥"。这是一次非常有意义的活动，在课堂中，我收获颇多。语文老师带我们学习了《腊八粥》这篇课文，还了解了中国其他传统美食；数学老师用如何做一碗美味的腊八粥这一话题，领着我们复习了比例的知识；科学老师带领我们观察了腊八豆……同学们都兴致勃勃。回到家，我开始完成一项特殊的作业——制作腊八粥。可制作过程中，我也遇到了许多困难，把豆子和水撒了一地、水放太少……这些问题归根结底，是我平常不积极做家务造成的。在妈妈的帮助下，美味的腊八粥出锅了，看着全家人其乐融融喝粥的场景，我突然明白了传统美食存在的意义——它把一家人紧紧联系在一起。这真是一次有意义的活动，我爱上了这样的课堂！

——1503班　李莉

腊八粥，是一种传统美食，吃起来美味而享受。近期，我们学校也开展了与腊八粥相关的活动。有很多老师来给我们上课，老师们把话题一个一个引向腊八粥，环环相扣，有趣极了。课堂结束后，老师便给我们留下了一项任务，那便是亲手制作腊八粥，大家都非常积极，讨论着购买哪些食材。回到家，我开始动手制作，准备食材、清洗、浸泡、蒸煮。腊八粥散发着甜腻腻的香味，我们一家人围坐在桌子前吃着香气扑鼻的腊八粥，其乐融融。这一次的课程整合实践活动让我学习和收获了许多，希望以后可以多开展这样的课堂活动。

——1503班　黄子谦

（三）家长活动反馈

学校开展跨学科整合课程"春节美食——腊八粥"，孩子们特别喜欢，十分积极地参与其中，收获知识的同时更是培养了动手能力，激发了探索欲望。

课程之初是语文老师带着孩子们通过课本感受到了腊八粥的美味。接下来，数学老师带着孩子们一起研究如何才能制作好吃甜腻的腊八粥，了解了怎样的配比才是最佳的。孩子放学回来就拉着我去超市购买制作腊八粥的材料，精挑细选，好不兴奋。回到家他就捞起袖子有模有样地学着做起了腊八粥。终于，在几个小时的耐心等待后全家人吃上了热气腾腾的腊八粥。随后孩子竟饶有兴致地给我们讲起了腊八粥的来历，末了还不忘感叹一句"常将有日思无日，莫把无时当有时"。看着这温馨的一幕，吃着孩子亲手煮的腊八粥，听着孩子的感慨，我想这就是学习的价值所在。

通过这次整合课程，孩子们感受了中国传统文化，爱上了传统美食，更重要的是学会了自主搜集信息，增强他们的动手能力、创新能力和合作探索能力。希望学校能多开展这样有意义的课程。

——1503 班　陈奕慧妈妈

孩子在博才白鹤小学学习，从来不会让我们家长操心。老师们落落大方的举止、谈吐不凡的气质、生活朴实的作风、勤奋好学的精神，时刻潜移默化地影响着我们的孩子，使他们既学会了读书，又学会了做人，养成了良好的学习和生活习惯。

于是，我便想知道，这次他又会创造什么惊喜！只见他又拿出了白糯米、红豆、小米、红枣等，又找出了平时我做蛋糕的称重秤，把各类的食材仔细的进行称重，做好比例分配，像模像样的。忽然，俊材拿了一粒红豆，跟我解释道："科学课上，我们学习了种子的知识，通过做实验我们认识了种皮、胚、子叶，了解了种皮的作用是为了保护种子，胚根发育成根，胚芽发育成茎和叶，子叶提供营养。妈妈你看我厉害吧。"我惊叹不已，一粒小小的种子有这么多的奥妙，更惊叹学校的课堂教学如此贴近生活，让学生从身边能够摸到看到的东西去学习科学知识。这个时候我已经知道了，孩子是要熬腊八粥。于是我问他："今天老师布置熬腊八粥，那你知道腊八粥都有哪些典故吗？"说到这里，孩子眼睛亮了，兴致勃勃地跟我分享道："今天语文课老师讲啦，吃腊八粥是一种民间风俗，农历十二月八日是腊八节，要吃腊八粥，用以庆祝丰收，这个习俗一直流传至今。"看来孩子在学校的学习学得很扎实。"那老师也教了你们怎么熬腊八粥吗？""对呀！今天的数学课上老师就教了，糯米放百分之二十，红豆放百分之十……"听到这我忍不住对学校的课堂教育表示赞叹，语文课上学习的内容，跟数学学科也息息相关。学校开展的这种课程不但让孩子们学习了书本上的知识，也培养了孩子们的动手能力。学习贴近生活，从身边的一点一滴渗透，让孩子们学得快学得好学得扎实。非常感谢学校开设这样的课程，也希望学校能多多开设这样的课程。

——1503 班　李俊材妈妈

（四）团体活动反馈

1. 教研方式的变革

同学段跨学科教学设计打破传统教学中单一的知识体系，它把几个不同学科进行整合，分别围绕不同学科的教学目标、教学过程、教学方法、课程作业进行设计。基于此，跨学科整合让我校教研制度发生变革，由以往单一的教研组研讨，变更为如今的教研组常规研讨（学科内）和年级组研讨（跨学科）并存。各科教师需要将教材梳理比较，分析各自学科最基本的学科知识点，找出学科知识点之间的连接点与整合点。此项制度的变革，加大了不同学科教师之间学习的力度，拓宽了教师的知识视野，同时教师的教育教学观念、教学方法也得到了更新。

2. 教学方式的变化

长期以来，教学坚持以学科为本位的教学理念，学科之间缺乏有效的联系，过分注重了学科知识而忽视了综合教育。我校同学段跨学科整合课程的开展，改变了以往的教学方式和教学态度，教师开始注重学科之间的整合，把不同学科有机融合，让课程结构更具有综合性和均衡性。不同学科间的教师也可以互相借鉴好的教学方法，取他科之"石"，攻本科之"玉"。跨学科整合，运用综合实践形式展示课程，激发了学生的学习兴趣，增强了学生探索新知的欲望。跨学科整合在整合课程的同时也整合了时间，提高课堂教学效率，使学生有更多时间融入自然，亲身实践，这也和我们学校"道法自然　和而不同"的育人理念一脉相承。

3. 教学阵地的延伸

同学段跨学科整合课程的开展，让教师的教学阵地得以延伸，不再局限于课堂，而是由课堂延伸至家庭、社区、基地等，我校已初步形成了家校、社区、基地四方联动的育人机制。当看到一篇篇家长的心得时，我们会感慨学科整合带来的收获！家长朋友们也看到了，它对于学生世界观的形成具有积极的引导意义。同时，教师还根据具体的课程内容，引导学生亲自动手实践。课堂和课外的有效结合，不仅深化了学生对课程的理解，还丰富了学生的知识，训练了学生观察、动手能力。在今后，我们将努力把跨学科理念贯穿于整个教学中去。

4. 下阶段打算

"春节美食——腊八粥"是在我校课程整合教学理念下推陈出新的专题教学探索。从生活中的小处着眼,深挖其中的内涵,将传统文化与语文、数学、科学等学科知识进行整合,在寓教于乐助推学生全面发展的同时,着重培养学生的动手能力和人文底蕴素养。

该项课程整合专题教学得到广大师生的大力支持。从学校领导、核心团队成员、课题组成员、学科实施老师到听课学生,专题教学的付诸实施无处不凝聚着每一位的努力与心血;从教学团队组建、集体讨论备课、课堂教学实践到优化教学设计及后续拓展,时间虽然短暂,却不知背后有多少个夜晚挑灯夜战。玉不琢不成器,好的课程整合专题教学一定是在备课、试教、磨课、听课、评课、优化的教学实践中不断完善提高的。将来,我们还要立足学校优势,充分利用学校及周边的教学资源,汲取其他教学专题的先进经验,推动"春节美食——腊八粥"课程整合专题教学的持续升级改版。

（案例提供：杨颖敏　邓晴　唐鑫　王齐　杨艳花）

专题二　跨学段跨学科专题化教学研究

案例1

学科：科学、综合实践活动、美术、语文、数学、音乐、少先队活动
年级：1～6年级

神奇的植物

一、研究缘起

《义务教育科学课程标准》要求：学生通过六年的学习,能够认识到人与自然和谐共处的必要性、重要性,从而更加热爱大自然。科学组教师在对

六年级毕业生进行科学素养评估时发现：大多数六年级学生并没有达成这个目标。通过探寻原因，我们认为学科整合可能是一种很好的解决方法。于是我们开始了跨学段跨学科专题化教学的研究。

二、组建团队

我们组建了"1＋1＋X"教师团队，即由一名综合实践骨干教师、各学科一名骨干教师和 X 名对该项目感兴趣的教师组成的团队。此外，为了让设计的课程内容和形式更适合学生，我们还发布了召集令，在各班选出了 1 名代表参与活动的组织、策划和实施，让学生也成为团队中的一员。这样一个向上爱学习的共同体，将成为整个活动顺利开展的有力保障。

三、确立主题

我们想通过学科整合来制定一个主题教学活动，用于提升学生的相关素养。可是选择什么主题为载体进行教学，更有利于让学生认识到人与自然和谐共处的必要性、重要性呢？于是，团队开始研读各学科课标和指导纲要，发现除了科学外，语文、美术学科也有观察大自然、大自然审美表达及热爱大自然的相关目标。经过反复研讨，我们决定整合科学、美术和语文，当然还有综合实践学科理念的引领。而说到大自然，学生和老师们最熟悉、最感兴趣、最易研究的就是植物，所以，我们将整个专题定为"神奇的植物"。

围绕植物，不同学段有怎样的要求？为此，我们梳理出了低、中、高年级科学、语文、美术课标中的相关要求。综合考虑后，我们将低、中、高年级的总目标定为：亲近大自然、保护大自然、敬畏大自然。

目标定好了，具体设置怎样的主题作为载体来研究呢？团队开启了新一轮头脑风暴，成员各抒己见，经过多轮讨论，科学吕老师的提议被采纳：她提议中年级的主题定为植物善洗涤，因为一般的洗涤剂可能会对环境造成污染，而用植物做洗涤剂可谓是生态又环保，一个小行动，就能保护大自然。此外，这个主题对孩子们来说很新奇，很多孩子不知道植物有这个神奇的功能，会大大激发学生的好奇心等。对于低年级和高年级，我们用同样的研究方法将主题定为：植物可美容、植物会治病。我们希望在整个专题学习中，学生能通过三个小主题慢慢亲近大自然，萌生保护大自然的勇气和力量，找到大自然与人类和谐共处的秘密法则。

【设计意图】我们从课标的研读出发，明确学段目标，寻找适合的主题范围，在确立主题时还结合了老师、学生的兴趣和特点，以及学校周边资源等。这样确立的主题探究才能紧扣教材，老师才能持续发力，学生才能兴致昂扬，各方资源才能持续赋能。"神奇的植物"学段主题相关课标要求见表4-25。

表4-25 "神奇的植物"学段主题确立一览表

学段	相关课标要求	学段总目标	学段主题
低年级学段	科学：了解人类的生活和生产需要从自然界获取资源，同时会产生废弃物，有些垃圾可以回收利用，珍爱生命	亲近大自然	植物可美容
	语文：关心自然和生命，对感兴趣的人物和事件有自己的感受和想法		
	美术：观赏自然事物，用造型和话语表达感受和想象		
中年级学段	科学：了解人类的生活和生产可能造成对环境的破坏，具有参与环境保护活动的意识，愿意采取行动保护环境，节约资源	保护大自然	植物善洗涤
	语文：结合语文学习，观察大自然，观察社会，书面与口头结合表达自己的观察所得		
	美术：在绘画作品中表现自己所观察到的事物的特征和感受		
高年级学段	科学：认识到人类、动植物、环境的相互影响和相互依存关系	敬畏大自然	植物会治病
	语文：养成留心观察周围事物的习惯，有意识地丰富自己的见闻，诊视个人的感受		
	美术：尝试不同的造型表现方法（如写实、夸张、抽象、装饰等），运用造型元素和形式原理，描绘事物，表达思想与情感		

四、制定整合课程

主题确定好了，如何将多个学科重叠交叉的部分变成有目标、有内容、有顺序的教学过程呢？

以四年级为例：关键动作一，罗列相关教材。选出小学科学、美术、语文等教材中与植物相关的教材内容。关键动作二，分解出小主题。结合罗列教材，老师经过多轮讨论、补充，将"植物善洗涤"主题分解出了五个有逻辑的小主题：确定研究方向、体验植物洗涤奥秘、植物善洗涤解密探究、植物洗涤产品开发研究、植物善洗涤宣传推广。关键动作三，挑选适合教材。从各科教材中选出适合的内容，如：科学三上 4 单元《水和食用油的比较》、美术四上《色彩对"印"》、科学六下 2 单元《米饭、淀粉和碘酒的变化》等，并将这些课程内容整理到每个小主题下。关键动作四，命名整合课。梳理确定每一节整合课的课题。"植物善洗涤"课程框架就建构出来了！真正做到跨学科跨学段！

最后，团队还明确了每一节课的课时、授课学科、授课老师，制定了 5 个单元共计 12 课时的教学计划表，并撰写每一节课的教案，明确目标和细化内容。这是最终制定的"神奇的植物"专题课程框架（表 4 - 26、表 4 - 27）。

【设计意图】从课程框架的建构到教学计划表的制定再到教案的撰写，这样由模糊到逐渐清晰到细节落实的过程，课程建构做到有主题、有目标、有内容、有逻辑，为后续实施做好有力铺垫。

表 4 - 26 "神奇的植物"专题课程框架一览表

探究专题	实施年级	探究主题	小主题
神奇的植物	低年级	植物可美容	确定研究方向
			果蔬辨认小达人
			果蔬四季大变化
			我为亲人来护肤
			植物可美容大宣传

（续表）

探究专题	实施年级	探究主题	小主题
神奇的植物	中年级	植物善洗涤	确定研究方向
			体验植物洗涤奥秘
			植物善洗涤解密探究
			植物洗涤产品开发研究
			植物善洗涤宣传推广
	高年级	植物会治病	确定研究方向
			做植物的小大夫
			做动物的小大夫
			做人类的小大夫
			植物会治病推广

表 4 – 27　"神奇的植物"主题课程体系一览表

教学单元	整合教材	主题课程	课时	授课学科
确定研究方向	主题确定课	主题确定课	1 课时	综合实践
	主题分解课	主题分解课	1 课时	综合实践
体验植物洗涤奥秘	实地考察和调查	实地考察方法指导课	1 课时	综合实践
植物善洗涤解密探究	科学三上 4 单元《水和食用油的比较》科学六下 2 单元《米饭、淀粉和碘酒的变化》	淘米水洗涤解密	1 课时	科学
植物洗涤产品开发研究	科学六下 4 单元《垃圾分类和回收利用》	制作果皮酵素	1 课时	科学
	劳动课	自制无患子香皂	1 课时	劳动
	美术四上《蝴蝶落我家》《色彩对"印"》《可爱的班集体》	设计制作包装盒	2 课时	美术

（续表）

教学单元	整合教材	主题课程	课时	授课学科
植物善洗涤宣传推广	少先队活动课	策划爱心义卖活动	1 课时	少队课
	数学四上《总价 = 数量×单价》	商品估价	1 课时	数学
	语文四上第 6 课《花儿朵朵》	设计善洗涤植物服装	1 课时	美术
	语文四上第 1 单元口语交际《我们与环境》、音乐四上第 6 单元《八六拍》＋《音乐实践》	创编植物善洗涤童谣	1 课时	语文音乐

五、教学示例

接下来以四年级"植物善洗涤"主题为例来介绍具体的教学过程。在主题活动学习前，学生要做好如下准备：用多种方法收集常见洗涤剂的信息，引导孩子们走进超市，对常见洗涤剂进行实地调查。

第一单元：确定研究方向

第 1～2 课时：综合实践活动课——主题确定和分解

综合实践课上，学生汇报了收集到的常见洗涤剂的信息，老师引导学生发现：部分洗涤剂中含有磷、荧光剂、增白剂等，可能会对环境造成一定的污染。怎么去解决呢？通过讨论交流，发现植物也能当洗涤剂，于是提出了"植物善洗涤"主题。接着，孩子们经过头脑风暴、分类整理，梳理出了：体验植物洗涤奥秘、植物善洗涤解密探究、植物洗涤产品开发研究、植物善洗涤宣传推广四个小主题，并对四个小主题进行逻辑排序，同步探究。

第二单元：体验植物洗涤奥秘

第 3 课时：综合实践活动课——实地考察方法指导

哪些植物可以当洗涤剂？老师带着学生走进植物资源丰富的基地，对据说有洗涤作用的皂角、无患子等植物进行实地考察，体验了无患子的采摘、干燥加工等过程。活动结束后，给学生量身定制了一个特色实践作业：体验植物洗涤。孩子们将在基地采摘的植物带回家，在家长的指导下体验了用淘米水、皂角、无患子、柠檬等去洗涤碗筷、头发、抹布等，体验植物的洗涤效果。

第三单元：植物善洗涤解密探究

第 4 课时：科学课——淘米水去油解密

这就更加坚定了学生的研究方向！也引起了学生新的思考：为什么这些植物可以去油、去污呢？

带着这些问题，学生向科学老师发出了邀请。科学课上，老师带领学生进行淘米水去油实验。通过观察、对比、分析等，发现淘米水就是淀粉水，是一种很好的吸附剂，能吸附在油污表面，将其分解成小油滴！那无患子、茶枯等去污去油的原理又是什么呢？我们联系了湖南中医药大学的李斌博士，她听到请求后，发来视频为我们答疑解惑！还进一步介绍了植物洗涤成分萃取的方法！

第四单元：植物洗涤产品开发研究

第 5～6 课时：科学课——制作果皮酵素、自制无患子香皂

将原理弄清楚后，我们决定将洗涤植物进行升级，探究出新的植物洗涤产品。科学课上学生将身边不新鲜的水果、果皮和果核等厨余垃圾收集起来变身植物酵素。劳动课上学生将无患子浸出液或无患子粉末变身环保植物香皂。

科学课和劳动课打开了孩子们创意物化产品升级的视角，为此，老师给孩子们布置了一个特色实践作业：设计和制作一款植物洗涤产品。通过特色实践作业的引导，无患子洗手液、茶枯洗发水、皂角洗衣液、无患子洗洁精等都被孩子们研发出来了。

第 7～8 课时：美术课——设计制作包装盒

如何让自制的无患子香皂、果皮酵素等变成更好的产品，孩子们提出需要给它们设计一个精美、实用、有特色的包装盒。

美术课上，学生们先设计制作出了圆柱体、四菱柱等不同形状的包装盒，接着利用拓印、对印、喷洒等工艺手法去设计包装盒图案，从而凸显了植物洗涤剂的神秘莫测和独特魅力！

离完美的产品，还缺少一份说明书。为此，老师给孩子们布置了一个特色实践作业：设计制作一份说明书。孩子课后带着实践作业单走进商店去观察梳理包装信息，还和爸爸妈妈一起设计了说明书的文字内容、图案和形状，最后还收获了自己和家长的 9 星评价。

第五单元：植物善洗涤宣传推广

植物真的太神奇啦，真是一位了不起的环保洗涤达人，孩子们将自制的洗涤产品送给家人、邻居、朋友，还为学校厕所设计和安装了一款香香植物洗涤包，它是由茉莉花和无患子、茶枯混合而成！得到了同学们的一致肯定和表扬，学校越来越多的同学加入我们！但校园舞台有限，如何才能让更多的人加入我们，去了解和使用植物洗涤剂呢？

第 9 课时：少先队活动课——策划主题义卖活动

少先队活动课上，我们对这个问题进行了讨论，有学生带来了长沙市杜鹃花开爱心义卖招募活动的通知，想到到时候会有很多人来参加，我们一致认为这会是一个非常棒的宣传大舞台。于是我们联系了长沙市慈善基金会，并通过了市教育局的考核，顺利获得了"小摊位"经营权，可把他们高兴坏了！

第 10 课时：数学课——商品定价

但问题也接踵而来，卖多少钱合适呢？数学老师开展了"总价＝单价×数量"的研究活动。在讨论过程中，学生们面临两个困难：定价太低，自己亏本；定价太高，顾客不买。只有将二者平衡好，才能募集更多善款。通过数学老师的指导及学生们反复的讨论，最后他们估算出了每盒香皂的成本是 3 元，只要定价不低于 3 元，就能盈利。具体定价多少，还要学生通过特色实践作业去进一步调查香皂的市场定价才能确定！

第 11 课时：美术课——设计制作洗涤植物服装

定好价格后，就要准备销售了。销售团的成员们一致认为，需要设计独特的服装，来彰显产品的文化、精神和特色，也就是洗涤植物文化衫。在美术课上，学生们将洗涤植物特点进行大胆自如的变化设计，或夸张或简化或添画，充分发挥了创造力和想象力，真是美极了！

设计容易制作难。在特色实践作业中，学生们低估了服装制作的难度，在大家共同努力下还是失败了。但这是一次宝贵的试错过程。事后，学生总结经验，提出了多个解决方案：如，将服装改成简单的 T 恤，使用扎染染色等！

第 12 课时：语文、音乐整合课——创编植物洗涤歌

为了吸引更多的顾客，让顾客了解植物洗涤，学生们还创编了一首植物洗涤歌。语文课上，学生们从善洗涤植物的特点、使用方法、如何环保等方面进行歌词创编。看，这是各组创编的歌词组合。

植物善洗涤

牛奶般的淘米水，厨房炊具笑吟吟，个个都如白玉盘。

绸缎般的皂角剂，橱柜衣物笑哈哈，个个都似蝴蝶花。

晶莹如玉艾草皂，洗手洗澡香喷喷，个个都成健康娃。

植物形象大变身，制成洗涤顶呱呱，个个都变环保侠。

音乐课上，老师带着学生给歌词选择合适的节奏、乐器、配上欢快的动作，奏出了新歌。

一切都准备就绪了。终于，一场火爆的义卖活动拉开序幕了！同时，"植物善洗涤"学习之旅也接近尾声！

【设计意图】在组织教学中，我们一方面借鉴综合实践活动六种课型：主题确定、主题分解、活动策划、方法指导、阶段交流、展示评价，让学生经历整个活动的全过程。另一方面，联动多方资源，弹性互动，学习的时间、地点和老师都可随着孩子们的需求而弹性变化，使学习空间更开放多元。

纸上得来终觉浅，还得科学实践来。综合实践活动全过程的经历＋家校社区联动育人的组合教学，让孩子们经历了基地考察、家庭实践、超市调查、学校实验、网络学习。跟随不一样的老师，走进不一样的教室，整个活动令孩子们充满了期待、充满了惊喜，让孩子领悟到：办法总是比问题多，只要想学习，哪里都是课堂，人人都能收获创意满满的成果！

【交流评价】

一期一本成长手册，对学生进行过程性评价，记录成长点滴。

包括内容丰富、形式多样的表现性评价现场：在活动中表现突出的学生获得了策划和组织学校吉尼斯节果蔬辨认达人挑战项目和科技节酵素变变变活动的奖励。我们还给学生提供了长沙市科技创新大赛、环保四联漫画大赛、岳麓区自然笔记大赛、学校植物漫画设计大赛等平台，让更多的学生找到属于自己的展示拓展舞台。

最后，学生还参加了基于真实情境下核心素养检测的 PISA 测试。这样的测试有用、有趣、有效，通过对比分析，我们发现，参与活动的学生得分明显变高，从而说明学生多方面能力得到提升。

【设计意图】详实的过程性评价 + 丰富的展示性评价 + 有趣的终结性评价的组合，让测评变得：有用，即以评促学，鼓励学生在测评时进行迁移、应用和创新，进行再次学习、展示和交流。有趣，即测评方式多样化，设计更开放、选择更自由；有效，即围绕学科核心素养，将能力作为主要测评对象。

六、教学示例

设计制作包装盒

【教学目标】

1. 废物利用重环保，旧盒再绘变新装。

2. 了解香皂花衣裳的作用。

3. 掌握创作花衣裳的两种肌理方法。

【教学重点】

掌握创作花衣裳的两种肌理方法。

【教学难点】

废物利用重环保，旧盒再绘变新装。

【教学准备】

颜料、树叶、牙刷、调色盘、上海青一颗、水粉笔、内里为白色废旧纸盒。

【教学过程】

一、激趣导入，明确主题

师：听说我们班学生策划了一个"植物善洗涤"的爱心义卖活动！主打商品之一就是纯手工香皂！今天课堂上，老师给你们争取到了福利，我带来了很多款式的香皂。如果你是顾客，你会选择购买哪一块呢？

1. 有包装 VS 无包装

生：多选有包装。

师：为什么不选无包装的？它会存在什么问题呢？

生：不好看、质量不好、不易保管。

师：没错，没有包装的香皂在运输过程中会有损坏的可能，不能很好地保护香皂，所以包装有保护的作用。

2. 空白包装 VS 花纹包装

生：我会选择花纹包装，因为好看。

师：我们穿衣服都要选择好看的，包装也是如此，美观的包装能吸引更多消费者的眼球！

3. 花纹包装 VS 有字花纹包装

师：看来你们都是比较聪明的消费者啊，那我带来我们的压轴商品，仔细想想，你选择哪个呢？选哪个就拿走哪个！选好了的学生，请打开香皂盒。

师：你选的是你满意的吗，为什么？

师：我们来看看，原来仔细阅读包装上的文字能帮助我们选到更满意的商品呀！包装上的文字起到辨识产品的作用。

小结：原来香皂的包装这么重要，这节课，老师跟着大家一起研究香皂的"花衣裳"。（板书：香皂的花衣裳）

二、奇思妙想，设计包装

1. 明确设计要素。

师：上节课，老师布置大家走进卖场去调查了解市场上香皂的包装，大家都很积极，现在请各组来分享下你们的调查结果吧。大家现在组内互相说说你们所了解到的香皂的花衣裳。

各小组组汇报。

师小结：大家的调查真细致！通过市场调查我们了解到，香皂包装上会有商品的名称、漂亮的图案、产品说明，有的还有广告词。

2. 学习制作方法。

师：接下来，我们一起从这几条线索去探究探究花衣裳的制作方法吧。

（1）第一步：文字部分。

师：从调查中我们知道，包装上的品牌名称和说明书的部分都是文字。

①品牌名称：在包装最显眼的位置，名称写得漂亮可以直接吸引顾客，所以品牌名称在字体、色彩等方面可以有些变化。

②说明书就是要交代清楚我们产品的成分、厂家、生产日期等，写清楚整齐就可以。

（2）第二步：加装饰。

师：最吸引人注意的就是花纹和图案了！产品包装要设计得新颖，我们就得找找灵感。明代有一个特别有名的画家叫唐伯虎，他所创作的山水画在中国美术史上有着很大的艺术成就。（PPT 加装饰板书）我们一起透过一段略带喜感的视频领略一下他的风采吧！仔细看，视频中还隐藏着一些绘画技巧哦！

播放视频。

师：从影片中我们看到了哪些国画的技法？

学生总结：拓印、喷洒。

师：你了解得真多。老师准备了一些工具和两个包装，大家猜猜这些工具和拓印、喷洒有什么关系？大家猜得对不对呢？我们来证实，一颗青菜，用小刀切掉青菜叶留下菜根，我们来看看它像什么？然后沾上颜料再拓印到包装上，注意拓印的疏密和色彩的深浅变化，看上去更有层次感。喷洒，播放制作视频。哇，原来一朵玫瑰花就这样做出来了。

（3）第三步：拼新盒。

师：现在香皂的花衣裳准备好了，怎么给香皂穿上呢？

师：我们可以从古人的手艺中借鉴。古代没有包装袋，他们买东西是用什么装的呢？哦，比如中草药，都用纸和绳子包装好，就像这样（PPT 图片），那今天我们就把这个写了品牌名称的纸条和拓印了图案的纸盒，做成一个复古的包装。

拼新盒（板书）。

小结：刚刚我们一起讨论了制作手工香皂的三个方法，引导学生齐读板书。

三、小手巧巧，制作包装

师：想不想让你们的手工香皂也出现在白鹤小铺的货架上呢？接下来看你们的啦！请每个小组结合方法，分工合作，设计出一个香皂包装，并为你们制作的香皂，设计一句宣传广告语。

1. 学生制作，老师指导；播放音乐《白鹤小铺开张啦》。

2. 小组作品展示。

3. 各组作品点评。

四、课堂小结，拓展延伸

师：看到大家从聪明的消费者，摇身一变，变成了创意无限的设计师，为师甚感欣慰啊！我相信，随着知识的累积，你们的设计会越来越精致，大家也可以借助本节课学到的包装设计小技巧，给其他的物品也设计一件"花衣裳"，预祝你们在爱心义卖场上能收获佳绩！

板书设计：

设计制作包装盒
——香皂的花衣裳

花衣裳的作用：　　　花衣裳的制作：

　　保护　　　　　　　拓印

　　美观　　　　　　　喷洒

　　辨别

植物香皂的定价研究

【教学目标】

1. 引导学生通过对成本问题的研究，掌握先计算成本，再根据结果进行逐步定价的基本方法，培养学生应用知识解决实际问题的能力。

2. 通过自主探究成本费用的过程，培养学生独立思考、解决问题及积极参与学习活动的能力和意识。

3. 体会数学与生活紧密联系，感受数学应用的灵活性、广泛性和优化思想。

【教学重点】

掌握先计算成本，再根据结果逐渐调整定价的基本方法。

【教学难点】

通过对现实数据的分析进行合理调整。

【教学过程】

一、激趣引入，提出问题

师：咱们班做好了许多植物手工皂，在接下来的跳蚤节我们要把它们义卖出去，这是多么有意义的事情呀！你们知道吗，这卖东西也有不少学问呢！今天这节课我们就来研究植物香皂的售卖问题吧。（板书：植物香皂的售卖）

二、自主探索，研究问题

1. 故事导入：卖香皂。

师：你们有过卖东西的经验吗？我们一起来看一看这个故事，看看大家能从中得到什么启发？

2. 探寻香皂买卖诀窍。

师：做生意可不是那么容易，从故事中你了解到哪些香皂买卖的诀窍吗？看看谁的脑袋瓜更聪明，请以小组为单位讨论。

组1：对于商人来说，价格太便宜，会亏本；对于顾客来说，价格太贵，还不如去市场买。

师：所以，价格很重要。另外，故事中提到了"成本"，在这里成本指的是什么？

师引导发现：制作商品过程中产生的费用就叫成本。

3. 香皂成本计算。

师：大家发现问题的眼光真独到，回到我们的实际问题来。义卖的香皂价格要定得合理，首先要算出我们制作香皂的成本是多少，再去估价格。

师：我们做香皂花了哪些钱？请大家以小组为单位，按照时间线回忆和整理在制作香皂过程中所用材料及其价格。（出示课件，小组计算）

小组汇报数学信息：咱们班分成 16 个小组，每组一套材料，每套材料花了 38 元。包装纸盒用的废旧纸盒。学生列式计算：$16 \times 38 = 608$（元）。

师：包装费我们要算吗？

生：废旧纸盒，既环保，又省钱。

4. 香皂定价计算。

师：再来看一看，我们一共做了 180 块香皂，你们认为把每块香皂的价格定为多少可行呢？小组讨论，说明缘由。

组 1：应该先算出每块香皂的成本价，不能低于成本价。

师：最贵不能超过多少呢？

组 2：价格的上限，可以参考市场上常见香皂的价格。

5. 合作交流，比较方案。

组 3：$180 \approx 200$，$608 \approx 600$，$600 \div 200 = 3$（元），那么香皂的价格应该是不少于 3 元才合理。出示课件：常见香皂的价格。

师：现在大家知道定价为多少最合适了吧？

6. 利润的计算。

师：除去成本，能挣到的钱，在数学中叫做利润。大家能计算一下，如果把价格定为 4 元、5 元，我们的利润分别是多少？引导发现计算公式：利润 = 销售收入 − 成本。

7. 小结。

师：大家的计算能力真棒，手工香皂的义卖是件很有意义的事情，不管能筹集多少善款，我们的活动都是有意义的。

三、全课总结，升华认识

经过计算大家觉得价格定为多少最合适呢？想要定出最适合市场的价格，可能还需要同学去香皂市场进行调查，看看定价多少，才能筹集更多的善款？今天的特色实践作业：请小组长组织组员利用课外时间开展香皂市场定价调查活动，注意要有家长陪同，注意安全哦！老师期待你们的合理定价！

淘米水解密

【教学目标】

1. 科学概念：理解淀粉遇碘变蓝色的检测方法；淀粉具有吸附性等性质；

2. 科学思维：根据实验现象对淘米水的功能做出大胆的想象与推测；

3. 探究实践：观察、描述和记录淀粉检测的实验现象；

4. 态度责任：体会对周围事物进行有目的、细致观察的乐趣，探究科学知识在社会生产生活中的应用，培养学生从小热爱劳动、热爱生活的情操。

【教学重点】

淘米水天然去污的原理。

【教学难点】

淘米水天然去污的原理以及如何去检测出它的原理。

【教学准备】

有油垢的厨具、葡萄、淘米水、淀粉、碘酒、洗过的米、没洗过的米。

【教学过程】

一、情景导入，发现问题

师：之前同学们利用各种有洗涤作用的植物在家里进行洗涤，有的同学比较了分别用淘米水和清水洗厨具与水果的效果。你们有什么发现，谁来说一说？

生：发现用淘米水洗得更干净。

师：你们还知道淘米水的其他用途吗？

生：可以用来浇灌植物；可以去除案板异味、洗掉菜刀上的铁锈；好像还能当药物使用。

教师展示淘米水用途的图片。

师：淘米水的用处真的这么大吗？它为什么会这么神奇呢？今天我们就来进行淘米水去污解密。

二、仔细观察，找到淀粉

1. 小组观察洗过的米和没洗过的米。

师：淘米水和清水相比最大的区别在哪里？

生：淘米水白白的，有粉末。

师：这粉末从哪里来的呢？

生：可能是大米融在水里啦。

师：我这里有洗过的米和没洗过的米，你有什么办法证明你的猜测？

生：我们可以对比观察两种米，可能会找到白色粉末的来源。

师：你们的想法真棒，开始实验吧！

生：小组实验

组1：我们发现没洗过的米有一层白白的粉末状物质，而洗过的米就没有了，所以我们推测淘米水白白的，可能就是这种粉末和水混合在一起了！

2. 淘米水鉴定实验。

师：那这层白白的粉末状物质到底是什么呢？我们一起来验证一下。易老师特地请教了一位科学小博士，他介绍了几种常见物质的检测方法，同学们可以猜测一下那层白白的粉末状物质可能是哪一种。

（1）淀粉的辨别：

滴上碘酒后物质有变成蓝色或蓝紫色的现象，说明物质中含有淀粉。

（2）脂肪的辨别：

在白纸上涂食用油，在白纸上挤压、滑动肥肉或花生米等。含有脂肪的物质在白纸上会留下油渍。

（3）蛋白质的辨别：

含蛋白质的物质放在火上烧会发出像头发烧焦的味道。

师：你觉得白色粉末是哪种物质？用实验的方法来证明吧！请各小组开始实验。

组：小组实验，发现白色粉末遇碘变蓝，所以是淀粉。

师：淘米水去污可能是因为淘米水中有淀粉，那淀粉如何去油去污呢？我们接着探究。

三、实验体验，去污解密

实验材料：一个油碗、葡萄、面粉、铁勺。

师：想要探究出淘米水去油污的秘密，我们先来做一个小实验，请同学们仔细观察实验想象，然后说说你的发现：

实验步骤：（1）用清水洗油碗、葡萄，观察实验现象；（2）用淘米水清洗油碗、葡萄，观察实验现象；（3）观察实验现象对比得出结论。

组：实验并完成记录单。

组：淀粉能够吸附在油污表面，让油不能成块。还有淀粉能够把葡萄表面的小颗粒包裹起来，小颗粒就从葡萄皮处去除。

四、课堂小结，创新拓展

师：为什么淘米水这么受欢迎呢？它与其他化学清洁剂相比有哪些好处？

生：绿色、环保、不伤手、不污染水等等。

师：为什么淘米水绿色环保呢？

生：淘米水能去油污，是因为淘米水中有淀粉，淀粉是一种很好的吸附剂，能吸附在油污的表面，有效地阻止了油滴污渍聚结成块，并且将其分解成小油滴、小污渍，这样能使油污更容易被清水冲走，对环境没有危害、污染。

师：同学们，你能利用今天学习的内容，设计制作一些小商品吗？比如：

油头克星——蓬蓬粉，干洗神器——免洗手剂，白色衣物干洗剂等。今天的特色实践作业：请以小组为单位进行研究、设计和制作一款淀粉小商品，老师期待你们的创意表达。

【板书设计】

淘米水解密

	淘米水	清水
去油	效果好	效果不明显
去污	效果好	效果不明显

淘米水中有淀粉，淀粉是一种很好的吸附剂。

七、教学反思

（一）学生感想

1. 我们的植物很漂亮。我真想和大家臭美一下我自制的超高颜值的花中花无患子香皂，还有使用喷洒装饰的包装盒，只要看到的人没有不喜欢的，没有不夸奖的。

2. 我们的植物有内涵。植物就像多啦A梦一样，你想要什么，它就能变出什么，可以是治感冒的药，也可以是驱虫神器，还可以是妈妈脸上的美肤面膜，真是我们的宝藏"好朋友"！

3. 我们的植物超宝贝。我从来不知道我可以这么勇敢，我会为了保护一小片车前草，站出来和想踩踏它的人说不、说道理，保护了他们，我感到无比自豪！

（二）家长反馈

现在都在说要进行五育并举的教育，让孩子们德智体美劳全面发展，我觉得这次活动就真的做到了。特别是劳动方面，现在我家小孩就特别喜欢去研究各种洗涤植物，然后去针对性的洗衣服、擦桌子、洗碗，有次还帮我洗了一个香香的头，我真心感动孩子的变化。

（三）教师反思

1. 教学效果显著

（1）减负高效。如表4-28"植物善洗涤"跨学科整合前后课时对比表，通过表格不难发现，跨学科整合教学后，完成同样的内容，缩短了3个课时，真正做到减负高效。

表4-28　"植物善洗涤"跨学科整合前后课时对比表

各学科课文	课时安排		整合课	课时安排
《液体之间的溶解现象》	1		主题确定和分解	2
《不同物质在水中的溶解》	1		实地考察指导	1
《色彩对"印"》	1		淘米水洗涤解密	1
《可爱的班集体》	1		制作酵素	1
《蝴蝶落我家》	1		制作香皂	1
《总价＝数量＊单价》	1	对	策划爱心义卖活动	1
《计算器的使用》	1		设计制作包装盒	2
《这个地方有点怪》	1	比	商品估价	1
《花儿朵朵》	1		植物洗涤服装设计	1
主题确定和分解	2		创编童谣	1
实地考察指导	1		合计	12
口语交际：《我们与环境》	1			
《八六拍》《音乐实践》	2			
合计	15			

（2）综合素养得到发展。通过多种方式的测评，我们发现学生打从心底认可大自然、热爱大自然、敬畏大自然，同时，学生多方面的综合能力得到提升。

（3）学习兴趣明显提高。活动结束后，我们对学生进行后测访谈，发现学生非常喜欢这个专题，还表示会继续去研究植物的神奇之处，也希望学校以后多多开展这样的活动。

2. 总结出注意事项

在具体实施过程中，有以下要点需要注意：

（1）选题上要结合现实情境下真实问题的研究并解决。

（2）内容上要定位学科核心概念及学科间的大概念。

（3）目标上要指向学生核心素养的培养。

（4）方法上要依托综合实践活动学科的教学思路。

（5）评价上要做到有用、有趣、有效。

（6）组织上要联动多方资源，构建家校社联动弹性育人机制。

我们的跨学段跨学科专题化教学不是一蹴而就的，而是经历了学科内单元整合、两个学科整合、多学科整合再到跨学段的结构性重组。虽然过程很艰辛，但收获却很丰富。希望我们团队的实践和思考，能帮助大家开启跨学科跨学段专题化教学的大门！

（案例提供：余忠萍　凡婷　吕作香　杨娟娟　常洁　李丹　李笑　王叶　康利）

案例 2

学科： 科学、综合实践活动、美术、数学、少先队活动

年级： 1～6 年级

践行环保　让生活多点绿

一、研究缘起

"既要绿水青山，又要金山银山"的绿色口号昭示着人与自然和谐相处已经成为现代教育的热点和核心任务。小学教育也应遵循可持续发展战略，

把生态文明建设贯穿教育教学活动中。

目前，我国公民对生态文明理念已经有了一定的认同度和知晓度，但公民生态法制观念较为淡薄，生态知识还普及不够，公民生态保护参与度、践行度有待进一步提高。面对着这样的问题与困境，需要有针对性地进行生态环保教育。

我们学校一直致力于研究如何对学生开展切实有效的环保教育。我校位于岳麓山下，周边有岳麓科技园、晚安工业园、湖南大学、湖南省中医药大学、湖南师范大学等企业和高校，能为我们提供优质的专业资源和专业引领。加之部分家长从事环保相关工作，能够提供支持。这些优势为我们在生态环保方面的研究提供了便利条件。

科学学科倡导自主、合作、探究、实践的学习方式，通过科学探究，可以促进学生综合素养的全面发展和提高。因此，我们打算以科学课为切入点，再整合其他学科，开展环保主题教育教学活动。

二、组建团队

环保主题教育教学活动中的很多内容和科学学科有关，我们成立了科学教师为主要研究力量，其他学科骨干教师协同的研究团队。

三、确立主题

环保是一个大话题、大专题，从中选择什么主题进行教学，才能更好地帮助学生认识到保护环境的必要性和重要性呢？以三、四年级为例，我们先研读科学课标和教材，发现科学教材中有很多内容可以开展环保教育活动。但是确立怎样的主题才能将它们涵盖起来呢？

在综合实践活动老师的建议下，我们研读了《综合实践活动指导纲要》，发现用综合实践活动中的教学理念和教学方法可以很好地去解决"如何确立主题"的难题。接着，科学老师将适合的科学内容整理出来，成员们集中讨论，结合教材内容和三、四年级学生的特点，设想各个适合的主题并说明原因，最后决定将三、四年级的环保教育活动主题定为"善分类 勤处理 远垃圾"。

用同样的研究方法，我们还确立了一、二年级环保教育活动主题：亲亲我的动植物宝贝；五年级环保教育活动主题：点点滴滴都是爱；六年级环保教育活动主题：挥别雾霾，带来云彩。这次专题化活动涉及的科学教材内容见图4-8。

图4-8 "善分类　勤处理　远垃圾"涉及的科学教材内容

四、制订方案

主题确定好了，如何将多个单元、多篇科学课文整合成有目标、有内容、有顺序、有逻辑的教学过程呢？想要教学清晰，必须提前确定好切实可行的目标，所以研究团队召集会议，首先从教师和学生的角度出发确定了整个主题活动的总目标。

（一）研究目标

1. 以年级组为单位，围绕一个主题，推进集体备课、课例研讨，打破学科壁垒，解决各学科之间相互封闭、孤立的弊端，尊重和发展学生的个性，为学生的终身发展奠基。

2. 帮助学生进一步增长环保知识，激发学生投身环保实践活动的热情，养成良好的环保习惯、环保意识，培养学生热爱祖国，关心家乡环保事业的积极情感。

3. 培养学生的动手操作能力、社会实践能力、收集与处理信息的能力、发现和解决实际问题的能力，在潜移默化的探究学习活动中培养学生的科学思维，提升其科学素养。

（二）内容框架

目标确定好了，该怎么确定内容呢？少先队活动课老师指出：在整个环保专题活动中，我们不仅要关注教学内容的设计，还要重视教育活动的渗透。所以，团队先从教学活动和教育活动两方面出发设计了一个内容框架图，见图4-9。

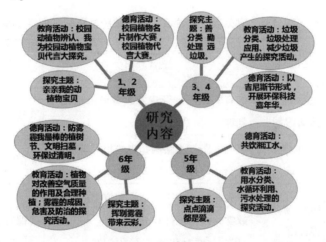

图4-9　"善分类　勤处理　远垃圾"跨学段跨学科内容框架图

（三）内容安排

接着，我们将各年级的内容框架进行细化。以三、四年级"善分类　勤处理　远垃圾"主题活动为例：团队中科学老师将适合本主题的教学内容罗列出来，综合实践活动老师指导大家对这些内容进行逻辑排序。排序时，如果发现课与课之间连接有问题时，就会召开团队研讨会，其他学科的骨干老师就出现的问题，从自己的学科出发，结合教材，选出适合的内容进行补充。最后，我们就形成了有目标、有内容、有逻辑、有层次的教学方案（具体教学内容细化见图4-10，教学内容实施方案见表4-29）。

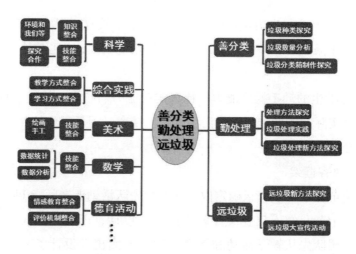

图 4 - 10 "善分类 勤处理 远垃圾"跨学段跨学科教学内容细化框架图

表 4 - 29 "善分类 勤处理 远垃圾"跨学段跨学科教学内容实施一览表

探究主题	实施年级	主题课程	整合教材	课时	授课学科
善分类勤处理远垃圾	三、四年级	主题确定和活动策划	综合实践：主题确定、分解；活动策划课。	3 课时	综合实践
		了解垃圾分类现状	综合实践：问卷调查方法指导课。 数学：分析数据图表。	4 课时	综合实践数学
		DIY 垃圾分类标准	少先队活动：统计学校和家里的垃圾。 数学：数据统计和分析。 科学：《食品包装袋上的信息》	3 课时	少队活动数学科学
		设计和制作垃圾分类箱	美术：《设计和制作》	2 课时	美术
		垃圾分类处理	科学：《点亮小灯泡》 科学：《花、果实和种子》 科学：《面包发霉了》 科学：《温度与气温》	4 课时	科学
		垃圾分类宣传推广	美术：绘制海报 音乐：快板表演	2 课时	美术音乐

五、教学示例

在教学时，我们将每周的科学课留出一节作为环保专题课，其他学科每学期安排 1 到 2 节环保专题指导课，围绕一个中心，全面发展"鲜绿"学生。以四年级"善分类 勤处理 远垃圾"为例，具体的教学过程如下：

（一）综合实践活动课堂——主题确定和活动策划

新学期刚开始，综合实践活动老师引导学生发现周围垃圾给我们生活造成了诸多不便和危害，从而确立了探究的主题"善分类 勤处理 远垃圾"。接着，老师指导学生分解出了五个小主题：了解垃圾分类现状、DIY垃圾分类标准、设计和制作垃圾分类箱、垃圾分类处理、垃圾分类宣传推广。各小组就自己研究的小主题制定探究活动策划表，明确探究内容、活动准备、人员分工等，带着目的和计划进入到接下来的探究活动中。

（二）多学科课堂——了解垃圾分类现状

学生将综合实践课堂上学习到的实地考察、问卷调查等方法和在数学课上学习到的数据对比方法应用到探究活动中，分四步走，让探究更加深入。

1. 实地考察，让学生更加了解垃圾的危害，明白垃圾分类的重要性。

2. 收集资料，教学生绘制垃圾分类手抄报，加深垃圾分类现状的理解。

3. 问卷调查，让学生了解普通民众对"垃圾分类"的理解。

4. 对比分析，让学生对比中国、日本、澳大利亚、英国的垃圾分类标准及效果，分析我国垃圾分类的优点和不足。

（三）多学科课堂——DIY 垃圾分类标准

了解垃圾分类的现状后，学生通过讨论，一致认为最先应该做的是找到适合的垃圾分类标准，只有清楚分类标准，才能解决其他的困境。为此，少先队活动课上，老师带着学生对将教室和家里的垃圾种类和数量进行了调查统计。

学生对教室及家庭垃圾统计的结果比较杂乱无章，从中看不出有用的信息。数学老师将此作为数学步道教学的素材开展了数据统计和分析的教学活动。经过老师的指导，学生得出了简洁明了的数据统计结果。接着老师带着学生对数据进行分析，绘制了饼状图、柱状图。学生绘制完分析图后发现手绘不是很精准而且用时较长，因此，有学生提出：可不可以用电脑绘制数据分析图呢？预计学生接下来会去向信息老师求助开展相关的研究。

结合数学课上的分析结果，如何确定分类标准呢？科学课上，老师指导学生通过感官"看、听、闻、摸"，以及使用工具和实验方法去充分的对垃圾进行观察，再结合各国垃圾分类标准，尝试使用不同的分类标准对教室和家庭垃圾进行分类，DIY 教室和家庭垃圾分类标准。经过小组汇报交流，最后将教室垃圾分类标准定为：可回收垃圾、其他垃圾。将家里垃圾分类标准定为：厨余垃圾、可回收垃圾、其他垃圾、有害垃圾。

（四）美术课堂——设计和制作垃圾分类箱

分类标准确定好了，那原来的单一垃圾桶就不适用啦。美术课上，学生决定自制垃圾分类箱。经历了从桶的选择到分类图绘制的全过程。在一代垃圾分类箱制作完后，有学生发现根据数据统计，可回收的垃圾占到76%，应该将可回收垃圾箱做大一些，第二代垃圾箱的大小就是根据数据统计结果重新设计的。但紧接着，学生又发现了新问题：可回收垃圾种类很多，后期还要进行"二次分类"，工作量很大。因此，有学生提出：是否可以将可回收垃圾箱内部用板子隔开，制作成"二次"分类箱。说到做到，经过学生们不断完善，第三代垃圾箱就诞生了！

（五）科学课堂——垃圾分类处理

垃圾分类好了，该怎么针对性的处理呢？科学课上，学生以小组为单位，进行实验探究。如喝过的牛奶盒清洗一下再回收，降低二次回收利用的难度。

碎玻璃用透明胶缠绕，贴上标签后再丢弃。可以大大降低对垃圾处理者的伤害。

有害垃圾处理——废电池探究，将班级内的电池收集起来打包送到专业的处理机构，防止电池对环境的污染。有的学生非常好奇地提出：专业处理机构是如何对废电池进行处理呢？还有的学生提出：像废弃电子产品及化妆品等有害垃圾又该如何处理呢？这些问题将是学生们接下来的探究新方向。

生活中厨余垃圾，如何处理更好呢？学生尝试进行堆肥处理，将垃圾变成肥料。此外还有什么方法呢？学生通过查阅资料、询问等方法发现还可以将其制作成酵素。但酵素该如何制作呢？对这个问题，学生现在正在积极探究和尝试。我们为学生这些新的、深入的思考点赞，也将跟着学生一起迎接新的挑战！

（六）多学科课堂——垃圾分类宣传推广

为了让更多的人了解垃圾分类，加入到垃圾分类的活动中来，让我们探究的内容为更多的人所了解。少先队活动课上，学生激烈讨论、收集宣传推广金点子，最后收集了 12 个。之后通过小组讨论、查阅资料、访问等方法排除了一些开展难度大的活动，确定了校园广播、景区宣讲、快板表演、海报宣传等 5 种宣传推广方式。接着学生找到语文老师、美术老师、音乐老师来指导本组的宣传活动。推广活动受到了大家的一致肯定。图 4 - 11 为宣传活动剪影。

图 4 - 11　学生走进岳麓山和洋湖湿地进行垃圾分类宣传推广

（七）德育活动——情感教育、共生评价

德育活动可以很好地对学生进行情感教育，与学科教学形成共生评价。所以，在学生探究垃圾分类和垃圾处理的全过程中，我们设计了很多有趣、有意、创新的德育活动。如表现最棒的小组可以奖励设计和组织一个科学吉尼斯节的挑战项目，如学生充分发挥想象力和创造力设计的"垃圾分类大王""垃圾处理大王"等挑战赛。此外，我们还开展了"文明扫墓，环保过清明""校园植物名片制作大赛""废衣变美包"等系列环保德育活动，对学生进行环保情感教育。让每一个努力的孩子都有展示的舞台。部分学生作品见图 4 - 12、图 4 - 13。

图 4 – 12 "废衣变美包"活动学生作品

图 4 – 13 长沙市科技节科幻画项目学生作品

六、教学示例

如何设计调查问卷

【教学目标】

1. 学生了解调查问卷的设计原则、技巧和本领。

2. 掌握调查问卷设计方法，能小组合作设计一份简单、规范的问卷。

3. 在设计问卷中，提高学生合作精神、探究能力。培养学生团结合作、尊重他人、分享成果的优良品格。

【教学重点】

掌握调查问卷设计方法，能小组合作设计一份简单、规范的问卷。

【教学难点】

在设计问卷中，提高学生合作精神、探究能力。

【教学准备】

PPT、记录单、彩笔、卡纸。

第一课时：明确主题

【教学过程】

一、激趣导入

师：同学们，对于小主题垃圾分类我能行，在我们周围还有很多人也在探究这个主题。比如说：湖南大学的哥哥姐姐们，我这里就有一份他们设计制作的调查问卷，他们想要通过这份问卷了解到岳麓区垃圾分类的情况。你们也来帮帮他们，填写这份问卷吧！

生：填写问卷。

二、问卷结构

师：问卷都有哪些内容？

生：有题目、问题、选项、祝福语、调查说明等。

师：问卷一般结构由标题、导语、问题和结语组成。其中问题包括题干和选项，有些问题是多选，有些是单选，要说明。

师：如果用1到3颗星来标明设计各部分的难度，1星难度最小，3星难度最大，小组讨论，确定各部分的难度。

生：标题和结语1星，导语2星，问题3星。

三、明确主题

师：我们四个小主题，哪个小主题最适合用调查问卷的方法进行研究，为什么？

生：调查社区与学校垃圾排放现状，因为如果一个一个去问太麻烦，用问卷就能快速知道大家的想法。

师：那这节课，就以"调查社区与学校垃圾分类排放现状"为主题设计调查问卷，但是这个主题要同时调查社区和学校，设计一份问卷可行吗？

生：不可以，要分别设计，可以先设计调查社区的。

师：这节课就以"调查社区垃圾分类排放现状"为主题设计一份问卷。

四、设计标题、导语和结束语

师：你们刚刚都认为标题和结语难度很小，接下来请各小组设计标题和结语。

生：设计标题和结语并汇报交流。

师：那导语该怎么设计，请挑战！

生：设计导语并汇报交流。

师：大家想想设计标题、结语、导语时要注意什么？

生：讨论交流。

师：小结注意事项。

1. 标题：标题醒目，突出意图，内容精炼，简单易懂。

2. 导语：（1）简短的自我介绍；（2）精炼的调查内容；（3）简洁的调查目的；（4）对被调查者的希望；（5）真诚的致谢表达；（6）保护隐私的强调。

3. 结语：真诚的致谢结尾。

师：那设计最难问题时要注意什么？

生：小组讨论汇报。

师：小结设计最难问题的注意事项：（1）问题。紧扣主题不偏离、通俗易懂好理解、避免歧义的问题、慎用开放式题型、数量以 10 个为佳、由易到难需排序。（2）选项。紧扣题干、穷尽互斥、少用其他。

第二课时：设计问题

【教学过程】

一、发现新问题

师：上节课，我们明确了设计问题的注意事项，现在请同学们设计问题。

生：设计问题并汇报。

师：大家设计的问题太多太乱，该怎么处理呢？

二、设计小法宝

师：老师给大家一个法宝，可以从以下三个角度来设计问题，分别是：

垃圾分类排放的行为、垃圾分类排放的态度、垃圾分类排放的效果。针对三个角度，分别可以设计哪些方面的问题呢？

小组讨论汇报。

三、明确设计方向

老师小结：垃圾分类排放的行为——居民：家里垃圾桶的组成、分类排放的情况、排放前垃圾处理的情况、哪类垃圾排放最多、是否会提醒身边的人分类排放等。社区：设施设备的变化（垃圾桶的种类和数量、排放地等）、宣传教育活动等。

垃圾分类排放的态度——长沙市实施垃圾分类排放政策了解情况、您和家人对垃圾分类排放的看法、分类排放的必要性、分类排放遇到的困难、提高分类排放能力的方法等。

垃圾分类排放的效果——排放量的变化、社区环境的变化、参与分类排放居民人数的变化、分类排放后经济收益情况等。

四、课后拓展

师：接下来，请各组派一名代表抽签，抽到后，请各小组课后查找资料，根据抽到的角度设计3个自认为最好的问题。下节课，带着问题过来，我们再一起选出最合适的9个问题，完成整份调查问卷的设计吧！

第三课时：完成调查问卷设计

【教学过程】

一、回顾导入

师：课后大家查找资料，根据自选角度设计了3个自认为最好的问题。这节课，我们就一起从大家设计的18个问题中选出最合适的9个问题，完成整份调查问卷的设计吧！

二、三字秘诀

师：首先，有请"垃圾分类排放行为"的小组进行汇报。

生：两个小组进行汇报。

师：大家看看，六个问题中有没有类似的？有没有选项不全的？有没有表述不清的？

生：小组观察交流汇报。

师：小结调整问题的"三字秘诀"。

1. 删字诀。当我们发现类似或相同问题时，可以删除一些，保留一个。

2. 改字诀。描述不清的问题改一改，变得更加精炼，更扣主题。

3. 添字诀。选项要尽量全，可以添加补充。

师：现在请各小组利用"三字秘诀"去修改和完善问题，3分钟，开始。

师：接下来，有请选择"垃圾分类排放的态度"小组进行交流，说说你们的修改历程吧。

生：两个小组进行汇报。

师：六个问题一起看，你们还发现其他问题了吗？

生：利用三字秘诀再次提出修改建议。

师：接着，有请选择"垃圾分类排放的效果"小组进行交流，聊聊你们的修改故事吧。

生：两个小组汇报修改的内容及原因。

三、问题排序

师：接下来，我们确定9个终极问题。请设计相同内容的两组一起讨论交流，两组共选出最合适的3个问题，并写到纸条上。

生：两个小组讨论交流，确定3个问题。

师：问题设计好了，怎么安排他们的出场顺序呢？

生：按设计问题的角度分类排序。

生：可以根据由易到难的顺序，从容易填写的角度将垃圾分类排放行为放在前面，接着是态度，而最难填写的变化放在最后。

生：简单的放前面。也就是问题设计的容易理解、很常见、字数又比较少、选项又比较简单，总之容易回答的就为易，反之为难。

师：根据由易到难的原则，调整好问题的顺序。

生：调整问题的顺序。

师：所以设计问卷还有最后一个秘诀：调。

四、课堂小结

师：删、改、添、调虽然只是四个字，但是在真正的实施过程中却不简单，建议同学们多练习、多对比、多思考，争取问卷中每个问题都是精华！说到精华，我们设计的这 9 个问题就是精华，但是仔细观察，还少了一个什么类型的问题？

生：最前面还少了一个基础性问题，像性别、年龄等。

师：那老师再加一个基础问题，凑齐 10 个问题。

五、课后拓展

师：在这里，余老师隆重地宣布："社区垃圾分类排放现状"的问卷终于新鲜出炉啦！让我们把掌声送给自己吧！同时，我们还提炼出了设计问卷的四字秘诀：删、改、添、调，你们真棒！最后给大家布置一个挑战任务：根据设计调查问卷的方法去设计一份"学校垃圾分类排放现状"的问卷，期待各小组精彩的问卷哦。

厨余垃圾 堆肥变宝

【教学目标】

1. 通过学习与操作，让学生了解厨余垃圾如何转变为肥料。
2. 在实践中培养学生的环保责任心。
3. 培养学生团队协作能力、解决问题的能力。

【教学难点】

通过小组合作，观察厨余垃圾的实验过程，并亲手实践。

【教学重点】

培养学生爱护环境的习惯，树立保护环境的意识。

【教学准备】

堆肥桶、酵糠、厨余垃圾、口罩、手套、纸或者可以过滤的布或者纸。

【教学过程】

一、回顾旧知，激趣导新

1. 激趣导入。

师：出示维克多·雨果《悲惨世界》的节选。

生：有感情地朗读文段，感受其情感，组内交流感受。

2. 回顾旧知。

师：我们之前已经探究了学校和家庭的垃圾，初步将垃圾分为哪几类？

生：厨余垃圾、有害垃圾、可回收物、其他垃圾。

师：厨余垃圾包括哪些？我们该怎么处理？

生：瓜果皮、剩饭剩菜、枯枝落叶等，可以变成肥料。

3. 导入课题。

师：今天我们学习使用堆肥处理法将厨余垃圾变成开满鲜花的牧场，变成青青的草地，变成百里香的乐园。

二、城市对比，明确方向

1. 对比日本与长沙在厨余垃圾方面的做法。

师：PPT 播放相对应的视频和 PPT，再提问：相同之处？不同之处？

生：我们和日本产生的厨余垃圾量基本相同，类型也相似，主要不同的是日本将厨余垃圾进行家庭专业处理的时间比较长，比如：家庭堆肥处理。很值得我们借鉴和学习。

2. 了解家庭堆肥的好处。

师：家庭堆肥有什么好处呢？我们通过一段视频来了解。

生：通过堆肥处理后，垃圾就变成了肥料，可以用来养花，种菜。

3. 明确研究方向。

师：对于厨余垃圾，你们还能想到更好的处理方法吗？

生：积极开展专业的处理，比如从我做起，将身边产生的厨余垃圾进行堆肥处理；还可以将好的处理方法通过多种形式宣传出去。

三、掌握方法　实践操作

1. 掌握堆肥方法。

师：展示本次实验所需的物品，并介绍其作用。

堆肥桶、酵糠、厨余垃圾（食堂的剩余蔬菜）、校园的枯枝落叶、口罩、手套、报纸或者可以过滤的布或者纸。

师：演示实验过程。（PPT 出示图片）

步骤一：将我们的厨余垃圾处理成小块（其中鱼骨头、玉米麸、汤水、肉类、油类等不能用于堆肥）。

步骤二：将可以吸水的报纸或者是过滤布放在堆肥桶的最下方。

步骤三：将切成小方块的厨余放到报纸上面，厚度为 5 厘米。

步骤四：在厨余垃圾上面撒上一层酵糠（其实酵糠可以用豆渣代替），要求酵糠覆盖厨余垃圾的 75% 以上的面积。

步骤五：按照步骤四的做法，一直在堆肥桶里面以一层厨余一层酵糠的方式进行，整个堆肥桶留 20% 的空间。

步骤六：盖好堆肥桶的盖子，我们采用厌氧堆肥法，需要将堆肥桶密封。（每次增加厨余垃圾就需要铺盖一层酵糠，一定要记得盖严实！）

步骤七：三个月后，我们的自制肥料就做好了，可以为家里养的植物施肥了。

师：出示操作小贴士：

贴士 1. 厌氧堆肥，在刚开始的 1～2 周会产生肥液，记得要将肥液排出，可以收集起来兑水浇花。

贴士 2. 堆肥成功的秘诀：控制干湿比例，如果桶里太湿（有明显的水珠，开始长虫），就多加一点干物质比如酵糠、干树叶、木屑、米糠；如果太干了，就增加厨余的投放。

2. 学生实践操作步骤：

（1）学生准备好实验工具。并检查实验工具是否齐全。

（2）学生观看操作步骤，小组合作完成家庭、学校厨余垃圾的堆肥实验。

（3）汇报此次实验的收获与感想。

（4）小组交流总结的堆肥实验小诀窍。

四、回归生活　畅谈感想

师：厨余垃圾堆肥给我们带来了什么收获？

师：你认为做这样的事情有意义吗？假如博才、白鹤、长沙、全国都这样做，你觉得会变成什么样？厨余垃圾还可以怎么处理？

生：小组讨论。

组4：将厨余垃圾变废为宝实在是太有意义啦，生活不缺少美，只是缺少发现美的眼睛，你看，这样处理后，垃圾都变得超级美！

组2：假如大家都有序地加入到堆肥的活动中来，那我们每次经过垃圾站的时候就不会闻到让人发晕的臭味了，想想都很棒！

组1：有些厨余垃圾还可以制作成酵素，可以做成洗碗酵素，还可以做成洗头发的酵素。

齐读结尾："这些堆放在街角的垃圾，这些装满污泥深夜在街巷里颠簸的马车，这些令人作呕的粪桶，这些被路面掩盖的臭气熏天的流动的泥浆，您可知道它们是什么？它们是开满鲜花的牧场，是青青的草地，是百里香，是一串红，是野味，是牲畜，是傍晚健硕的牛群发出的满足的哞叫，是清香的甘草，是金色的麦穗，是您餐桌上的面包，是流淌在您静脉中的热血，是健康，是欢乐，是生活……"

——维克多·雨果《悲惨世界》

七、研究反思

（一）学生收获

本次活动令我最难忘的就是第一次和路人宣传垃圾分类。我穿着校服，戴着红领巾和礼带，我本来胆子很大，可一见到路人，我还是感到很不好意思。后来，我想到了一个好办法，聘请我的妈妈当辅导员，在妈妈的协助下我鼓起勇气完成了宣传。我还总结了成功的宣传秘诀：内容丰富、点子要新、胆子要大、脸皮要厚。通过这次活动，增强了我和陌生人沟通的能力，还让我了解到大家对垃圾分类的认识情况，最重要的是，我还收获了友谊。有次汇报排练的时候，我手受伤了，手不能长时间抬起来，刘作荣同学主动跟我换了位置。由于排练时间长，我手很难受，老师让我靠在桌子上汇报工作，让我感到心暖暖的。

——四一班　剪贞瑜

以前我在家里都没有注意垃圾分类，这次活动不但让我学到了知识还提醒我以后要做好垃圾分类工作。印象最深的是制作垃圾分类箱，在制作过程中我遇到了许多小麻烦，花了很多的时间，有时太单调了，有时贴错了地方，有时候画错了，等等。不过我并不在意，我把所有做错的地方又重新更正了一遍，虽然有一点累，但是我没有放弃。我发现我的一切努力都是值得的，因为以后我可以把垃圾扔进自己亲手做的垃圾桶里，想想就兴奋。每个垃圾都有家，希望我们不要把迷路的垃圾丢进别人的家。

——四一班　龚勃

（二）家长反馈

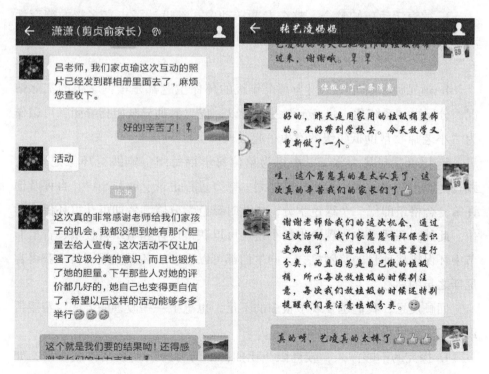

图4-14　家长反馈意见截图

（三） 教师反思

环保专题教学活动是我们研究团队于 2017 年推行实施的，当时全国还没有推行统一的垃圾分类标准，所以我们一起经历了垃圾 "为什么分" "怎么分" "怎么处理" "怎么宣传" 的探究全过程。回顾反思，总结出了以下几点可取之处：

1. 进行充分课程整合。推进集体备课、课例研讨，打破学科壁垒，初步解决了各学科之间相对封闭的弊端。将科学、综合实践活动、美术、数学、少先队活动等内容相统一，每个学科的老师根据探究主题备课，有针对性地对学生的探究活动进行专业指导，真正做到围绕一个中心进行多学科的整合。

2. 环保活动探究性强。让学生亲身经历探究的全过程。由学生去发现问题、分析问题、解决问题，充分地体现了学生的主体地位。

3. 德育活动巧妙整合。整个专题活动中，都设计了丰富多彩的德育活动，德育活动和课堂教学相互促进，帮助学生从知识、能力到情感的全面提升。

4. 师兄师姐指导团。因为每个年级的环保主题都是根据学生的实际情况，分层次、系统化、量身定制的。所以，成立的师兄师姐指导团，可以作为 "小老师" 帮助低年级的学生一起成长。

5. 评价机制共生化。以小组为单位每学期每组一本践行环保记录本，践行环保记录本内容包括：探究计划、探究过程记录、收获心得、自评及他评等，合格组即得一个绿色学分，毕业时绿色学分修满者即可获得环保小学位。此外，在活动中表现突出的小组还可以获得设计和组织科技节、吉尼斯节中环保挑战项目的奖励机会，同学们都可以去参加环保挑战项目，获得吉尼斯之星的称号。

回顾反思，我们也发现了很多的不足，也想了一些改善的方法，希望帮助我们未来做得更好。具体如下：

1. 探究的不够深入，较局限。比如：如何将厨余垃圾制作成酵素，如何提高堆肥的效率等都没有进行进一步的研究。

为了解决以上问题，我们将加强集体备课的力度，加强备课内容的深度，确保老师的指导思维打开、内容拓展、方式多样等。在具体的探究活动中，老师要开拓学生思维和角度，善于挖掘和收集学生感兴趣的、对学生有益的内容，加大探究深度。

2. 指导老师团队的专业素养有待加强。由于探究活动内容较多，有些内容较专业。所以，当学生探究比较深入时，老师的专业知识会变成学生学习的短板。比如："减少水浪费"这一主题，迟迟没有开展到位，主要原因就是老师给学生提供的学习舞台还没有塔建好，老师很难指导学生对湘江水质进行检测，很难引导学生对自来水厂水的处理方法进行探究，很难带领学生对校园的用水进行分类和处理。这些活动非常有意义，但是急需相应的专业指导老师和学习平台。

为了解决以上的问题，我们开始积极联系湖南师范大学生物学社，建立湘江水质监测指导讲师团；联系湖南大学化工院的学生，建立污水处理指导讲师团；联系长沙四水厂工作人员，建立自来水净化指导讲师团等，力求让学生在金牌讲师团的带领下将学习平台延伸到大学、工厂等，让知识、技能得到进一步提升。

最后，我们想和大家分享一句话：世界上本没有垃圾，只有放错地方的资源。我觉得这句话同样适用于环保，只要我们从现在做起，一直坚持做下去，放错地方的资源都会回到最正确的地方。

（案例提供：余忠萍）

第五章
综合实践活动课程理念引领下的学校文化变革

综合实践活动课程理念引领下专题化教学顺应了新时代学校课程改革的趋势。随着课程在学校的实践，我们认识到，原有的学校管理模式已经不能适应专题化教学的需求，于是我们在实践中不断摸索、尝试、调整，重建了教研管理制度，实行了课程管理项目化方式，推动学校课程文化和校园文化的变革。

第一节 学校管理与文化变革的举措

一、教研制度的重建

在学校 1.0 版教研制度中，教科室为学校教学研究管理部门，下设语文、数学、英语、体育等多个学科教研组。每个教研组设教研组长一名，带领各学科教师立足本学科开展有计划的业务学习、经验交流、集体备课、教学研讨、小课题研究、主题活动实施等研训工作。

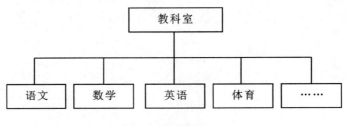

图 1 教研制度 1.0

2018 年伊始，学校开始进行综合实践活动课程理念引领下的专题化教学研究，旨在打破学科壁垒，以整合的思维开展教育教学研究。然而，在推进专题化教学的过程中，我们发现，单一的以教研组为主的教研管理制度无法满足专题化教学的需求，以教研组为单位的跨学段同学科课题研究比较零散，各自为政，不成系统，效率低下，专题化教学研究陷入困境。为此，学校成立了课程管理中心，开始尝试教研制度的改革。历经多轮探讨实践，学校教研制度从单线的以学科教研组为主逐步发展成三线并行的方式，即课程管理中心下设三个研究小组：年级组、教研组、自由组合的项目小组。以年级组为单位的核心团队开展以综合实践活动课程理念为引领的跨学科专题化教学研究；以教研组为单位的核心团队开展跨学段同学科专题化教学研究；而自由组合的小组则根据教师个人的兴趣和专长确定有研究价值的专题，开展既可跨学段也可跨学科的专题化教学研究，并在实施过程中，逐渐吸引了研学基地教师、家长导师等陆续加入专题研发团队。

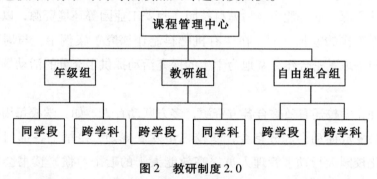

图 2　教研制度 2.0

二、课程管理

随着教研制度的重建，学校的课程管理模式也在逐步改革。为进一步推进综合实践活动课程理念引领下的专题化教学研究，课程管理项目化也提上日程。

（一）课程制度灵活化

1. 第一阶段：跨学段同学科。

首先，以教研组为单位，由语文、数学、英语、科学等学科教师为主研人，确定专题，成立项目组。然后以项目承包的形式实行试点，先选择样本班级，再选择样本年级，最后跨年级开展专题化课程研究。

2. 第二阶段：跨学段同学学科＋同学段跨学科。

在原有的教研组研究团队的基础上，以项目承包的形式，尝试探索同年级、多学科协同的课程管理模式。在多学科协同合作过程中，根据具体的主题内容，学科构成可以有一主多辅、多主多辅等多种形式，如：二年级的"笋芽儿"专题是以美术为主，语文、音乐、数学为辅，属于一主多辅；三年级的"我们去春游"专题是以数学和道德与法治为主，语文和音乐为辅，属于多主多辅。

3. 第三阶段：跨学段同学科＋同学段跨学科＋跨学段跨学科推进。

随着专题化教学实践的实施，在原有的教研组、年级组研究团队的基础上，基于不同年级、不同学科的老师对同一主题产生浓厚研究兴趣的情况，我们成立了跨学段跨学科的研究团队。在研究过程中，由综合实践学科领衔，研究团队尝试与研学基地、企事业单位、家长等校外资源合作，形成了四方联动育人模式。"践行环保——让生活多点绿"案例，有效地利用了学校周边的资源，如岳麓山、岳麓科技园、晚安工业园等环境资源，以及部分从事环保工作的家长资源。在"有机肥料制作探究"案例中，与周边的博庠文化园基地紧密合作，基地为学生的探究活动提供了充分的活动场地和专业指导。

此外，学校还有效整合各方资源，多方联动育人。如：学校每周一次的行政例会变成促动会、分享会，学校三年发展规划、疫情下各部门开学工作、净化校园大行动、管理人员《高效能人士的七个习惯》读书会等都是以团队共创的形式开展；每月一次的教师例会从工作布置会变成了"薄荷（与校名'白鹤'谐音）讲坛"分享会；每学期一次的家长会从家校沟通会变成了以学生展示专题活动成果为主的展览会。

课程管理项目化是我校在综合实践活动课程理念的引领下，基于学生的直接经验，结合学生自身实际和周边资源，经过价值分析和可行性分析，探索出来的课程管理方式。我校的专题化教学课程以生为本、直面生活、注重实践、强调整合，具有综合实践活动课程所应有的整体性、生成性、开放性、自主性、创造性等特点。

（2）课程文化多元化

我校的课程研究，是通过综合学习活动，加强跨学科整合，结合地区特色和学校校情，发挥学生主体性，突出自主性、探究性的特点，培养学生的合作能力、创新能力和实践能力。在开展专题化教学研究的过程中，学校课程文化不断走向综合、弹性、开放、实践，逐步向高品质课程文化发展。

1. 制度文化——从"要我做"变成"我要做"。

教师从最开始被动接受学校任务到主动投入专题化教学探究，自主开发了真正着眼于学生核心素养发展专题化教学课程，并结合劳动教育、体育社团形成学校特色，从学生的需求和学情出发，真正做到"以学生为中心"；而学生的参与也从开始的完成学校任务发展到自主观察、主动探究，如给家人做手膜、做薄荷奶茶等，丰富的课程活动大大激发了学生的参与热情。

2. 行为文化——从仅注重个人成长转为追求集体发展。

学生从最开始的只关注自我学习转化为向外关照他人和团队的学习，培养合作交流的意识和能力，全方位地深度探索完整的立体世界，不断提升自我综合素养。

3. 精神文化——从自我反思转向多元观察。

课程的发展也促进了学校评价方式的变化，对课程的评价从教师单一把脉转向多方共同会诊，利用家长会发放家长意见反馈单；利用问卷星征集教师、家长、学生、社会对学校发展规划的建议；利用团建活动、世界咖啡等形式全方位分析问题、解决问题，从而促进师生的共同学习、携手成长。

三、学校文化的变革

综合实践活动课程理念引领下的专题化教学研究带来了一系列学校文化的变革，学校环境随之发生改变，四方联动机制逐步形成。

（一）学校环境的改变

1. 学校空间主题化。

学校主题工作室展出学生的 DIY 作品，一系列课程活动和学生作品成为了校园里靓丽的风景线。以中草药课程文化在校园文化中的渗透为例：学校的中草药种植基地、中草药连廊种满了当归、川贝、枸杞、黄芪等中成药活株，并挂有药物小标签介绍其名称、特征、作用；校园的墙壁标语、走廊顶部、楼梯、宣传栏、沟井盖绘画等均呈现了中草药元素，展示了中草药作品和课程活动剪影；学校还设计了"蒿蒿""荷荷"两大学校吉祥物，吉祥物的形象在校园随处可见。这些主题空间成了孩子们流连忘返的场所，也让学校充满了勃勃生机。

2. 主题活动仪式化。

为了践行自主、综合、弹性、开放、实践的课程文化理念，老师们带领学生策划了多主题、多内容、多形式的主题活动。学生基于自己的兴趣和条件，弹性安排时间和空间，自主设计、规划主题活动内容，采用多种形式将自己的课程成果进行物化，如设计墙面作品，制作手膜、钥匙扣、环保袋、文具、护肤礼盒、香皂和书签等衍生的创意产品。

一年一度的爱心跳蚤节、五一劳动节"生活技能王"、植树节"争做护叶使者"等都是学生自主筹划、亲身实践的主题活动，为学生全面素养的提升提供了多元化的展示平台。活动还衍生出多种类型的中草药成品，如植物种子工艺品、艾草香囊、天然手工皂、中草药饮品等，浓郁的课程文化给孩子们的校园生活留下了美好的童年记忆。

主题活动开展过程中，学校、家庭、社会、基地等多方协作，形成了开放的联动模式。主题活动结束后，上级领导、兄弟学校、教师、家长、学生等均作为评价主体，以等第考核、问卷调查、成果评估等方式，参与到对教师、学生、活动的评价中来，实现了评价的多元性。

3. 教学方式多元化。

在综合实践活动课程理念为引领的专题化教学背景下的课堂教学方式也发生了改变。在教学内容上，可以选择课程管理中心开发的有价值的专题；在教学方法上，教师可采用任务驱动法、自主学习法、小组讨论法等；在教学课时上，既可以采用传统的40分钟大课时，也可以采用"笋芽儿"课例中的小课时；在教学场地上，教学活动可拓展到社区、企业、博物馆等社会空间。

专题化教学统整了各学科内容，为学生构建了完整的、系统的、立体的知识体系。教学方式的改变也促成了学生学习方式的转变，衍生出以下三种主要的合作学习模式：

（1）整合多元式学习。专题化教学让课堂的时长、空间和组织者更加多元，学科之间富有弹性。

（2）自主合作式学习。教师在专题化教学中以任务单、驱动性问题引导学生进行课前预习和课后反思，基于问题的解决开展小组合作探究。

（3）开放探究式学习。专题化教学将综合实践活动学科中的搜集、调查、参观访问、实验、制作等多样化的、具备实践性的学习方式融入课堂教学中。

（二）四方联动机制形成

2016 年 9 月，《中国学生发展核心素养》研究成果在北京发布，提出未来学生培养的核心是全面发展的人，包括文化基础、自主发展、社会参与三方面，彼此相辅相成。综合实践活动课程理念引领下的专题化教学的目标是要培养适应未来的人。在核心素养框架下，我们应该怎样利用共育模式，打造和谐的家校社共同体呢？我们是这样分阶段三步走的：

1. 第一阶段：学校 + 家庭。

以学校为基础与依托，以家庭为核心，学校联动家庭，合力实施专题化教学。在学校维度，教师进行课程开发与教学，引导学生利用在校时间以及寒暑假业余时间，积极策划参与相关的实践活动；在家庭维度，以学校为牵头人，邀请家长参与学校日常管理，成立校级、年级、班级三级委员会，建立长效的、科学的、规范的工作机制，使之能够相互配合、相互补充，联动家长资源，为所有学生创设美好的环境、资源和实践机会。

2. 第二阶段：学校 + 家庭 + 社区。

以课程为导向，优势共享，吸纳社区力量。学校构建综合实践课程引领专题化教学体系，从家、校、社三个维度提取、组织、使用各类教育资源；社区基于本区域教育资源，依托学校和家庭的人力资源提供课程服务；家长在政府专业部门协调家庭教育资源基础上，走进学校和社区开展自我提升和家庭学习活动。

3. 第三阶段：学校 + 家庭 + 社区 + 基地。

以家、校、社三方联动为基础，发展研学基地。课程促进学校构建了完整的专题化教学模式，助推学校发挥地理优势开展丰富多彩的活动课程；充分调动家长的力量，有效借助社区的高质量资源，进一步开发研学基地资源；组织丰富多彩的研学活动，开展研究性学习。

第二节　学校管理与文化变革的意义

　　"综合实践课程理念引领下的专题化课程"研究目标是对国家课程、地方课程、学校课程在学校层面进行结构化重组、再造，形成一系列专题，促进了学校文化变革。经过长达三年半的扎实研究，综合实践课程理念在专题化教学中不断渗透、推进、发展、扎根，达到了预期的研究目标，产生了一定的成果价值。

一、助推学校发展

　　1. 教师迅速成长。

　　教学方式、学习方式的变革，带动教师向科研型教育人才发展。主题化教学下，教师共学共研，大胆创新，充分运用课程整合思维，提炼出一个个有价值、可操作的专题。他们不断探究、实践、反思，力争将专题化教学研究课程做扎实、成体系、出水平，迈出了教育革新的坚定步伐，涌现出了王谢平、杨娟娟、常洁、余忠萍等一批优秀的教研骨干。老师们在课题研究、论文发表、教学竞赛中频频获奖，硕果累累。该课题下的子课题获奖 14 项，论文发表 15 篇，论文获奖 45 项，教师赛课、说课等技能类竞赛获奖 30 项，多名骨干教师还先后在省、市、区各项活动中进行了 36 次经验分享。2020 年长沙市综合实践教学竞赛中，我校荣获三个一等奖、三个二等奖、两个三等奖。

　　2. 学生全面发展。

　　学生于真实情境中发现问题，自发向各科教师、家长、专家等团队寻求帮助，教师团队提供支架帮助学生解决问题。师生、学生之间通过分析、评价、归纳、反思、应用、创造等思维方法，形成学习共同体，既促进了学生高阶思维的发展，又落实了我校"健康体魄、学会学习、创新实践、责任担当"四大育人目标。"神奇的植物"专题化学校研究成果获得长沙市科技创新大赛一等奖。一位同学说："组员们在活动中的表现刷新了我在活动前对他们的认知，通过"神奇的植物"专题化课程，我们小组更加了解彼此，每个人都增长了不同的技能，相信下次我们会更加精进的。"2018 年 9 月至今，我校学生在长沙市科技创新竞赛中累计获奖 34 人次。

3. 学校品质飞跃。

开展"综合实践活动课程理念引领下的专题化教学"研究以来，学校在市区的影响力逐渐扩大，先后被评为全国篮球特色学校、长沙市两型创建单位、长沙市示范家长学校，长沙市体育舞蹈后备人才基地、长沙市羽毛球后备人才基地、岳麓区生态道德主题教育最佳组织奖、岳麓区特色项目建设先进单位等，连续五年获得区级教学质量先进单位和教学常规先进单位。2019 年 12 月，岳麓区杨娟娟中小学综合实践活动名师工作室落户我校；2019 年 5 月，我校承办长沙市第十届"杜鹃花开，情满星城"爱心公益项目展览会。丰富多彩、新颖别致的课程成果展示获得与会人员的高度赞誉，受邀在长沙市微机派位现场会、岳麓区六一表彰大会进行课程成果展示，好评如潮。综合实践活动课程理念引领下的专题化课程深度契合我校"道法自然，和而不同"的办学理念，在探索学校办学特色上找准了定位，明确了方向，提升了学校的美誉度和影响力，实现了学校教育品质的飞跃。

二、构建典型模式

课程组不断迭代完善三种类型的专题化教学模型：跨学段同学科、同学段跨学科、跨学段跨学科。

在开展专题化教学研究过程中，我们遴选了一批有课程开发与设计价值的专题，形成了 15 个跨学段同学科专题化教学资源、12 个同学段跨学科专题化教学资源和"中华传统文化""神奇的植物""神话的前世今生"等 18 个优质跨学段跨学科专题化教学资源。各专题先建构自己的模型，再对同类型的模型整合完善，建构出最终的专题化教学三种模型，保证教学策略的科学性。三种模型在校内进行推广实验，模型一样，主题不一样，经过实践检测，达到预期目标，验证了教学策略的可操作性。同学段跨学科整合专题教学，打破了学科壁垒，每个专题化教学内容都来源于课本，又不止步于课堂。团队人员充分利用校园及周边资源，将专题化课程生成特色的三级课程，打造具有校本化特色的主题课程体系，让课程"弹性十足"。在具体实施时，多方联动育人模式启动，时间、地点、教师成为一切皆有可能的

"X"，实现了专题化教学课程的开放性和实践性。

三、提炼关键动作

在扎实、深入推进专题化教学的实施过程中，我们提炼出五个"关键动作"。1. 设计课程整合方式。即跨学段同学科的专题化教学、同学段跨学科的专题化教学以及跨学段跨学科的整合教学。

2. 构建专题课程框架。学校制定了白鹤学子八大能力指标，从"人与自然""人与自我""人与社会""人与文化"四大学习领域，整合多个学科、活动及资源，开发"神奇的植物""有趣的动物"等专题，每个专题化课程资源下设有丰富的主题和项目。

3. 落实专题实施过程。即：同一教学内容，不同阶段不同教师授课；同一堂课，多位不同学科的教师共同授课；一位综合实践教师参与多个学科内容的教授。

4. 设计课程评价体系。学校开发与各个专题配套的《白鹤学子要做的60件事》活动手册，对孩子的研究过程进行评价，并尝试凸显表现性评价，以主题工作室为载体，为学生提供自我展示的平台。

5. 形成全员参与态势。学校通过核心成员统筹布置会、专题化教学实施促动会、面向全体教师的宣讲会、骨干教师教学比武等多种形式形成了全员参与态势。

四、形成推广成果

在姜平教授的指导下，博才白鹤小学作为长沙市第一个"综合实践引领学校教学和文化变革"模式示范学校，全校行政和教师全员参与，将综合实践活动的理念运用在学科课堂教学之中，开展学习与教学方式的变革研究；积极探索跨学段同学科、同学段跨学科和跨学段跨学科的教学方式，构建有系统、有梯度的课程序列，形成独具特色的课程文化和家校社联动育人机制，学校变革呈现可喜态势。学校、家庭、基地、社会四方联动拓宽学生学习实践空间，为学生成长之路带来多姿多样的体验。

我校先后举办两次市级综合实践大型开放活动，除了经验介绍，我们还探索课程物化成果展示的典型模式，积累了宝贵的经验。以国家优秀教学成果推广开放活动为例，围绕核心主题"综合实践引领学校教学方式及文化变革模式"布展，分为跨学科整合模式、学科专题化模式、学校、家庭、基地、社会四方联动模式三大版块，呈现了 12 个子项目等经典案例。

学校课程物化成果展示表

主题	项目	负责人	地点	内容
一、跨学科整合模式	项目①：礼仪课程	康利、李瑾、罗紫燕	南门入校口	展板、礼仪队员小小导游带着嘉宾开始游园会
	项目②：入学课程	喻诗情、杨琼、张莎	南门入校 15 米通道	展板、一年级入学课程码课（含 12 节精品课例）、白鹤学子必做的 60 件事、入学手册、新生游艺会
	项目③：体育社团	黄业、体育组	南门入校通道大樟树始至上台阶止	展板、现场展演（含活力篮球、飞鲨羽毛球、掌上拉丁舞、炫酷街舞）
	项目④：毕业课程	邓晴、程训谦、徐冬、李秀知；六年级语文组	1、3 号楼之间的平地	体验"穿越回六年级"、留言手册、姓名树、心愿瓶、点亮星灯
	项目⑤：魅力本草	吕作香、科学组	德育处大厅左厅	商铺、课程文创作品展示、售卖（香囊、手膜、凉茶、冰凉糕、药膳、酵素等）
	项目⑥：趣味神话	郭虹吕、美术组支援	德育处大厅右厅	展板、烟雾、现场制作（与神话有关的人物脸谱、书签、图腾柱、马勺）
二、学科专题化模式	项目⑦：植物 T 台秀	余果、美术组、体育组	四楼多功能厅	用各种环保材料、旧衣服缝制成人的服饰，带领参会嘉宾走 T 台秀
	项目⑧：数学吉尼斯	刘素芬；数学名师工作室成员	二楼连廊	展板、师生作品（含数据王国、身高体重、运动时长、膳食营养四个板块）
	项目⑨：动物真有趣	邓瑾繁；四年级语文组	三楼连廊	展板、体验闻声识物

（续表）

主题	项目	负责人	地点	内容
三、学校、基地、社会、家庭四方联动模式	项目⑩：基地课程	博庠（程训谦、德育处对接）	一楼连廊北	现场制作、红色课程文化展板、土豆变变变
	项目⑪：神奇的中草药	湖南省中医药大学（李楷峰妈妈）	一楼连廊南	中草药现场炮制、展示
	项目⑫学校宣传片	康利、王磊石、西迪敏、程训谦、曾涛	多功能 led 屏、各处条屏	展示博才白鹤小学办学成果

在任务分工上，学校采用项目化承包，综合运用指定承包、招募承包、混合承包等方式。如跨学科整合模式中的本草课程、神话课程指定由科学组、高年级语文组分别承包。

在展会形式上，学校采用游园会和嘉宾体验互动式。整个布展过程充分发挥学生的主体作用，教师几乎完全退居幕后，嘉宾在游园过程中既可以近距离观摩，又能自主体验，其乐无穷。

在展区布置上，主要有以下四种方法：（1）特写展会布置法，如设计校园笑脸墙。（2）目标展会布置法，如"趣味神话"展区的现场制作神话人物脸谱就放在展区的中心位置。（3）开放性展会布置法，如"魅力本草"展区买卖香囊、手膜、凉茶、药膳、酵素等。（4）场景展会布置法，如"神奇的中草药"展区的中草药现场炮制。

两次开放活动为扎实深入推进学校课程变革、形成学校课程变革的态势、创新学校文化特色提供有益借鉴，为新形势下教育教学改革提供研讨方法和特定模式，形成可操作、可推广的典型范本，产生深远影响。

此外，学校有 8 次课程活动得到红网、新湖南等大型媒体报道，得到社会各界一致好评。

《综合实践课程理念引领下的专题化教学研究》为全面落实"立德树人"导向型学习方式变革模式提供研究方向，为全面推广优秀教学成果、发挥辐射引领作用迈出里程碑式的一步。我们将继续立足实际，多措合力，四方联动，五育融合，为学生创设和谐、生态、多元、开放、综合、实践、弹性的学习情境，让学生去了解、去探索、去热爱这个完整的世界。